U0945174

文治帝国

大宋300年的世运与人物

300 Years of the Song Dynasty

艾公子 著

北京联合出版公司
Beijing United Publishing Co.,Ltd.

刘俊《雪夜访普图》（现藏北京故宫博物院）

此画作描绘的是北宋开国皇帝宋太祖赵匡胤夜访重臣赵普，询问如何平定南北割据政权、统一天下的史实。

赵佶《听琴图》（现藏北京故宫博物院）

此画作描绘的是松下抚琴赏曲的情景。

赵佶《文会图》（现藏台北故宫博物馆）

此画作描绘的是文人学者以文会友饮酒赋诗的场景。

李公麟《西园雅集图》（局部）

此画作以写实的方式描绘了李公麟与众多文人雅士，包括苏轼、苏辙、黄庭坚等名流，在驸马都尉王诜府中做客聚会的情景。

刘松年《中兴四将图》（现藏北京故宫博物院）

此画作描绘的是南宋四将韩世忠、刘光世、岳飞、张俊全身立像。

刘松年《四景山水图》（现藏北京故宫博物院）

《四景山水图》为4段，分别描绘了当时杭州春、夏、秋、冬四时景象。

目
录

北宋篇

第一章 | 皇帝的失眠症

第二章 | 更想用钱买和平

第三章 | 文化盛世的底色

南宋篇

第六章｜南渡偏安：北人归北，南人归南

第七章｜再战中原，壮志难酬

第八章｜金亡，宋危，蒙古人南下

北宋篇

第一章

皇帝的失眠症

做了开国皇帝后，赵匡胤失眠了

1

陈桥兵变以后，宋太祖赵匡胤失眠了。

尽管兵变成功，如愿以偿当上了皇帝，可他却经常辗转反侧、彻夜难眠。他经常大半夜睡不着，跑去敲大臣的门聊天，搞得有些重臣睡觉都不敢脱衣服，担心皇帝突然半夜来访。

这种失眠持续了一年多，越来越严重，于是有个侍卫向赵匡胤进献了一把能够隐藏在手杖里的宝剑，希望皇帝能睡得安稳一点。

可他还是睡不着。

于是，就在陈桥兵变的第二年，建隆二年（961）七月初九，这一天，赵匡胤叫来助他兵变的石守信等禁军大将一起喝酒。酒酣耳热之间，赵匡胤又开始吐槽他的失眠症很严重："要不是你们，我也当不上这个皇帝，我每时每刻都念着你们的功劳，但当皇帝也很不容易，我没有一个晚上睡得好觉啊！"

作为曾经与赵匡胤结拜过的"义社十兄弟"之一，石守信等大将蒙了，问："为什么？"

赵匡胤说："这有什么难猜的，我这个位置，谁不想坐啊？所以我才睡不好啊！"

哎呀，石守信等人赶紧跪拜表忠心：“今天命已定，谁敢复有异心？”

失眠的赵匡胤又说：“你们是很忠心，可万一哪天也有人把黄袍加在你们身上，这可怎么办呢？”

闹了一年多，这些大老粗武将才搞明白，原来赵匡胤失眠是因为这事，于是赶紧磕头求皇帝大哥指条明路。趁着酒劲，赵匡胤似醉非醉地说：“尔曹何不释去兵权……君臣之间，两无猜疑，上下相安，不亦善乎？”

第二天，石守信等人纷纷上书请求辞职。在陆续收回兵权以后，赵匡胤终于难得地睡了个好觉。

2

可他的失眠症并没有完全好。

这一天，赵匡胤又跟作为自己秘书出身的赵普聊天，他说：“我还是睡不着啊，因为卧榻以外，都是别人的地盘！”

尽管在陈桥兵变当年，赵匡胤就平定了忠于后周的昭义节度使李筠、淮南节度使李重进的反攻，但是五代（后梁、后唐、后晋、后汉、后周）走马灯似的换了 13 位皇帝，除了内乱之外，外患更是严重，北有虎视眈眈的契丹和北汉，南有南唐、后蜀等十国政权。如今既已“杯酒释兵权”成功“安内”，但如何“攘外”这个问题，北宋还没有解决好。

由于赵匡胤经常突然到访，所以赵普每次退朝，并不敢随便换衣服。有一天傍晚，开封城中大雪，赵普以为皇帝不会来了，正准备宽衣解带，突然传来皇帝御驾已到。赵普急忙出门，这才发现赵匡胤站在风雪中。不仅如此，赵匡胤还约来了弟弟晋王赵光义。

于是，赵匡胤、赵光义、赵普三个人一起在赵普家中烤肉吃。赵普的妻子敬酒，赵匡胤还称呼她为嫂子。在这雪夜密谈之中，赵匡胤提出了如何平定南北各国、统一天下的问题。

早在后周时，名臣王朴就曾经向后周世宗柴荣献出《平边策》，指出应该先南后北，先击取南唐、后蜀、南汉等较弱小的南方各国，然后再北攻北汉、契丹，夺回当初被后晋割让的幽云十六州。

但在柴荣南下夺取南唐的江北淮南十四州后，北汉与契丹不时勾结南下犯边，为此，柴荣不得不转而先北后南，夺取了瀛州（今河北河间）、莫州（今河北任丘）和易州（今河北易县）。尽管柴荣中途重病被迫撤兵，随后不治身亡，留下千古遗憾，但他的南北武功，还是给北宋留下了丰厚的政治遗产。

作为有统一天下之志的君主，柴荣没完成的大业，赵匡胤作为北宋的开国皇帝，自然耿耿于怀。自中唐时期安史之乱（755—763）爆发造成的政治遗祸，藩镇割据在唐末愈演愈烈，最终在907年朱温篡唐自立以后，演变成了五代十国的纷乱复杂局面。作为继往开来者，赵匡胤必须直面这一问题。

赵普虽然读书不多，但对于前朝名臣王朴提出的“先南后北”的统一方针，还是了然于心，于是，他向赵匡胤同样提出了“先南后北”的策略。吃着烤肉、喝着热酒，赵匡胤含笑点头说：“我的心意正是这样，特地来试试你罢了。”

君臣“雪夜定策”，厉兵秣马。北宋乾德元年（963），赵匡胤先是出兵平定了割据湖北的荆南和割据湖南的武平两个藩镇；乾德三年（965），北宋又攻灭后蜀，平定四川；开宝四年（971），北宋接着攻灭南汉，先后平定广西、广东；开宝八年（975），北宋又攻灭了十国中最为强大的南唐，平定江苏一带。

至此，南方仅剩下吴越、漳泉两处割据势力，向北进攻北汉虽然不能一战而定，但赵匡胤却大规模地掳掠了北汉的人口，使得北汉仅仅剩下三万多户属民，从而为后来宋太宗攻灭北汉奠定了基础。

3

尽管十几年间统一大业进展顺利，可赵匡胤还是失眠，还是睡不好。

北宋在 960 年建立后，尽管赵匡胤通过剥夺大将兵权、加强禁军、削弱藩镇等系列举措，逐渐加强了中央集权、一举削弱了武将集团，但皇亲贵戚集团却取而代之、逐渐崛起。当皇帝，确实不容易。

赵匡胤喜欢搞突然袭击。开宝六年（973），有一天，赵匡胤又是突然杀到了赵普的府邸，当时刚好吴越王钱俶派人给赵普送来了信件和礼物。眼看北宋向南攻城略地，偏安今天浙江一带的吴越国也岌岌可危，作为吴越王，钱俶自然惶惶不可终日，于是派人向能左右北宋朝政的宰相赵普献上了“十瓶海物”。

赵匡胤的突然到访，使赵普在慌忙之下，忘了将礼物收好。没想到赵匡胤恰恰就看到了“十瓶海物”，于是赵匡胤质问这是什么，赵普说，这是吴越王派人送来的海边特产。赵匡胤来了兴趣，说既然是吴越王送的礼物，那一定是好东西，打开看看。结果手下一打开，才发现“十瓶海物”里面，装的竟然全部都是金瓜子（小颗粒的瓜子黄金）。

事发突然，赵普急忙跪下磕头认罪，说自己并不知道里面装的都是黄金，否则一定会上报皇帝，回绝这些礼物。

赵匡胤只是笑笑，说：“你尽管收下，不必多虑，吴越王还以为天下大事，都是你做主的呢！”

作为赵匡胤的家臣，赵普读书不多，史书经常说他不学无术。但赵普对此的说法是，他是以“半部《论语》助君王治天下”。

赵普的曾祖父曾在唐朝末年当过三河县令，祖父赵全宝在唐末任澶州司马，父亲赵迴在五代时任相州（今河南安阳）司马，家族尽管累代官宦，但也只是小吏出身。到了后周时期，赵匡胤的父亲、后周禁军大将赵弘殷在滁州养病，当时正担任滁州军事判官的赵普抓住机会，鞍前马后、朝夕侍奉药饵照料赵弘殷，由此赢得了赵弘殷、赵匡胤父子的好感，进而成了赵匡胤的家臣和秘书。

在陈桥兵变前后，赵普跟赵匡胤的弟弟赵光义一起协助紧密筹划，最终促使兵变成功，“居功至伟”。到了北宋乾德二年（964），小吏出身的赵普最终一跃而上，成为北宋的宰相，官封门下侍郎、平章事、集贤殿大学士。

在皇帝身边久了，又加上大权在握，赵普难免日益骄横。史书说赵普经常在自己办公的地方设一个大瓮，朝廷大大小小的奏折他都要先过目一遍，碰到忤逆他心意或者他看着不爽的奏折，经常就直接扔进大瓮，然后下令放火焚烧。他经常以个人喜好来定夺国事。

对于自己意欲拉拢、推荐的官僚，赵普的强势也大大出乎赵匡胤的意料。有一次，赵普向赵匡胤举荐要升某人官职，赵匡胤向来厌恶该人，就拒绝了；第二日，赵普再举荐，赵匡胤再次拒绝；到了第三日，赵普又来举荐，赵匡胤当场大发雷霆，直接将赵普的荐举书撕得粉碎，没想到赵普神色自若，竟然将撕碎的荐举书捡了起来，次日补缀成纸后，“复奏如初”，赵匡胤被逼无奈，“卒用其人”。

赵普是小官僚家庭出身，自己又不学无术，他不明白一点，自古以来，皇权与相权之争，一直是一个难以平衡的矛盾——皇帝需要宰相协助处理政务，但又担心宰相擅权专政、架空皇权，以致君弱臣强。南宋初期，秦桧党羽遍布朝野，以致宋高宗赵构经常在靴筒里藏着一把匕首以防不测。而这种中国历史上皇权与相权之争的结果，就是到了明朝时，朱元璋在诛杀胡惟庸后，直接撤销了丞相这个职位，废除了宰相制度，使得皇权专制达到了空前的高度。

但不爱读书，也不太了解历史的赵普不以为然，不仅吴越王的金子要收，甚至还侵夺民田、自己开客栈与民争利；进入北宋后，由于开封周边森林被大规模开垦破坏，以致官方营造缺乏大型木料，所以北宋官方遂禁止私人买卖陕西、甘肃的大木料，但赵普却派遣小吏大摇大摆购买后，将大木料连成巨大的木筏运到开封给自己盖私宅。而他的小吏则趁机偷窃木材，打着赵普的旗号在京城公开叫卖，引得满朝哗然。

赵匡胤多次隐忍不发，因为，他需要赵普。

4

陈桥兵变时，赵匡胤年仅 34 岁，尽管生有 4 个儿子，但赵匡胤的长子和三子早夭，只剩下次子赵德昭（951—979）和四子赵德芳（959—981）。当时，赵德昭仅有 10 岁，赵德芳仅有 1 岁多，由于当时自己的儿子都太小，加上亲人无多，赵匡胤就重点培养自己 22 岁的弟弟赵光义，通过扶持赵光义这位皇弟，来抗衡制约当时仍然势大力雄的武将集团。

赵匡胤共有五兄弟两姐妹，自己在兄弟中排行老二。陈桥兵变时，赵匡胤的大哥赵匡济和五弟赵光赞都已去世，考虑到自己通过兵变骤登皇位根基不牢，而自己的家族中，仅剩的两个弟弟中四弟赵廷美（947—984）当时仅有 14 岁，因此已经 22 岁、年轻力壮的赵光义就成为自己的左膀右臂。在陈桥兵变前后，赵光义更是和家臣赵普上下活动，最终促成了哥哥赵匡胤的兵变成功。

所以，赵匡胤一度很爱自己的弟弟赵光义。

在五代十国皇帝更换如走马灯的暗流汹涌中，武将集团看谁势大、看谁给的利益多就跟谁走，武将集团已然并不可靠，因此赵匡胤才要扶持皇族，加码巩固自己的皇位。

赵匡胤即位后，先是封弟弟为殿前都虞候，领睦州防御使，不久又领泰宁军节度使。虽然殿前都虞候名义上只是禁军的大将而已，但实际上，自从陈桥兵变以后，赵匡胤就将自己一度统领的禁军大权让给了赵光义，以方便赵光义帮自己监视诸将。

陈桥兵变当年，在平定后周的李重进等反抗势力后，赵光义又被封为大内都部署，加同平章事、行开封府尹，再兼中书令。至此，赵光义不仅掌握了禁军大权，而且身兼宰相和首都行政长官。

在出征太原后，赵匡胤又晋封赵光义为东都留守，别赐门戟，封晋王，位列宰相之上。到此，除了赵匡胤之外，赵光义已经是一人之下，万人之上，并且同时掌握了北宋的军权、行政权，还牢牢控制着首都开封的各种人事。

通过杯酒释兵权等各种动作，赵匡胤在北宋建立后逐渐剥夺了各位大将和藩镇的军权、财政、政权，但随着武将集团的势弱，贵戚集团却随之崛起。

自从五代后汉开始，在位皇帝如果选定继承人，都会给其“同平章事”的宰相职衔，同时让其担任开封府尹的职务，统管京城军民政务，例如后周世宗柴荣在即位前，就是担任同中书门下平章事兼开封府尹的职务。加上赵匡胤自己一直没有立太子，所以在朝野上下看来，晋王赵光义，俨然是有点储君味道的。

而赵光义，私底下也颇有点以储君自诩。

在获取北宋的军权、政权和掌控首都开封后，赵光义加紧了对各种人事的控制。为了收买侍奉赵匡胤生活起居的大宦官王继恩，赵光义甚至将王继恩的父母接到开封，给他们建造了豪宅居住。对此赵光义对王继恩说：“你每天都在君王的身边伺候，是为国为民做重要的事情，只要你能让皇帝每天都过得开心，就相当于给天下百姓造福了。我将你父母接来开封，让你可以近一些尽孝，也算是对你的一番谢意。”

起初，赵匡胤觉得自己的儿子还小，需要兄弟们鼎力相助，可随着两个儿子赵德昭、赵德芳日渐长大，他才突然发现，自己的兄弟赵光义，有点尾大不掉了。

为了打压京城的贵戚集团，大将党进受赵匡胤的命令经常巡视开封。鉴于当时开封城中的贵戚豪强都喜欢豢养鸟兽宠物逞强玩耍，党进每次一看到别人逗鸟遛狗之类的，一定会强令取来放生，然后斥骂养宠物的人：“买肉不拿去将养父母，反倒喂养这些鸟兽？”

有一天，党进看到有个小吏竟然在街上遛一只雏鹰，于是当场命令手下上去强取雏鹰，没想到这名小吏却大摇大摆地说：“你听好了，这可是晋王的鹰！”

党进一听立马变色，转而和颜悦色地对小吏说：“那可要好好保养晋王的鹰啊！”

说完，党进还自己掏钱，让手下去买肉来喂养晋王赵光义的宠鹰。

对于整个朝野上下的人来说，晋王赵光义一人之下，万人之上，不仅控制着禁军，而且在开封城内外更是关系错综复杂，连被赵匡胤派去监视权贵的大将党进也不敢吭声。在这种情况下，朝野内外，只有一个人敢说话了。

5

那个人，自然是赵普。

作为见证赵匡胤兄弟起家过程的权贵，赵普虽然越来越专横，但却始终处处维护赵匡胤的皇权。而这也是尽管赵普越来越蛮横，赵匡胤却仍然忍着他的原因。

北宋建立后仅仅三年，乾德元年（963），赵匡胤提出让66岁的宿将、天雄军节度使符彦卿来担任禁军的名义统领，没想到赵普却极力反对，因为符彦卿正是赵光义的岳父。对此赵匡胤说："卿苦疑彦卿，何也？朕待彦卿厚，彦卿岂负朕耶。"

对此赵普反问："陛下何以能负周世宗（柴荣）？"

一席话说得赵匡胤黯然无言。

随着赵光义在朝中势力的崛起，经过十几年的经营，其地位已经难以撼动。而在满朝文武大臣都无人敢于出面制衡、打压晋王势力的背景下，不像汉高祖刘邦和后来的明太祖朱元璋那样大开杀戒，赵匡胤多少都有点兄弟情深，在这方面，他就像唐高祖李渊一样难以决断。而最终，这又将酿成一场不亚于玄武门之变的宫廷血案，尽管在表面上看似平温和许多。

虽然赵普是唯一敢于制衡晋王势力的权臣，但赵普本人也是越来越不靠谱。到了开宝六年（973），就在吴越王给赵普送来十瓶金子被赵匡胤无意中当场撞破之后，赵普又跟枢密使李崇矩结下婚约，准备让赵普的儿子赵承宗迎娶李崇矩的女儿为妻。

而枢密使是什么？是可以调动禁军、掌管天下军权的重职，与宰相文武并立。想当初赵匡胤为了打压武将专权，特地拔高枢密使的地位，使得将、权分离，而皇帝则可以通过控制枢密院和枢密使，来直接掌控天下军权。但眼下，作为控制政权的宰相，赵普竟然与控制军权的枢密使李崇矩私下联姻，政权与军权会合，这意味着什么？这分明触及了皇权的至痛点，于是，雷霆大怒的赵匡胤下令，将赵普贬到地方担任河阳三城节度使。

赵普的被贬黜和失势，意味着北宋朝堂中唯一可以制衡晋王赵光义的势力也消失了。

除了皇帝之外，晋王已经一家独大、尾大不掉了。

6

赵普被贬的这一年（973），赵匡胤还有三年可活。

赵匡胤当然不知道自己能活多久，但他很明白，开封城中，已经处处是弟弟晋王赵光义的势力，于是，在生命的最后一年，北宋开宝九年（976）四月，赵匡胤率领群臣先是到洛阳祭拜，然后突然宣布：他要迁都洛阳，最终指向是迁都长安。

当然他不会说出来，他的根本着眼点，是离开开封。

在洛阳举行祭祀仪式后，赵匡胤公开向臣子们宣布。开封是四战之地，从北方南下的游牧民族，三四天时间就可以沿着（华北）平原直逼开封城下。为了拱卫京师，五代各国以及北宋都在开封设置重兵，以致天下冗兵、百姓税赋沉重，而洛阳和长安具有山川拱卫之险，是历朝历代的首都重地。

当时长安多年来因为河道荒废、漕运艰难，加上生态环境日益恶化，不具备立都的条件，所以赵匡胤提出先迁都洛阳。因为洛阳北临黄河、漕运便利，南有嵩岳，东有虎牢、成皋，西控函谷，“河山共戴，形势甲于天下”。

洛阳的地理地形当然比开封好，但是赵匡胤没有说出来的另一个原因，是当时洛阳的控制者，是赵匡胤的儿子、皇四子赵德芳的岳父焦继勋。也就是说，如果迁都洛阳，不仅可以摆脱赵光义势力密布纵横的开封，还可以间接扶持自己的儿子，巩固赵匡胤自己的势力。

为此，效忠赵光义的禁军将领李怀忠直接抵触说：“开封漕运便利，供馈无阙，若留在洛阳，谁会和您一起挨饿？”

接下来，赵光义又出面阻拦，“叩头切谏”。赵匡胤一方面为了掩饰，另一方面又指出开封作为首都的战略缺点，说：“计划迁都洛阳，进而迁都长安，是为了占据有利地形，拱卫首都而去冗兵。”

赵光义对此回应说：“安天下者，在德不在险！”

早已在开封定居多年，不愿离开安乐窝的群臣们也跟着起哄说：“在德不在险！在德不在险！”

无奈之中，赵匡胤只得仰天长叹说：“患不在今日，自此去不出百年，天下民力殚矣！”

赵匡胤当然不会想到150年后的靖康之变（1127），女真人果真迅速南下灭亡北宋。或许他当时心中，还在盘算着日后继续迁都洛阳的事宜。

但弟弟赵光义早已看出了端倪，他不会再给哥哥赵匡胤机会了。

就在洛阳之行6个月后，北宋开宝九年（976）十月，宋太祖赵匡胤在跟弟弟赵光义一起喝了一顿酒后，神秘暴毙。

“斧声烛影”中，赵光义最终登基上位，是为宋太宗。

赵光义死后，北宋的帝位，一直在他这一脉传承，但没想到的是，靖康之变后，北宋皇室几乎被金兵掳掠一空，赵光义的子孙几乎被一扫而光。

在此情况下，宋徽宗的第九子、宋钦宗的弟弟赵构仓皇登位，是为宋高宗，在南宋初期的乱世中，宋高宗年仅 3 岁的亲生儿子赵旉，在苗刘兵变后受到惊吓而死，此后，宋高宗一直没有生育。

或许是感觉到了一种天意，最终，宋高宗赵构特地从民间挑选了赵匡胤的第七代孙，也就是莫名其妙死去的秦王赵德芳的六代孙赵伯琮（后改名赵昚）进行抚养，并立为太子。这，就是南宋的第二位皇帝宋孝宗。

从宋孝宗开始一直到南宋灭亡，南宋的皇位都是由赵匡胤一系的子孙继承的，冥冥之中，历史又反转轮回。

死在大宋的五代君主们

从 965 年后蜀末帝孟昶之死，到 992 年北汉末帝刘继元之死，在 28 年间，五代十国中投降北宋的 9 名亡国君王，全部死去。

去世时，他们大多数处于青壮年时期。而北宋的史书，对于他们的死，一概语焉不详。

宋朝在历史上素来有优待降君、绝不赶尽杀绝的好名声，但这些降君，一个个在宋太祖、宋太宗两朝之内死去。

这是否暗含着正统史书所未触及的隐秘历史呢？

1

960 年，赵匡胤发动陈桥兵变，代周建宋之后，继续后周统一中国的进程。

当时，五代十国中，“十国”尚存的政权仍有 6 个：在南方有南平、后蜀、南汉、南唐和吴越；在北方有北汉。

此外，南方还有两个割据势力，分别是割据湖南的周保权，以及割据福建漳泉二州的陈洪进。

赵匡胤制定了先南后北、逐个消灭的统一战略。

后蜀国君孟昶不是第一个投降北宋的亡国之君，在他之前，南平国主高继冲和湖南政权周保权已在被灭后，搬到开封居住了。

这两个政权被灭很有戏剧性。

一开始，湖南割据政权的头儿周行逢病重，快不行了，将 11 岁的周保权托孤给亲信辅佐。周行逢刚断气，属下衡州刺史张文表就叛变。周保权只好向北宋乞援。

赵匡胤终于等到机会，赶紧派兵南下。途中，要经过十国中最弱的南平，以借路经过为名，顺手就把南平控制了。然后，宋兵继续南下，到达湖南边境时，周保权来信说，不劳大军了，我们自己已经搞定内乱，杀了张文表这个叛徒。

这么好的时机，赵匡胤怎肯退兵？于是宋军一路前进，借口平乱，进了湖南。湖南政权抵抗了一阵子，投降了。

赵匡胤一箭双雕，一下子收拾了南方两个政权。此后，他将下一个目标，锁定在南平西面的后蜀国，只是苦于没有出兵的理由。

一直等到乾德二年（964）十月，后蜀国主孟昶坐不住了，与其等着宋兵来宰割，不如主动出击。于是，孟昶派人出使北汉，约请北汉一起搞大事，两头夹攻宋朝。

谁知道孟昶派出去的那个人不靠谱，一出去就做了叛徒，投靠宋朝。赵匡胤得到密信，兴奋地说："吾师出有名矣。"看我终于抓到你的把柄了，出兵。

宋朝攻蜀之战，从出兵到蜀亡，前后历时仅 66 天。

看似国势强盛的后蜀，竟然如此不堪一击。难怪孟昶在投降之前，连连哀叹："吾父子以丰衣美食养士四十年，及遇敌，不能为我东向发一矢。"

他的宠妃花蕊夫人，更是作诗痛骂后蜀军中没有一个男人：

君王城上竖降旗，妾在深宫那得知。
十四万人齐解甲，更无一个是男儿。

作为亡国之君，后蜀末代皇帝孟昶被迫举家迁往大宋国都汴京（开封）。

临出发前，孟昶惴惴不安地给赵匡胤上了个表，说我只希望给我留条活命，但考虑到自己罪孽深重，内心忧惧不已。

赵匡胤很快回复说："将自求于多福，当尽涤于前非，朕不食言，尔其无虑。"意思是，你来帝都好好改造，我保你安全，无须多虑。

孟昶抵达开封后，果然受到北宋的优待。连受降仪式都很简洁，没有羞辱性的游街等环节。只要求孟昶君臣穿素服、戴纱帽，呈上投降书，跪拜两呼"万岁"即可。

受降完毕，赵匡胤还赐宴孟昶，一同吃喝，为他接风。然后，给孟昶赐宅第，授予他一系列荣誉勋衔，包括开府仪同三司、检校太师兼中书令、秦国公，等等。

自南朝刘宋开启暴虐前朝国君模式以来，一个亡国之君竟然受到这么大的礼遇和优待，这简直是五百年来第一回。

然而，仅仅 7 天后，一切戛然而止。

孟昶突然死了，年仅 46 岁。

孟昶之死，神秘莫测，却拉开了投降北宋的君王一连串不明不白之死的序幕。

2

在开封受到优待的孟昶，为何暴毙？当时的史书讳莫如深，我们只能从只言片语中去作一些推测。

据说，孟昶死前留了个遗表给赵匡胤，里面说：“臣之老母，臣之孤遗，仰荷圣恩，夫复何忧！”他是希望以这种委婉的言辞，来保全母亲李氏和遗孤。但是，孟昶死后，其母李氏的表现却很激烈。

据南宋史学家李焘《续资治通鉴长编》记载，李氏听闻孟昶已死，不哭，以酒酹地，说道：“汝不能死社稷，贪生以至今日，吾所以忍死者，以汝在尔。今汝既死，吾何生焉！”随后开始绝食，几天后就死了。

李氏的激烈举动，很有问题。如果孟昶是正常死亡，她不可能采取绝食求死的方式。在大宋国都绝食，很明显是对赵匡胤的无声抗议。

可以推测，李氏知道儿子孟昶被害的内幕，但又无从抗议和申诉，只能以绝食而死的方式表达愤怒。

元朝成书的《烬余录》中有一条记载，说孟昶死后，其妻花蕊夫人即被赵匡胤“留侍掖庭者十载，有盛宠”。

民间也一直传言，赵匡胤为了夺得风流蕴藉的花蕊夫人，才毒死了孟昶。但这个只能算是历史的小花边。从北宋官方史书对孟昶的抹黑来看，赵匡胤之所以痛下毒手，最根本的原因还是出于政治上的考虑。

在北宋的官方记载中，孟昶是一个荒淫之君。当宋朝军队打上门来之时，他和花蕊夫人还优哉游哉，吟诗作对，并痛骂通报的人打扰了他的诗兴。

北宋官方认可的史书《三朝圣政录》中记载了另一件事：太祖（赵匡胤）平伪蜀，阅孟昶宫中物，有宝装溺器，遽命碎之，曰：“以此奉身，不亡何待！”这就是著名的“七宝溺器”的由来。连小便盆都用七种宝石镶嵌而成，孟昶这样的国主，不亡简直没天理。

北宋对孟昶的形象构建，都是基于这样一个基础：大宋伐蜀，是有道伐无道的正义战争。包括后来北宋攻打南唐、逼迫吴越纳土等一系列统一战略，均发动了类似的舆论宣传战，对李煜、钱俶等国主进行了形象抹黑，把他们一个个塑造成荒淫、无能、反动的昏主形象。以此反过来树立北宋的正义性。

实际上，拨开历史的迷雾，仍能从一些对立的记载中发现，这些被消灭的末代国君，其实并没有北宋所宣传的那么昏庸无能，有些还是口碑相当好的。

北宋把孟昶宣传得荒淫至极，然而，在蜀地，即便后蜀亡国以后，当地史书仍把他写成有为之君，说他节俭、仁慈。

后蜀打仗不行，但人民确实是爱戴孟昶的。这从一个细节可以看出来：据《蜀梼杌》记载，孟昶投降宋朝，离开成都时，“万民拥道，哭声动地”。《邵氏闻见录》的记载也可以佐证，该书中说：“（孟）昶治蜀有恩，国人哭送之。”假如孟昶真是北宋官方宣传的那样，是一个沉迷女色、使用“七宝溺器”的荒淫之主，蜀地人民会为他的离开而集体哭送吗？

历史的真实，恰好相反。

入蜀宋军军纪败坏，暴行不断，不仅大肆杀害后蜀降兵，对当地人民也极其残忍。史载，有宋兵将领“割民妻乳而杀之”，连赵匡胤得知后，都不禁哀叹：“妇人何罪，而残忍至此。”

宋军激起了蜀地人民的强烈不满。许多人在北宋治下的命运，远远不如孟昶当国主的时候。以至于蜀地刚归降，反宋运动就连绵不绝。这些反宋武装，往往假托孟昶（或其后人）的名义相号召，打出“兴国”“兴蜀”的旗帜，重建蜀国的意图十分明显。

赵匡胤为此十分头疼，曾怅然说了一句：“蜀人思孟昶不忘。”

这或许正是赵匡胤决定对孟昶下毒手的根本原因。如果继续留着孟昶，无异于给蜀地的反宋力量提供了一面旗帜。只有除掉孟昶，才能让他们失去互相号召的精神领袖。

但直接除掉孟昶，对宋朝的统一大业将得不偿失。当时，南北方还有南唐、吴越、南汉、北汉等多个割据政权，杀掉孟昶这个降主，一是会失去大宋帝王风度，二是会激起其他国主的抵抗情绪，降与不降都得死，不如反抗到底。

经过多次权衡，赵匡胤决定对孟昶实施先公开优待、后秘密杀害的策略。

公开优待显然是做给其他未投降的国主看的，秘密杀害则将孟昶之死，置于历史疑案之中。你们都看到了，我大宋待降主不薄，但他突然就死了，也许是心脏病发作呢，反正不关我事。但从公开优待到秘密杀害，中间只过了 7 天时间，赵匡胤显然操之过急了，最终还是留下了无数破绽。

3

孟昶死后，宋太祖赵匡胤开始反思下手太急的问题。

赵匡胤在位的 17 年中，他先后灭掉了 8 个割据政权中的 5 个，被迫投降的有南平高继冲、湖南周保权、后蜀孟昶、南汉刘𬶍、南唐李煜，加上最早被迫禅位的后周末帝柴宗训，一共 6 位。

但自从 965 年孟昶不明不白死掉后，很长一段时间内，这些降王都安然无恙。就算是南汉末代国主刘𬶍这样的人，赵匡胤也未对他起杀心。

宋开宝四年（971），宋军攻打南汉，刘𬶍眼见打不过，就导演了诈降、烧府库等一系列操作，在五代十国中所有被灭的政权中，是最不老实的一个。

而且，刘铢是所有降王里面，不用靠宋朝抹黑，本身就很荒淫的一个君王。他在位时，全部使用阉人当官，据说宫中宦官达两万多人。他自己则淫乱无比，后宫蓄养无数宠妃，包括来自波斯的女子。南汉人民恨透了他。

赵匡胤要是杀了刘铢，南汉人民肯定叫好。但就算是这样，赵匡胤也不杀他，说降王来了开封，一概优待，仅仅杀了刘铢底下几个官员抵罪。

某次，赵匡胤专门给刘铢赐酒，吓得他腿软，说了一堆歌颂大宋的好话，祈求陛下给他留条活路，以彰好生之德。赵匡胤无奈，只好端起给刘铢的酒杯，自己喝了。刘铢这才发现不是毒酒，又羞愧又高兴。

底下的人劝赵匡胤诛降王，说把他们安置在京城，"久则生变"。赵匡胤笑着说："孤身远客，能为变乎？"说是这么说，但政治无情，若是政治需要，帝王的承诺亦会随风飘逝。必要之时，赵匡胤铁定会撕下优待降王的面纱，像对待孟昶一样，对其他降王下手。

孟昶死后8年，开宝六年（973），一连死了两个末代国主。

先是南平末帝高继冲死去，时年31岁。接着后周末帝柴宗训死去，时年21岁。对这两人之死，史书又是讳莫如深，简称死法不明。

柴宗训之死，尤其蹊跷。

赵匡胤建立宋朝后，如何处理后周末帝柴宗训及其家族，成为一个现实的问题。由于赵匡胤是采取政变的形式夺权的，为了确保政变成功，收买朝中人心，他希望用一种有别于前代的方式来解决这个问题。

因此，他与诸将约法三章，第一条就是“少帝及太后，我皆北面视之，公卿大臣，皆我之比肩之人也，汝等毋得辄加凌暴”。据说，他还立有太祖誓碑，要求“保全柴氏子孙”。

7 岁的柴宗训，随后被废为郑王。两年后，962 年，被发往房州（今湖北房县）居住。房州毗邻神农架林区，位置偏远，向来是贬谪者的流放之地。即便如此，柴宗训的命运比五代更替中其他末帝，已经好很多了。五代其他 4 个末帝，除后晋石重贵被契丹俘虏，得以善终之外，另外 3 个都死得很惨。

赵匡胤也靠保全柴宗训的性命，赢得了旧朝上下，以及历史上许多史学家的好评，为宋朝的宽柔仁政树立了口碑。清代史学家赵翼就说，后周柴氏在宋朝一直褒封赏赐不断，足见大宋“待亡国之后，可谓厚矣”。

真实的历史却是，柴宗训幼年未夭，成年即死，不能不令人怀疑赵匡胤下了毒手。

动机也很明显，随着柴宗训成年，他对宋朝的潜在威胁也越来越大。当年后周世宗柴荣在位时，很得民心，朝中很多旧臣，也越来越“念旧”。这或许正是促使赵匡胤出手掐断一切复辟苗头的主要原因。

随着柴宗训的死去，柴荣的四个儿子，在宋朝要么死得不明不白，要么不知所终。柴荣血脉，至此已绝了。宋朝赐封的柴氏后人，从血脉上来讲，根本并非柴荣的嫡系子孙。

赵匡胤，放心了。

但他未能料到的是，他习惯让别人死得不明不白，最终自己也死得不明不白。

4

史学界对继位的宋太宗赵光义的评价，基本一致，认定此人阴暗多疑，擅长下毒。由于赵光义被质疑得位不正，他对潜在的皇位继承人，开展了隐秘的斩草除根行动。

赵匡胤死后8年内，宋太宗赵光义步步为营。先是赵匡胤的二儿子燕王赵德昭在太平兴国四年（979）被逼自杀；太平兴国六年（981），赵匡胤的最后一个儿子、年仅23岁的秦王赵德芳也跟自己的父亲一样，在睡眠中暴毙——“寝疾薨”，死法跟赵匡胤一模一样。

到了984年，赵匡胤和赵光义唯一的弟弟、38岁的赵廷美，在被赵光义指使亲信大臣柴禹锡等人告发“阴谋造反”后，最终“忧悸成疾而卒”。

至此，赵光义铲除了所有能威胁到他皇权的钉子。

为了权力和帝位稳固，赵光义对至亲之人尚且如此心狠手辣，那么，他对投降北宋的降王们，肯定也客气不到哪里去。在他任内，他继承哥哥赵匡胤未竟的统一大业，先后逼迫福建割据政权和吴越国主动纳土投降，并亲征北汉，灭掉了五代十国以来最后一个割据王国。这三个政权的“末帝”陈洪进、钱俶、刘继元，都当了宋太宗时期的降王。

但在赵光义治下，最早毙命的是宋太祖时期已经投降、在开封居住了两年多的前南唐国主李煜。

史学家普遍认为，李煜是被赵光义毒死的。

李煜之死，与后蜀末帝孟昶的死，有颇多相似之处。根源都在于，这两人在亡国之后，在原来的国境之内仍有相当的号召力。这被当作对赵宋江山的潜在威胁，因此必须斩草除根，以绝后患。

根据南宋时人王铚《默记》一书记载，南唐旧臣徐铉在赵光义的授意下，去看望一直处于软禁状态的李煜。旧日君臣相见，两人默默相对而坐。李煜忽然大哭起来，长叹说，当年我错杀潘佑、李平，如今后悔死了。

徐铉离去后，李煜想到自己从一国之主沦为阶下囚，不得自由，心中痛切，遂填了一首《虞美人》：

春花秋月何时了？往事知多少。小楼昨夜又东风，故国不堪回首月明中。

雕栏玉砌应犹在，只是朱颜改。问君能有几多愁？恰似一江春水向东流。

赵光义后来问徐铉，徐铉不敢隐瞒，把李煜的话都转述给他。赵光义心中不悦，知道李煜仍未忘记亡国之痛，后来又听到了李煜的《虞美人》，大怒，顿起杀心。

太平兴国三年（978），七夕。据说这一天是李煜的生日，赵光义赐酒，下牵机药。

李煜当天暴卒，年仅 42 岁。

李煜死后次年，979 年，赵光义即将出兵攻打北汉刘继元，在长春殿宴请潘美等将领。前南汉国主刘鋹、前吴越王钱俶、前福建漳泉二州控制人陈洪进等降主都参加了酒宴。

刘鋹自 971 年投降入京后，处处模仿蜀汉后主刘禅自污，曲意逢迎宋太祖、宋太宗二帝，以求自保。在这次出兵前的酒宴上，刘鋹继续他的表演，说："朝廷威灵远播，四方僭号窃位的君主，今日都在座。不久平定太原（北汉都城），刘继元又将到达。臣率先来朝，希望可以手持棍棒，成为各国投降君王的老大。”

这么不要脸的插科打诨，逗得赵光义哈哈大笑。

但在北汉被灭以后，刘𬬮却没有机会成为降王们的老大。因为第二年，即980年，他无端就死掉了，年仅39岁。刘𬬮因何而死？史书没有记载，但古今很多史学家均认为，刘𬬮不是自然死亡，赵光义很有可能是幕后黑手。

随后的十年，降宋的末主们逐一死去，无一幸免。

其中，端拱元年（988）八月二十四日，前吴越国主钱俶六十大寿，赵光义特派使者赐宴。钱俶陪同使者饮酒至日暮，当夜突然死亡。

死法跟李煜十分相似。难怪明末清初著名学者周亮工在《因树屋书影》中说：“南唐李后主以七月七日生，亦以七月七日死。吴越王俶以八月二十四日生，以八月二十四日死。两王生死相同如此……顾两王皆以生辰死者，盖御忌未消，各借生辰赐酒阴死之耳。”

三年后，淳化二年（991），被安置在房州的北汉末帝刘继元生病，赵光义派使者陪同御医前往探病。史载，刘继元被“诊视后，卒”。极有可能为赵光义趁机加害。

有人发现一个规律，降王暴毙之前，往往都有赵光义的使者出现。这恐怕不是单纯的巧合。

赵光义在位期间，不仅降王陆续去世，降王的子弟也相继丧命。最典型的是，“十国”中三大国——后蜀、南唐和吴越，原定的合法继承人，即孟昶长子孟玄喆、李煜长子李仲寓、钱俶长子钱惟濬，均在太宗朝死去。

虽然不能排除自然死亡的因素，但如此密集的死亡事件，只能说明背后有人在有计划地执行定点消灭任务。

北宋不像前代那样，对降主末帝们及其子弟进行简单粗暴的公开处死。然而，在政治礼遇与人道承诺的背后，始终有一项秘密的加害计划在推进，直到优待对象完全消失为止。比起公开处死，这种隐秘加害，更具统治欺骗性，也更具政治伪善性。

当一个个昔日的敌人及其后代，纷纷按计划离世以后，在宋太宗看来，赵氏江山才算真正安全了。

宋真宗：失了体面的皇权

当所有皇城宫门被打开时，1127 年，攻入开封城的金兵惊讶地发现，开封皇城中竟然秘藏一通石碑，上面写着：“保全柴氏子孙，不得因有罪加刑；不得杀士大夫及上书言事之人；不加农田之赋。”

这块从赵匡胤建立宋朝开始，已被珍藏了一百五十多年的石碑，终于曝光在世人眼前。尽管在乱世之中它似乎不值一文，靖康之变的战火及随后而来的系列动荡，使得它此后长期被淹没在历史的烟尘中，甚至连是否存在都为人所质疑。但在以往，这块只有北宋历代皇帝才知晓的石碑，却闪烁着历史的光辉。

1

根据史书记载，宋太祖赵匡胤下令铭刻这通象征祖宗家法的石碑后，一直将它锁置在开封太庙寝殿的夹室内，平时封闭甚严，并规定新皇帝即位后，必须入内跪拜默诵这通石碑上的誓词，而皇帝在跪拜时，只能由一位不识字的太监陪同在旁，因此，这通石碑究竟写着什么，一直无人知晓。而秘密，一直到 1127 年女真人攻破开封城时才被破解。

尽管后周世宗柴荣真正的嫡系子孙是否存活，历史上一直有质疑，但宋朝皇帝优待读书人，却是不争的事实。宋真宗就很欣赏自己的伯父、宋太祖赵匡胤，为此，他还亲自写下了一首劝学诗《励学篇》：

富家不用买良田，书中自有千钟粟。
安居不用架高堂，书中自有黄金屋。
出门莫恨无人随，书中车马多如簇。
娶妻莫恨无良媒，书中自有颜如玉。
男儿欲遂平生志，五经勤向窗前读。

这就是后世"书中自有黄金屋，书中自有颜如玉"的典故由来，作者是宋朝的第三位皇帝——宋真宗赵恒（968—1022，在位时间为997—1022）。

作为一位书生皇帝，宋真宗的上位纯属偶然。

宋太宗赵光义共有九子，他在"斧声烛影"中称帝之后，随即开始逐渐铲除对皇位有威胁的家族近亲，在系列的宫廷血案之后，赵光义的长子赵元佐受到强烈刺激，竟然精神失常纵火焚烧东宫，从此被废为庶人。赵元佐发疯后，赵光义的二儿子赵元僖又在太子位上无疾暴毙。在这种轮番的意外发生后，在赵光义的子嗣中排行第三的赵恒得登大位。

至道三年（997），宋太宗病危。当时，李皇后与曾经在"斧声烛影"中协助赵光义发动政变夺位的宦官王继恩，试图谋立已经发疯的赵元佐为帝控制朝政，幸亏宰相吕端力挫政变，才保得赵恒顺利登位。

宋真宗赵恒即位这一年，北宋已经先后平定了五代十国以来割据分裂的后蜀、南唐、吴越等国，但在北上争夺燕云十六州的过程中，宋太宗赵光义两次北伐失败，甚至被辽军射中两箭狼狈逃窜，以致多年后终因箭疮反复迸裂而死。

武功平凡的宋太宗在986年的最后一次北伐——雍熙北伐失败后，丧失了进取之心，此后，北宋在对辽的战争中转入长期守势。而长期长在深宫之中的宋真宗赵恒，更加丧失了伯父赵匡胤及父亲赵光义的进取心，倾向于做一位守成之君。

2

有宋一代，读书人的荣光史无前例。

为了彻底遏制、铲除自从唐朝安史之乱以后，蔓延至五代十国的藩镇割据和军人称霸格局，宋太祖赵匡胤采取了杯酒释兵权、崇文抑武的政策，而在“斧声烛影”的满朝质疑中上位的宋太宗赵光义，就更加注意收买知识分子的人心，这使得从宋太宗朝开始，每期科举进士录取人数从唐朝时的十来人，激增到了数百人。科举录取面的扩大，以及科举出身的进士们纷纷位居高官要位，极大刺激了宋代的文化发展和考试教育。

汉唐时期，帝国崇尚军功，因此武治强盛，以致汉代有班超“投笔从戎”，而唐代许多宰相则是以名将军功而得以“出将入相”。但是历史进入宋代以后，通过“崇文”以“抑武”，宰相几乎全为读书人，武将军人则地位越发低下，“见（文人）大臣必执梃趋庭，肃揖而退”。

从宋太宗时代开始，每次状元公布后，“每殿廷胪传第一，则公卿以下，无不耸观，虽至尊亦注视焉。（状元）自崇政殿出东华门，传呼甚宠，观者拥塞通衢，人摩肩不可过，锦鞯绣毂角逐争先，至有登屋而下瞰者，士庶倾羡，讙动都邑”。

这种状况到了宋真宗时期更加明显，以至于当时的洛阳人尹洙曾经说：“状元及第，虽将兵数十万，恢复幽蓟，逐强虏于穷漠，凯歌劳还，献捷太庙，其荣亦不可及也。”

经过宋太祖、宋太宗以及宋真宗三位皇帝不断的“崇文抑武”，在当时人的眼里，武将军人地位已经从晚唐、五代十国的高高在上，剧降至即使“将兵数十万，恢复幽蓟，逐强虏于穷漠”，也比不上一位高中状元的文人受人仰慕关注了。

对此，宋真宗习以为常。这种风气发展到后来，就是北宋时人汪洙写诗道：“天子重英豪，文章教尔曹；万般皆下品，唯有读书高……别人怀宝剑，我有笔如刀。朝为田舍郎，暮登天子堂。将相本无种，男儿当自强。”

在北宋君王看来，中国自魏晋以降的贵族阶层，在经历晚唐和五代十国的战乱动荡之后，已几乎被扫荡一空，难以对皇权形成重大挑战。而科举出身的文人大多家世普通，不仅有利于国家选拔才俊、促进社会的阶层流动，而且文人没有贵族和武将的庞大势力，既有家国情怀敢于担当，又容易控制，这也是宋代君王愿意与普通知识分子出身的士大夫“共治天下”的根本原因。

宋真宗曾经告诫负责科举考试的大臣说：“贡举重任，当务选擢寒俊，精求艺实，以副朕心。”

但正如一枚硬币的两面，凡事有正必有反，过分“崇文”的宋真宗喜欢安逸。对此，宋真宗在当太子时的老师、后来官至宰相的李沆就看得很清楚。

李沆做宰相时，王旦担任参知政事即副宰相，当时因为用兵西北，宰相们要到天黑才能吃饭。王旦有一次叹息说：“我们这帮人怎么才能坐致太平，悠闲自得呢？”

李沆则说：“稍微有些担忧辛劳，足以作为警戒。将来四方宁静，国家未必没有大事发生。”

当时，契丹在经历与宋多年的战争后进行和亲，王旦询问李沆此事如何，李沆又说：“好是好，然而边疆的忧患停止后，恐怕皇上渐渐产生奢侈放纵的想法。”

李沆经常拿一些四方水旱、盗贼之事上奏宋真宗，但王旦认为这些琐事不值得上报劳烦宋真宗处理。李沆是太子宾客出身，深知宋真宗从小长在皇宫、不知四方艰辛，他对王旦说：“皇上年轻，应当让皇上知道四方的艰难。不这样，皇上血气方刚，就会大加留意声色犬马之事，那么动土木、兴甲兵，向宗祠求福等事就会发生了。我年老了，等不到看见这些，这是参知政事你将来的忧患。”

在对待辽国的问题上，李沆更是认为不可与敌讲和，他曾对王旦说：“我死后，你一定会做宰相，切记不要同敌讲和。我听说出则无敌国外患，国恒亡，如果同敌讲和，从此以后国家武备废弛，必然多事了。”

宰相李沆的远见，副宰相王旦当时并不以为然，一直到多年以后宋真宗荒废政事、大搞“东封西祀”、营造宫室，他才体悟到当初李沆的睿智。

而在北宋与辽国讲和的澶渊之盟后，武备废弛的北宋君臣，也将在一百多年后的靖康之变中，深刻体悟到李沆的远见卓识。

3

1004 年，在后世被称为“圣相”的李沆病逝，也就是这一年，辽国再次大举南下。

五代十国时期，中原地区丧失了北方的屏障燕云十六州，此后契丹经常沿着华北平原南下入侵。而1004年的这次南侵，辽国的20万大军更是长驱直入黄河北岸的澶州（今河南濮阳），距离北宋首都开封仅仅数日路程之遥。

在这生死存亡的时刻，开封城内震动，参知政事王钦若甚至主张迁都金陵（今南京）避祸，而作为国防部副部长的枢密副使陈尧叟则主张迁都成都。从小长在皇宫、只知读圣贤书的宋真宗惶恐不安，不知如何是好，当时朝内大部分人主张迁都避战，只有同为参知政事的毕士安和集贤殿大学士寇准等少数人坚决主战。

寇准当着主张迁都的参知政事王钦若和枢密副使陈尧叟的面，故意假装不知地说："是谁倡议陛下迁都避战？这些人当杀无赦！如果陛下御驾亲征，那敌军势必将战败而逃。我们有必胜的把握，为何要抛弃祖宗和太庙，跑到蜀地这样偏远的地方去避祸呢？如果人心崩溃，敌人乘虚而入，天下还能保得住吗？"

在寇准的力请和坚持下，宋真宗不得已决定御驾亲征以振奋军心，当时，面对"急书一夕五至"的军事形势，宋真宗惶恐不已，不断逼近的辽军，让他更加疑虑。这时，又有人劝说宋真宗到金陵避祸，寇准则再三坚持，并提醒宋真宗说，进则士气倍增，退则万众瓦解。

当时，澶州分别在黄河两岸建筑北城和南城，宋真宗勉强抵达黄河南岸后不愿再渡河北上，寇准力请渡河鼓舞军心，但宋真宗犹豫不决，于是寇准出来对禁军大将高琼说："太尉您承蒙国家厚恩，今日打算报答国家吗？"高琼也是愤慨不已，说："国家临危，理当效死！"

于是，寇准与高琼一起返回面奏宋真宗，力请渡河鼓舞军心。高琼说："宰相（寇准）主战，实乃良谋。禁军将士的父母妻子都在京师（开封），如果陛下您要迁都逃往江南，禁军恐怕将会发生动乱。"

紧接着，高琼奏请宋真宗立刻动身，渡河北上。此时，一旁的枢密院事冯拯高声呵斥高琼无礼，高琼则愤怒地反驳说："你只会写文章，官做到两府大臣。眼下敌兵向我军挑衅，我劝皇上出征，你却责备我无礼。你有本事，为何不写一首诗使敌人撤退呢？"

高琼与寇准立刻命令卫士将宋真宗的车驾转向澶州北城前进。到了黄河岸边时，探马飞报辽军势盛，宋真宗非常惧怕，迟疑不进。于是高琼奋力驱赶禁军将士，几乎是裹挟着将宋真宗的车驾驱赶过了黄河的浮桥，直抵黄河北岸的澶州北城下。接着，寇准和高琼又力请宋真宗全副仪仗登上澶州城墙鼓舞军心。当宋真宗出现在城墙后，澶州"诸军皆呼万岁，声闻数十里，气势百倍"。

在象征性的巡视后，宋真宗又迅速撤回到黄河南岸的澶州南城，但寇准则继续留在澶州北城督战。宋真宗几次派人探视寇准的举动，当得知寇准在澶州北城上从容喝酒下棋，表现得胸有成竹时，宋真宗才逐渐定下神来。

当时，辽军二十万大军虽然迅速挺进到了黄河北岸，但后方的几乎所有重要城池仍然为宋军控制，孤军深入、后路有可能随时被断的辽军开始心生不安，就在此时，宋军又以伏弩射杀了辽国大将萧挞凛，使得辽军士气越发低落，于是，双方决定转而议和。

本来就畏惧战争，甚至想迁都避祸的宋真宗听说辽国愿意议和，马上派出七品小官曹利用前往同辽军谈判，随后双方基本议定辽军退兵、宋军则每年赔偿辽军银、绢来促成和谈，在前往议定最终条款前，曹利用向宋真宗请示最多给辽国每年赔偿多少银、绢，宋真宗犹豫过后说："必不得已，一百万（银、绢）亦可。"

寇准在一边不便当面反驳，遂在曹利用面奏出来后迅速追了上去，特地叮咛曹利用说：“陛下虽有百万之约，但你去交涉，如果答应所给银、绢超过三十万，那你就提人头来见我！”

经过反复谈判，最终，担心退路被截的辽军答应议和退兵，而宋辽则约为兄弟之国。辽圣宗称宋真宗为兄，这比五代十国时，后晋皇帝石敬瑭在契丹前自称儿皇帝有所进步，但同时，宋朝则必须向辽国“助军旅之费”银十万两、绢二十万匹。

曹利用返回面奏宋真宗时，宋真宗刚好在吃饭，于是先派宦官出来问跟契丹许诺赔偿多少银绢，曹利用认为这是军国机密，坚持要面奏皇帝，在被宦官追问得没办法后，曹利用只得伸出三根手指示意。

宦官误以为是三百万银绢，返回奏报，宋真宗吓了一跳，连忙说：“太多了，太多了。”但过了一会儿又自我安慰说，“能把事了了，也还行。”

随后，曹利用进入面奏，当得知赔偿款为三十万银绢时，宋真宗顿时如释重负、转忧为喜说：“才三十万，这么少。你很会办事，你很会办事！”随后，宋真宗重赏了曹利用。

在宋真宗抵达澶州十天后，1005 年 1 月，宋辽双方在澶州城下达成了澶渊之盟。尽管对于宋朝来说显得屈辱，但这也结束了自 979 年宋太宗第一次北伐辽国以来，双方持续长达二十五年的战争。

与巨额的军事开支（三千万）相比，每年三十万银绢的岁币赔偿，极大减轻了宋朝在北方的军事负担。而通过与辽国的边境（榷场）贸易，宋朝不仅赚回了比岁币更多的钱，而且通过茶马互市贸易，在经济上开始制衡辽国，此后双方维持了长达一百一十多年的和平，使得宋辽边境“生育繁息，牛羊被野，戴白之人（白发长者），不识干戈”。

4

尽管澶渊之盟议定，辽军退兵，但作为王朝至尊，却被迫与南侵的异族签订城下之盟，宋真宗始终觉得下不了台阶，因为城下之盟可以带来安全，却无法为他带来君王的体面。

与此同时，北宋帝国的官员内斗也日益加剧。力主抗战的寇准与战前畏缩懦弱的主和派结下了很深的梁子，而性格张扬的寇准在澶渊之盟后，常将此事作为自己的功劳，每每提及此事都自鸣得意。为此，因之前主张迁都金陵避祸，而被寇准怒斥为“该杀”的参知政事王钦若也一直在寻找机会中伤寇准。

有一次寇准退朝后，宋真宗目送寇准离去，王钦若趁机说：“陛下敬重寇准，是因为他对国家有功吗？”

宋真宗点头肯定。王钦若假装愤慨说：“城下之盟，《春秋》耻之，澶渊之举，是城下之盟也。以万乘之贵而为城下之盟，其何耻如之！”

王钦若本意是打击功臣寇准，但没想到这一下子也击到了宋真宗的痛处。于是，宋真宗有一次特地跟王钦若探讨，应该如何找回一些颜面，王钦若明明知道宋真宗怕战、厌战，却故意激将宋真宗说：“只有出兵取幽蓟，可以雪前耻。”

出击辽国、夺回燕云十六州，宋真宗自然是没有这个雄心壮志和能量与胆量，便问有没有别的办法，王钦若又说：“那要不就举行一次封禅泰山，可以镇服四海，夸示戎狄。”

王钦若的这个办法，纯属阿Q式的精神胜利法，因为中国古代帝王封禅泰山，都是汉武帝、光武帝、唐高宗、唐玄宗等军功显赫的帝王，而结下澶渊之盟的宋真宗想要封禅泰山，与前代帝王相比，显然是一场自欺欺人的闹剧。

但宋真宗对这个主意动了心，于是他又问王钦若说，封禅泰山要有“祥瑞”，现在没有“祥瑞”怎么办？

善于迎合的王钦若随即一笑说：“陛下以为，前代那些什么‘河图’‘洛书’都是天然生成的吗？这不过是‘神道设教’而已，只不过是别人以人力为之，做皇帝的表示尊崇并且力推，那么它就是祥瑞。”

宋真宗心领神会。

景德五年（1008）正月初三，当宰相王旦率领群臣早朝完毕时，突然有司来报说，在皇宫承天门的左南鸱尾上，挂着一个黄帛。接着，宋真宗马上“召群臣拜迎于朝元殿启封，号称天书”，为了让众人信服，证明这个黄帛是从天而降的“天书”，宋真宗还编了个故事公开向臣子们说：“有一天半夜我刚要睡，忽然卧室满堂皆亮，我大吃一惊，见到一个神人忽然出现，此人星冠绛袍，对我说：‘一月三日，应在正殿建黄箓道场，到时会降天书《大中祥符》三篇，勿泄天机！’我悚然，起身正要答话，神人忽然消失，我马上用笔把此事记了下来。此后我便蔬食斋戒，在朝元殿建道场，整整一个月恭敬等待，终于盼来了天书。”

宋真宗率领百官步行到承天门“迎奉天书”，并当众打开封口，只见帛布上写着：“封受命。兴于宋，付于慎，居其器，守于正，世七百,九九定。”

紧接着，宋真宗马上下令将“天书”郑重装入之前准备好的金柜中，并接受百官朝贺，还宣布大赦天下，改元“大中祥符”，特允京师聚饮三日以示庆祝等。

在宋真宗带头故弄玄虚的鼓舞下，北宋举国上下掀起了一股“争言祥瑞”的热潮，但对于宋真宗这种伎俩，宰相王旦自然看在眼里。

宋真宗怕王旦反对自己瞎胡闹，于是在某日召来王旦到宫中饮酒，又赐酒一瓶说：“你带回去和妻儿一同享用吧！”

王旦回到家中，才发现瓶中装的全部都是珍珠，面对宋真宗这种姿态低下、几乎是恳求臣子不要阻挠他的“天书”政治的表演，王旦此后只能默不作声，“自是不复持异”。

无奈之下，王旦动员了文武百官、番夷僧道及耋寿父老等二万四千三百余人，连续五次联名奏请赵恒封禅泰山，在一系列的“前戏”预热下，大中祥符元年（1008）十月，宋真宗最终启程前往泰山封禅，而他也成为中国历史上最后一位封禅泰山的皇帝。

在王旦看来，他配合皇帝演完了封禅泰山这一出大戏，原以为事情到这里就结束了，没想到的是，宋真宗却上瘾了，而阿谀奉承之徒则不断地向宋真宗“争奏祥瑞，竞献赞颂”。

就在封禅泰山三年后，1011 年，宋真宗又到山西汾阴去行“祭祀后土”大礼，这与封禅泰山一起并称“东封西祀”；再七年后，宋真宗又前往亳州（今安徽亳州）明道宫祭祀太上老君。

从 1008 年的这场造神运动开始，一直到 1022 年去世，宋真宗赵恒一直痴迷于这种“竞献祥瑞”的“天书政治”之中难以自拔。为了让各种祭祀和封禅顺利进行，宋真宗则大规模向臣下赏赐，其中仅仅封禅泰山，前后就共耗费八百多万贯；西祀汾阴，耗资更达九百多万贯；而为了营造玉清昭应宫，仅仅塑造三座神像就用了金一万两、银五千两，在这种大规模的造神运动折腾下，到了宋真宗晚年，北宋“内之蓄藏，稍已空尽”。

然而，在“天书”政治中找到折腾快感的赵恒，开始在最初的谎言中自我沉醉。在这位偶然上位的皇帝看来，如他伯父赵匡胤和父亲赵光义一般开疆拓土、打打杀杀，生活在充满阴谋诡计的日子里，对他这样一位始终长在深宫、读着儒家典籍长大的皇子来说，实在是太辛苦了。他已经厌倦了履行帝王的职责，而这种沉迷于“天书”政治的胡闹折腾，反而给了他一种太平盛世的快感。再后来，他甚至寄望于道家长生不老的养生仙术，希望能得到一种脱离现实的虚幻生活。

宰相王旦则始终闷闷不乐，他不像自己的前任李沆、寇准一般强硬，而在寇准因为刚硬强直被贬黜流放后，王旦更加收敛了自己的心声，只是每每接到要为宋真宗的新祭祀仪式奔走的旨意后，史书记载说他“悒悒不乐”，越到后面，他才越明白前任宰相李沆说的，“如果不让皇帝知道四方艰难，那么皇帝就会动土木、兴甲兵，向宗祠求福”的警告意义所在。

宋真宗尽管热衷造神运动，但对于内政也仍然保持着一丝清醒，并始终让王旦等正直的朝臣在位，以牵制王钦若、丁谓等“五鬼”干政，也因此，尽管宋真宗在后期行事荒诞，但北宋仍然得以稳定发展，到了宋真宗病逝前一年的1021年，北宋全国财收达到了15085万贯，岁入甚至比盛唐时期还要高出7倍。尽管国库因为多年的造神运动损耗巨大，但活跃的经济仍然在源源不断地创造财富，而当年（1021）北宋全国的户口，也达到了867万户，比他即位前增加了416万户。

1022年，常年痴迷于造神运动的宋真宗最终去世，享年55岁。他死后，他的妻子、掌控朝政的太后刘娥以宋仁宗的名义，下令将“天书”封进他下葬的永定陵。至此，这场在北宋历史上耗时达14年之久的造神运动终于落下帷幕，对此，《宋史·真宗本纪》评价说：“一国君臣如病狂然，吁，可怪也。”

明代的李贽则说：“堂堂君臣，为此魑魅魍魉之事，可笑，可叹！”

对于君王来说，瞎折腾和自我沉醉，或许也是一种深层的自我安慰。

宋仁宗：虽不自由，但值了

有一天晚上，宋仁宗赵祯处理政务直到深夜，肚子很饿，很想吃羊肉。可他忍住了。

第二天，他跟左右近臣说，昨晚上特别想吃羊肉，可又不敢说。

近臣们觉得非常诧异，问，官家你贵为九五之尊，为啥不敢开口？官家，是宋代人对皇帝的非正式称呼。

宋仁宗说，朕如果一开口，御厨就会夜夜宰杀，一年下来得几百只羊，为了朕一碗饮食而开此恶例，就会造成滥杀和浪费，因此肚子再饿也只能忍住。

实际上，不仅是想吃羊肉不敢说，有时候，即使口渴了，宋仁宗也不敢说。

有一次，宋仁宗外出，走不了一会儿就频频回头，不知道在张望什么，却又什么都不说。身边人就觉得很奇怪，等回到宫中，宋仁宗才急不可耐地说，渴死我了，快帮我端碗水喝。

宫女就好奇地问："官家在外面既然口渴，为什么不直接叫人拿来呢？"

宋仁宗缓了一会儿说："朕回头张望了好多次，都没看到掌管茶水的当值侍吏，可又不敢问，怕我一问，那侍吏必然要受到处罚，所以才忍渴而归。"

他如此自控克制，以致北宋皇宫中，时常冷清寂寞，宋人施德操就在《北窗炙輠录》中写道，有一天夜里，宋仁宗听到外面有很热闹的丝竹歌笑之声，就问宫人："这是哪里在作乐？"

宫人就回答说，这是皇宫外面民间酒楼的喧闹声音。

紧接着，宫人就向宋仁宗诉苦说："官家您听，外面民间是如此快活，哪似我们宫中如此冷冷落落啊。"

宋仁宗倒是看得开，他回答说："你知道吗，正是因为我宫中如此冷落，外面人民才会如此快乐。我宫中若像外面如此快乐，那么民间就会冷冷落落也。"

1

在别人眼里，宋仁宗似乎一直都是个老好人，可 24 岁那年，他也曾暴怒流泪，甚至想杀人。

1022 年，宋真宗驾崩，13 岁的赵祯继位为帝，是为宋仁宗。此后 11 年间，北宋朝政一直由宋真宗的皇后刘娥实行垂帘听政进行控制，一直到 1033 年刘娥去世，24 岁的宋仁宗才开始真正亲政。

随着太后刘娥的去世和皇帝的亲政，北宋王朝一个惊天秘密随之被揭开。

原来，赵祯的亲生母亲并非刘娥刘太后，而是本为刘娥婢女的李氏。当初，宋真宗无意中临幸李氏，没想到李氏竟然有了身孕，于是没有生育的刘娥一不做二不休，直接将李氏所生的儿子掠为己有，对外则谎称赵祯是自己的亲生儿子。

至于李氏，则一直被刘娥控制。此后李氏一直到死，都没有再见过自己的亲生儿子赵祯，母子二人近在咫尺却远如天边，终身不能相见。

刘娥在世时，赵祯的身世就已广为人知。但慑于刘娥作为宋真宗的皇后，在宋真宗死后又垂帘听政的不二权威，皇宫内外根本无人胆敢向宋仁宗提及此事。所以，一直到刘娥去世，这个秘密才首先被宋真宗的弟弟、荆王赵元俨所披露。

赵元俨，就是后世小说中经常提及的八贤王的原型之一。

不仅如此，荆王赵元俨还向宋仁宗爆料说，宋仁宗的母亲李氏在被幽禁控制多年后，突然在刘娥去世的前一年蹊跷离世，年仅 46 岁。而且，贫苦一生的李氏突然被刘太后宣布册封为“宸妃”，然后，仅仅享受了一天妃子称号就暴毙身亡。

从另外一个角度看，这是否有可能是刘太后知道自己行将不豫，担心日后宋仁宗与母亲相认报复反击，所以才提前对李氏痛下杀手？

获悉自己身世真相后，宛如五雷轰顶的宋仁宗在皇宫中痛哭流涕。24 岁的他无法接受和难以相信的是，那个他叫了二十余年“母后”的女人，不仅不是他的亲生母亲，相反，还可能是他的杀母仇人。

在皇宫内崩溃痛哭的宋仁宗很快还得知，一直潜伏在皇宫中，以刘太后的哥哥“刘美”身份对外的“国舅爷”，竟然是刘太后刘娥的前夫，其本名叫龚美。刘娥在改嫁给宋真宗后，龚美化名为刘美，此后就一直以“国舅爷”的身份住在皇宫中享受荣华富贵。

宋仁宗暴怒。他一边遣派军队包围刘太后的“奸夫”龚美的府邸，一边下令向全国发出罪己诏，指出自己对亲生母亲不孝，没当好皇帝，也没做好儿子。

罪己诏一发，事情由此闹得举国皆知。

不仅如此，宋仁宗还亲自前往李氏停灵的洪福院，坚持要开棺验尸以查母亲的死因。事情至此，似乎已经难以收场，一场帝国的惊天风雨将席卷而来。所幸的是，在李氏去世后，宰相吕夷简非常有远见，建议刘太后做了一些秘密安排。

原来，李氏暴毙后，当时宰相吕夷简就意识到了这个问题存在的严重隐患。清楚宋仁宗真实身世的吕夷简于是私下对刘太后建议说，太后您终有老去的一天，如果那天宋仁宗亲政获悉自己的身世，那么太后您整个家族势必将遭遇狂风暴雨，甚至可能会被宋仁宗报复，遭遇灭门之祸，“如果太后您还顾念刘家的未来，那么对李氏的丧礼，就应该从厚”！

本来打算将李氏草草埋葬了事的刘太后，只得下令以“一品礼”殓葬那位只享一天荣誉称号的李氏李宸妃。吕夷简私下还特地跟办理李氏后事的太监罗崇勋说：“李宸妃应该以皇后的规格入殓，并用水银灌注保护尸身，否则以后出了事，别说我吕夷简没有提醒你！”太监们最终照着吕夷简的吩咐殓葬了李氏。

当宋仁宗下令开棺验尸，看到被灌注水银、以太后之礼殡葬的母亲李氏“玉色如生”时，宋仁宗感慨道，看来母亲李氏还是受到了善待的，“人言岂可尽信”。至于如何对待刘太后和刘氏家族，名臣范仲淹建议宋仁宗，对待刘太后应该“掩其小故，以全后德”。

宋仁宗接受了范仲淹的建议。他下令撤去准备缉拿龚美的军队，还是以原来的礼节，对待刘太后所谓的“兄长”龚美一家老小。而为了追悼自己的亲生母亲，宋仁宗则下令将生母李氏追谥为“章懿皇后”，并与刘太后一齐供奉在太庙祭祀。为了弥补自己的缺憾，他又优待母亲李氏的弟弟、自己真正的舅舅李用和，封他做了彰信军节度使、检校侍中，对他的恩宠和赏赐都非常丰厚。

后来，宋仁宗的身世之谜被广泛传说，并被后世改编成了杂剧《抱妆盒》，到了明朝，宋仁宗的身世之谜被改编成“狸猫换太子”的故事。清朝中叶，这个故事又被小说家石玉昆写进了《三侠五义》，由此传遍了大江南北。

尽管在亲政之初，就遇到了涉及自己身世之谜的政坛剧震，但宋仁宗最终还是凭借宽恕仁和的性格，挺过了常人所难忍的巨变，这也将是他此后政治生涯的开始。

2

宋仁宗看似懦弱平和，缺乏杀伐独断，但读史者在宋仁宗多个传世的史实“段子”中，却看到了皇权在宋代的革命性渐变——皇权的自我克制和与士大夫的共治天下。

宋仁宗去世后，历经宋仁宗、宋英宗、宋神宗三朝的元老、曾经官拜参知政事的张方平就曾经对宋神宗说：“天下不能由陛下一人独治，天下只能由陛下和臣等共治。”

借由张方平之口可以看出，北宋从建国之初开始执行的崇文抑武政策，为大宋帝国培养出了一个冉冉升起、充满道德和政治自信的知识分子群体，这些知识分子借由科举制进入文官集团，然后又开始集体联合制衡皇权，甚至提出了与皇权共治天下的理念。

这种理念，在宋以前没有，在宋以后则逐渐泯灭。而北宋帝国的帝王们，则在自我克制中，巧妙维持着与士大夫共治天下的均衡理念。

当然，皇权之下，始终是一个人治社会，这本质上仍然依赖于帝王的高度自制。

嘉祐六年（1061），苏轼、苏辙兄弟一起参加了“贤良方正能直言极谏科”考试，宋仁宗亲自坐镇殿试。结果，23 岁的苏辙当场洋洋洒洒写了六千多言，并且攻击指责宋仁宗“宫中贵姬至以千数，歌舞饮酒，欢乐失节……妇人之情，无有厌足，迭相夸尚，争为侈靡”。主考官们看到卷子后，许多人都认为苏辙道听途说、言过其实，主考官胡宿更是坚持要将苏辙除名，反倒是宋仁宗很坦诚地说：“吾以直言求士，士以直言告我，今而黜之，天下人将怎么说我？”

当时，苏轼、苏辙两兄弟的答卷都很精彩，宋仁宗为此非常欢喜，认为苏氏两兄弟都是宰相之才。

在宋仁宗的提拔下，苏轼、苏辙兄弟步入政坛，到了宋神宗时期，因为苏轼涉嫌卷入讽刺变法的乌台诗案，宋神宗一度想将其杀死，但此时宋仁宗的妻子、太皇太后曹氏挺身而出保护苏轼说：“我还记得当年仁宗皇帝在殿试后曾经对我说过：‘朕今日又为子孙得太平宰相二人，这二人同为兄弟，一个是苏轼，一个是苏辙，我年纪大了，担心用不了他们，但这种人才也是遗留给子孙的财富。’”

由于太皇太后曹氏的力保，苏轼最终得以保全不死，改被贬黜黄州。实际上，宋仁宗慧眼识英的，绝不仅仅限于苏轼、苏辙兄弟。在中国历史上，许多被后世传颂千年的著名人物，都是在宋仁宗朝被提拔或培养的。

在文学上，以明朝人评选的“唐宋八大家”为例，除唐代的韩愈和柳宗元外，其他六位全是北宋人，并且全部是在宋仁宗朝开始被提拔任用的，他们分别是欧阳修、苏洵、苏轼、苏辙、王安石、曾巩六人。

另外，柳永、梅尧臣等诗词大家，以及“北宋五子”（周敦颐、邵雍、张载、程颢、程颐）等哲学家，还有范仲淹、富弼、韩琦、王安石、章惇、吕惠卿、司马光、吕公著、包拯、文彦博、种世衡、曾布、狄青等政治家和著名战将，其他如书法家蔡襄、科学家沈括、发明家毕昇等影响后世千年的英杰，全都是在宋仁宗时期被提拔任用或是创下成就。

也正是如此，宋仁宗在位的1022年至1063年共42年的统治时期，其人才爆发程度堪称空前绝后，超越了此后千年间封建帝国的任何一个帝王统治时期。

对于在任内提拔重用各类人才，宋仁宗曾经在《赐刘辉及第》中表示，他对俊杰辈出的局面颇为满足：

治世求才重，公朝校艺精。
临轩升造士，入彀得群英。

这颇有点当初唐太宗李世民感慨“天下英雄皆入吾彀中”的感觉。

在北宋崇文抑武、推崇科举的时代大背景下，宋仁宗朝出现了人才井喷局面，在这种宽和的时代背景下，统治者对民间的舆论也颇为宽松，当时，四川有位读书人献诗给成都太守，提出“把断剑门烧栈阁，成都别是一乾坤”的割据想法。

当时的成都太守自然急了，于是将这位读书人绑了送到京城，没想到宋仁宗却说：“老秀才是急着想做官吧？他写写诗泄泄愤也无伤大雅，又怎能治罪呢？不如赏个官给他当当。”在宋仁宗的授意下，老秀才因祸得福，被提拔为司户参军。

而这，尤其是在后世例如文字狱盛行，仅仅因为诗人无意中写下“清风不识字，何故乱翻书”，就可以将作者枭首灭族的清朝，是完全不可想象的。

由此可见，假如没有宋仁宗时期宽恕仁和的政治环境，所谓的北宋人才大爆发，也就成了无源之水和无本之木。

3

尽管宋仁宗朝文治兴盛，但北宋发展到当时，边境的安全问题也越来越突出。

在经历宋太宗时期雍熙北伐（986）的失败后，宋真宗时期，北宋和辽国经过澶渊之盟（1005），终于奠定了此后长达百年的和平局面。尽管东北方向的契丹之患得到缓解，但在西北方向，宋仁宗宝元元年（1038），党项的李元昊正式在西北称帝建立西夏，此后从1040年到1042年，西夏连续在三川口战役、好水川之战、定川寨之战中大破宋军，以致西夏军队兵锋直逼长安。宋廷为此大震，宰相吕夷简更是惊呼道："一战不及一战，可骇也！"

西夏由于国小人少，虽然接连取得大胜，但杀敌一千自损八百，加上资源匮乏，所以也无力再向宋朝发起进攻，在此情况下，宋夏双方最终于宋仁宗庆历四年（1044）达成和约：双方约定，西夏向北宋称臣，北宋每年则赐予西夏"绢十三万匹、银五万两、茶二万斤，并开放边境贸易"，史称"庆历和议"。

尽管对辽国、对西夏的和约让后世许多人诟病不已，但实际上，通过这种"赎买"式的和约，北宋反而因祸得福，赚得盆满钵满。

由于契丹、西夏等草原游牧民族或是半农耕半游牧民族，根本没有建立丰富的产业，所以在与北宋实现和解后，在双方边境贸易的带动下，北宋反而实现了巨额的贸易顺差，以宋辽和议为例，澶渊之盟后，北宋每年都要向辽国进贡"岁币银十万两、绢二十万匹"，但北宋通过开放与辽国的边境贸易，每年仅仅河北一地，税收就达"四十万贯"。

对此，宋徽宗宣和四年（1122），北宋臣子宋昭就曾经透露说，北宋政府给予西夏、辽国等少数民族政权的赔款“岁赐”，名义上是赔钱，但实际上通过开放双边贸易，北宋反而还赚了钱：“盖祖宗朝赐予之费，皆出于榷场岁得之息。取之于虏而复以予虏，中国初无毫发损也。”

再次审视北宋、南宋与契丹、西夏、女真的和约可以发现，这种和约背后所隐藏的贸易战术，比铁与血的战争来得隐秘高明。对此，宋仁宗总是说：“好战者亡，忘战者危，不好不忘，天下之王。”

通过以柔克刚的和约，北宋与辽国、西夏达成了长期的和平局面，但这始终无法消除北宋建国以后潜藏的政权隐忧。

当时，北宋由于长期的崇文抑武，导致军队作战系统效率低下，为了拱卫中央和巩固边防，军队不断膨胀。宋仁宗时期，军队规模达到了125.9万人的高峰，军事开支占据全国年收入的70%以上。与“冗兵”相对的，则是北宋的官僚队伍不断扩张，使得“冗官”和“冗费”等问题也不断积累加深。

为了维持庞大的开支，到了宋仁宗时期，根据主管财政的官员张方平的汇报，庆历五年（1045）北宋国内的盐、酒等商业税收，比宋真宗时期的景德年间（1004—1007）激增了3倍以上。宋真宗时期商业税收仅仅450多万贯，但是到了宋仁宗时期，不到40年间，商业税收就激增到了1975万贯，由此可见民间赋税之重。

尽管百姓负担日益加重，但在阶级上层，当时国内的公卿大臣很多人却占地达千顷以上，以致“富者有弥望之田，贫者无立锥之地”。在土地兼并日益严重的局面下，北宋农民开始大量逃亡，小型起义则屡屡发生，以致欧阳修说民变“一年多于一年，一伙强于一伙”。

面对这种内忧外患的局面，忧心忡忡的宋仁宗在宋夏达成“庆历和议”（1044）前，便急匆匆地将范仲淹从对西夏的作战前线召回朝中问对策。

1043年农历八月，在范仲淹、富弼等人的推动下，轰轰烈烈的“庆历新政”开始了，范仲淹等人试图通过澄清吏治、富国强兵，从根本上解决北宋的根基孱弱问题。

为了澄清吏治，当时范仲淹等人在处理不称职官员时非常严厉，有时经常是将不称职官员直接开除，对此辅助变法的富弼忧心忡忡地说：“这轻轻一划，焉知一家哭矣！”范仲淹秉持公正、心如铁石，几乎毫不犹豫地回答说：“一家哭，何如一路哭耶！”在宋代，“路”是最高的一级监察区，其行政区域甚至比今天的省还要广阔。

但改革越是铁面无私，遭遇的阻力就越巨大。

由于改革的最高领导是宋仁宗，守旧派官僚不敢攻击最上层，因此只能从执行层面的范仲淹等人寻找攻击的缝隙，作为守旧派官僚头头，夏竦等人实在找不到什么攻击的理由，就上书宋仁宗说，范仲淹、富弼、欧阳修等人拉帮结派，到处在搞“朋党”。

想当初，宋太祖赵匡胤正是通过在军队中拉帮结派，依靠“义社十兄弟”等军中错综复杂的关系，最终得以陈桥兵变、黄袍加身，因此赵宋建国后，最忌讳的就是拉帮结派搞朋党。宋仁宗听说后，就找来范仲淹问话说：“我听说只有小人才搞朋党，难道君子也需要搞朋党吗？”

耿直的范仲淹不能理解宋仁宗内心深处的忧虑，只是从自己的见解阐述说：“人以类聚，物以群分，自古以来，正邪两面都是各自树党，臣我在西北前线时，看到勇敢善战的人喜欢聚在一起，怯懦怕战的人又结成一派，其实在朝廷中，也是一个道理。如果朋党是为了向善，那么于国家又有何害呢？”

对于范仲淹的解释，宋仁宗暂且放下了狐疑。但此事过后，夏竦又使人伪造文书，称改革派计划废掉宋仁宗，另立新君。这种骇人听闻的谣言传开后，尽管宋仁宗并未下令调查此事，但范仲淹等变法派清楚，此事绝不简单了。

于是，范仲淹主动上疏宋仁宗，声称西北边塞再次告急，他请求外出巡边以避开猜疑。在范仲淹看来，此举无疑是以退为进，试探宋仁宗的真实想法——宋仁宗如果真的想把变法进行下去，那么势必会挽留范仲淹；如果不挽留，那就说明宋仁宗心中，确实是有了想法。

结果是，宋仁宗“爽快”地批准了范仲淹的请求，任命范仲淹为陕西、河东宣抚使，只是仍然保留着参知政事的头衔。不久，同样作为改革派中坚力量的富弼，也被外放为河北宣抚使，只是仍然保留枢密副使（类似国防部副部长）的官职。

优柔寡断的宋仁宗最终一手停止了自己所发起的“庆历新政”。这次改革，从庆历三年（1043）八月开始，到庆历五年（1045）正月以范仲淹被外放陕西为标志，历时仅仅16个月。

但这次北宋改革的先声，却极大激励了时任鄞县（今浙江省宁波市鄞州区）知县的王安石。当时，远在浙江任职的王安石也在鄞县进行了小规模的改革试点。二十多年后，这位在宋仁宗朝成长起来的小知县，也将在宋神宗的支持下，进行轰轰烈烈的王安石变法。

4

“庆历新政”改革的失败，除了导致文官范仲淹被外放，武将狄青也成为改革失败的牺牲品。

宋仁宗时期，北宋在面对西夏的作战中经常败北，意外的是，在这种大环境下，普通军士出身的狄青却逐渐杀出重围。由于作战勇敢，西夏军队每次见到狄青都相当畏惧。鉴于狄青的英勇，当时还在西北守边的范仲淹，甚至还教导狄青读《左氏春秋》。范仲淹曾经语重心长地对狄青说："将帅不知古今历史，就只是匹夫之勇。"

在范仲淹等人的提携下，狄青更加刻苦研读，后来又带兵平定了两广地区的侬智高之乱，出于对狄青的赏识，宋仁宗将狄青逐步升迁至枢密使（类似国防部部长），并在京城赏赐给他一套住宅。

北宋立国后，对于从唐代中期以来的武人干政局面心存忌惮，因此从建国开始，北宋就树立了崇文抑武的基本国策，看到狄青从一个普通军士，竟然因为军功被一路提拔至枢密使的高职，宋仁宗朝内的文人自然坐不住了。

于是，狄青的家人在住宅内焚烧祭祀的纸钱，就有人向宋仁宗汇报说，狄青家里"貌似有帝王之气"，更有甚者，一些无聊人说，狄青家里的狗都长出了两只角，这怕是有作乱称帝之兆。到了后来，甚至连欧阳修都出面说，狄青以武将身份掌管军国要职，恐怕不是国家之利。

大家都知道，宋太祖赵匡胤可就是武将出身的。为了本集团利益，经常组团攻击武将群体的文官集团明白，狄青的存在虽然是个异类，但作为北宋崇文抑武政策的最大获利者，文官集团根本无法容忍任何一位武将来打破北宋崇文抑武的潜规则。

从这个层面来说，狄青必须贬，而后来的岳飞也必须死。

在人言汹涌的可怕浪潮下，宋仁宗终于抵挡不住人言可畏，他被迫将狄青免去枢密使职务，外放担任陈州知州。在子虚乌有的罪名攻击下，1057 年，狄青在忧愤中去世。

至此，从短命的庆历新政，到被迫贬黜狄青，性格本来就柔弱反复的宋仁宗，终于耗尽了作为政治家的雄心。

眼看大宋帝国在太平盛世中貌似蒸蒸日上却暗藏隐患，嘉祐三年（1058），年仅38岁、被调任度支判官的王安石向宋仁宗献上了长达万字的《上仁宗皇帝言事书》，王安石在奏折中系统性地提出了变法主张，以作为他后来领导变法的先声。

但仁宗皇帝却无动于衷。

王安石上万言书这一年，宋仁宗已经49岁了。从庆历新政夭折，到此前一年（1057）狄青病逝，仁宗皇帝心中充满了无限感慨，从13岁即位登基，到24岁亲政，他四分之三的生命，都在这帝王的宝座之上度过。

而在文官集团的集体制衡下，作为与士大夫共治天下的赵宋天子，他虽然身为九五之尊，但所能做的事情和所信赖的人，要么夭折，要么病逝，要么没有魄力去执行，要么没有决心去进行到底。

所以，他虽然是皇帝，但所能做的事，随着时间的推移，确实越来越少。

皇祐六年（1054），当时，宋仁宗宠爱的张贵妃去世，宋仁宗深受打击，加上晚年一直求子却无子，使得宋仁宗愈加落寞。

宋仁宗一生中，先后有过3个儿子和13个女儿。但3个儿子全部夭折，13个女儿也仅有5人长到成年，这使他内心非常哀伤，因此每次一到父亲宋真宗的忌日，大臣们总会听见宋仁宗“恸哭，其声甚哀”。从内心深处，他或许是哀伤于在父亲面前，一直没有一个儿子作为继承人，来承继父亲和自己的血脉。

到了嘉祐五年（1060），新任谏官王陶就看到宋仁宗“寡于语言，群臣奏事，颔之而已”。除了点点头或摇摇头，他经常连话都懒得说了。

其实，早在至和三年（1056）正月，当时年仅 47 岁的宋仁宗有一次接受百官参拜时，就突然精神失常、手舞足蹈、语无伦次。后来，他病情越来越重，天天大声呼叫说：“皇后等人要害我！皇后等人要害我！”宋仁宗这种疯癫状况在持续一个多月后，才逐渐康复。

嘉祐七年（1062）八月，一直无子的宋仁宗最终拗不过臣子的请求，从皇族中选拔了赵曙作为皇子。赵曙，就是日后的宋英宗。赵曙被立为皇子后 7 个月，嘉祐八年（1063）三月，宋仁宗最终在开封皇宫中去世，享年 54 岁。

宋仁宗去世的消息传出后，首都开封城的商户自发罢市停止营业，街头巷尾到处可见为了仁宗皇帝痛哭的人，即使是乞丐和小孩子，也自发在皇宫前焚烧纸钱哭泣落泪。

老皇帝去世的消息传到洛阳后，商户也自发停止营业进行哀悼。悼念宋仁宗的人们到处焚烧纸钱，以致烟雾笼罩了整个洛阳城，使得“天日无光”。

宋仁宗去世的消息传到辽国后，宋辽交界的燕云十六州的人们“远近皆哭”，辽道宗耶律洪基则紧紧抓着宋朝使者的手，哀痛流泪说：“四十二年不识兵革矣。”

一位看似中庸平常的皇帝，却在他死后，赢得了百姓和他的对手最崇高和最真挚的评价。

他确实不似秦皇汉武，也不似唐太宗和后来的明成祖一般，拥有非凡的武功和绝世的功绩。但就是这样一位貌似平平无奇的帝王，却在死后声名越发显著，以致后来有一种说法是，宋仁宗统治的 42 年（1022—1063），是中国古代史上最好的年代。

对此，北宋有人在宋仁宗落葬的永昭陵题诗写道：

农桑不扰岁常登，边将无功吏不能。

四十二年如梦觉，东风吹泪过昭陵。

相比于秦皇汉武等进取型的帝王，他作为一位守成之君，治下的老百姓常年五谷丰登，边疆相对安定无事，42 年恍如一梦。

从这个意义上来说，几千年中国史，确实太缺这样的守成之君了。

尽管，他并不完美。

本章参考文献

[宋]薛居正等:《旧五代史》,北京:中华书局,1976年
[宋]欧阳修:《新五代史》,北京:中华书局,1974年
[宋]司马光:《资治通鉴》,北京:中华书局,2009年
[元]脱脱等:《宋史》,北京:中华书局,1985年
[明]陈邦瞻:《宋史纪事本末》,北京:中华书局,2015年
余蔚:《宋史》,上海:上海人民出版社,2015年
游彪:《宋史:文治昌盛 武功弱势》,北京:中信出版集团,2017年
吴钩:《宋仁宗:共治时代》,桂林:广西师范大学出版社,2020年
梁庚尧:《宋代科举社会》,上海:东方出版中心,2017年
[加]卜正民主编:《哈佛中国史》,北京:中信出版集团,2016年
陈欣:《南汉国史》,博士学位论文,暨南大学中国古代史专业,2009年
邓广铭:《试破宋太宗即位大赦诏书之谜》,《历史研究》1992年第1期
李裕民:《赵匡胤是怎样夺取政权和巩固政权的》,《山西大学学报》(哲学社会科学版)1991年第1期
张邦炜:《昏君乎?明君乎?——孟昶形象问题的史源学思考》,《四川师范大学学报》(社会科学版)2009年第1期
陈峰:《在底线上下的宋真宗》,《读书》2019年第6期

北宋篇

第二章

更想用钱买和平

大宋两次北伐，都败给了一个女人

宋太宗两次北伐，都败给了同一个人。准确说，是同一个女人。

979 年，宋太宗灭北汉后一鼓作气，兵进幽州（今北京），结果在高梁河一战惨败于辽军，自己乘坐着驴车百米加速往南逃，留下一个“大宋车神”的传说。当时，辽朝的皇帝是辽景宗，可他常年卧病在床，事实上的掌权者是他的皇后萧绰。

986 年，宋太宗再次出兵，意欲收复燕云十六州。萧皇后已经成了萧太后，她调兵遣将，把宋军的几路大军全部击溃，之后带兵深入宋境数百里。

翻开《辽史》，很多人会发现，后妃中有多个萧皇后、萧太后，所谓“耶律、萧氏，十居八九，宗室、外戚，势分力敌”。这是因为，辽太祖耶律阿保机是汉高祖的小粉丝，他追慕刘邦与萧何的君臣之谊，于是将几个开国功臣赐姓为萧，并规定契丹“王族唯与后族通婚”，皇族是耶律氏，后族就是萧氏，小说《天龙八部》中萧峰也是出自这一家族。

在众多萧太后、萧皇后中，有一位女子，凭借一生功绩与名声，几乎霸道地垄断了这个称号。拜杨家将故事所赐，提到萧太后，绝大部分人会想到这个人，她就是辽景宗的妻子、辽圣宗的母亲承天皇太后萧绰，小名萧燕燕。

1

现在流行的杨家将故事，脱胎于宋元话本、杂剧以及明清历史小说，尤其是刊行于明代的《杨家将演义》。民间文人根据历史，杜撰了北宋名将杨业一门男女老少抗击契丹的事迹，其中四郎探母、穆桂英大破天门阵、十二寡妇征西等更是耳熟能详的经典戏码。作为大宋的对立面，辽国的幕后老板萧太后自然成了杨家将故事中的反派角色，被文人刻意丑化，背负阴狠毒辣的恶名。

有学者认为，自明中叶以后外患频仍，《杨家将》作者所处的时代，远有明英宗时的土木堡之变，近有嘉靖年间俺答劫掠京畿，这些战乱强烈地打击了华夏民族的自尊心，中原百姓再度想起了曾经被契丹、女真、蒙古族人支配的恐惧。

因此，文人们虚构了杨家将抗辽大获全胜、萧太后兵败身亡等热血情节。这些故事就像给人打鸡血一样大快人心，引起社会广泛共鸣，却都是歪曲历史，反而掩盖不了明朝中后期江河日下的现实。

历史上的萧太后，没有一个叫铁镜公主的女儿，也没有一个叫木易（杨四郎）的驸马，她不仅不是大反派，还是偶像派，从小就是契丹贵族中最璀璨的明珠。

辽朝自从辽太宗耶律德光在南征途中病逝，被挖空内脏塞满盐做成“帝羓”运回都城后，就陷入了长达二十多年的皇位之争。那些年，叔叔杀侄子，近侍杀主子，杀到最后，一个叫耶律贤的皇族趁乱登上了皇位，他就是辽景宗。

辽景宗是个野心家，辽朝皇室内乱时，他一直在暗中培植自己的政治势力，为日后夺权做准备。其中，契丹贵族萧思温与汉人重臣韩匡嗣是他的得力助手，这两人还差点儿成了亲家。

萧思温的三女儿萧绰，是契丹贵族中有名的才女。“绰”有轻盈柔美之意，她的名字，一说取自唐代诗人元稹“曾经绰立侍丹墀，绽蕊宫花拂面枝”的诗句，这两句诗暗含侍奉天子的意思。

但萧绰最初的未婚夫并不是皇帝，而是韩匡嗣的儿子，青年才俊韩德让。韩氏祖先原本是蓟州玉田一带（今属河北）的汉人，后来被虏为奴隶，并得到辽太祖阿保机重用，跻身辽朝权贵。

在内乱中即位后，辽景宗迅速控制了大局，并以联姻的方式与萧氏贵族结盟。政治利益高于一切，萧思温的女儿萧绰只好放弃与韩德让的婚约，被选为贵妃，随即册立为皇后。

入宫这一年，萧绰 17 岁。

萧绰的颜值应该很高，她备受皇帝宠爱，短短十余年间，为辽景宗生下三子三女。宫廷生活并未禁锢这位年轻皇后的事业心，她想要的，是至高无上的权力。

萧绰是一个大才女，而她的丈夫辽景宗，却是个病秧子。辽景宗 4 岁时就目睹其父在宫廷政变中被刺杀，受到了惊吓，留下了心理阴影，当上皇帝后更是积劳成疾，演变成了风痹之症。

随着病情渐重，辽景宗常年卧病在床无法处理国事，只好由皇后萧绰主持朝政。史书说，“刑赏政事，用兵追讨，皆萧皇后决之，辽景宗拱手于床榻而已”（《契丹国志》）。这剧情，是不是很熟悉？一代女帝武则天一定很有发言权。

萧绰掌权后，推行一系列改革，“任人不疑，信用必赏”，契丹社会经济、文化不断发展，“年谷屡丰”。妻子实在太能干，到了 976 年，即位七年的辽景宗都想办理提前退休了，他干脆下诏，称今后皇后之言，写为“朕暨予”，并“著为定式”，即确立了萧绰摄政的地位，宫中二圣并尊。

一个心智成熟的女人背后，可能是一个幼稚的男人。

辽景宗就是一个贪玩的主，自己身体稍微康复，就迷恋于游猎运动。朝中大臣赶紧上书劝谏道，听说陛下近日畋猎之事频繁，万一哪天从马上摔下来，或者被猛兽所伤，将后悔莫及，况且南方还有强敌（宋朝）伺机而动。

辽景宗不听，后来果然劳累过度，病死在了出猎途中，年仅 35 岁。

982 年，萧绰在悲痛之中将 11 岁的长子耶律隆绪（辽圣宗）扶上了皇位，由此开始了长达 27 年临朝听政的生涯。

2

这个不到 30 岁的女人，政治手段极为老练。

一般到这种孤儿寡母独守宫廷的时候，就有权臣虎视眈眈，想要乘虚而入。当时，契丹宗室拥兵自重，在朝中划分势力。形势危急，萧绰却不怕，她反而利用大臣迅速平定了动荡的局面。

萧绰抱着年少的皇帝，哭着对大将耶律斜轸和大臣韩德让说："母寡子弱，族属雄强，边防未靖，奈何？"

耶律斜轸和韩德让看年轻的太后哭得梨花带雨，立马拍胸脯保证，说，您相信我俩，何虑之有！于是，萧绰与二人达成政治交易，由耶律斜轸、韩德让出面主持朝中军政大局，防止宗室作乱，剥夺其兵权，保护了太后母子的安全。

韩德让本就是辽朝名臣，还是萧太后的老情人，自然是她的股肱之臣。更具戏剧色彩的是，辽景宗死后，萧绰与韩德让旧情复燃，他们的情人关系还是公开的。当代出土的一件辽代文物上，铭文写有

“供养文忠王府太后殿前”。“文忠”是韩德让死后的谥号，在文忠王府中设置萧太后神主的“太后殿”，几乎是毫不避讳地表明了二人的亲密关系。

史书记载，萧太后摄政时，常出入韩德让帐中，与他共同参决军国大事，“同卧如夫妻，同案而食”。有人在打马球时误伤了韩德让，萧太后立马将那个无辜的马球手当场处死，她还曾在韩德让帐中大宴群臣，表明他们为宴会的男女主人，俨然是一场迟来的婚礼。

这段君臣恋，一直维持到了萧太后去世。韩德让得到辽圣宗允许，赐名耶律隆运，死后陪葬在萧太后陵墓之侧，继续守护着爱人。

耶律斜轸是辽朝开国功臣后代，年轻时不事生产，喜交游，是个大侠，名声不佳。后来国丈萧思温跟皇帝举荐其有“经国才”，耶律大侠才安下心来当官，成了耶律将军，他本人还是萧太后的侄女婿。萧太后对耶律斜轸委以重任，她有两只琥珀杯，每只可盛酒半升，每次赏赐有功大臣，别人只喝一杯，斜轸想喝几杯就喝几杯，“国人荣之”。

还有一个名将耶律休哥也得到重用。他负责镇守辽南京（今北京），防备宋军，素有威名。当时宋辽边境的百姓要哄小孩，不让他们哭，就会说别哭了，耶律休哥来了。他这人还出了名的人品好，能打仗，却不争功，“每战胜，让功诸将，故士卒乐为之用”，一起做项目，分红都给员工。

这些人，共同组成萧太后的政治班底，在辅佐萧太后母子不久后，就迎来了一大挑战。

3

不仅辽朝宗室想欺负萧太后孤儿寡母，宋太宗也看准了时机，在高梁河之败 7 年后，发起了雍熙北伐，大军兵分三路浩浩荡荡而来，意欲收复燕云十六州。割据于山西的北汉政权为宋所灭后，宋辽之间在云州（今山西大同）一带已经失去缓冲地区，双方剑拔弩张，宋军更是可出兵河北、河东，直逼燕云地区。

这场战争中，辽军先败后胜，萧太后临危不乱，指挥若定，派耶律斜轸、耶律休哥等大将迎战由宋军名将曹彬、潘美、杨业等领衔的 20 万大军。随后她自己也祭告祖庙，率领军队亲临前线督战。

岐沟关一战，耶律休哥击败了东路曹彬的 10 万主力军，将数万名宋兵围困于孤城之中。宋军“弃戈甲若丘陵”，阵亡将士的尸体被辽军筑成“京观”。所谓“京观”，是指古代战争中用战败阵亡者尸体堆积而成，建在路边的土堆，以此来震慑对方。

萧太后与杨家将的不解之缘也始于宋军这次北伐。

东路军主力溃不成军后，西路军不得不后撤，号称“无敌”的名将杨业，在连下山西诸州后，为接应友军血战于陈家谷，最终因孤立无援，败给耶律斜轸。

耶律斜轸见到这位闻名边境数十年的“杨无敌”，说：“汝与我国角胜三十余年，今日何面目相见。”

杨业却早已做好了赴死的准备，说：“我本想期待杀敌报国，没想到被奸人所害，致使王师败绩，还有何理由求生！”他被俘之后，绝食三日，伤重而死，首级被耶律斜轸献给萧太后母子。

萧太后佩服这位素未谋面的敌国英烈，为表彰其忠君死节，下令修建庙宇纪念。此后，出使辽朝的宋人路过杨无敌庙，无不感慨万千，有“威信仇方名不灭，至今遗俗奉遗祠”之叹。

很多人只记住了杨业的悲剧，却忽视了萧太后尊重对手的胸襟。她与杨家将的关系实际上仅限于此，后来却莫名其妙走进了《杨家将演义》的故事。

北宋中期，宋仁宗在位时，坊间已流传杨家将抗击契丹的悲壮故事，从那时起，萧太后就成了故事中英雄们的敌人，经过历代的艺术加工，她的形象也日益失真。

现实总是比童话残酷，智勇双全的杨家将并未能阻止萧太后南下的步伐。在杨业兵败被俘后，契丹人在那年寒冬铺天盖地而来，对不久前得意扬扬的宋军进行了痛击，甚至深入宋境几百里，打到宋太宗放弃了收复燕云的念头。

萧太后人狠话不多，在短短四年间，以消灭宋军有生力量为战略目标，致使宋朝“沿边疮痍之卒不满万”。有学者统计，萧太后南征，至少歼灭了宋军 15 万兵力。

这个女人，让北宋军民闻风丧胆。

4

宋太宗北伐，将百姓拖入了兵荒马乱之中，起初却并非迷之自信。

在宋军轻取太原，消灭北汉后，宋辽的力量对比一度发生变化。宋朝采取“先南后北”的战略，南征北讨，结束了晚唐以来藩镇割据、中原民不聊生的乱局，而辽朝自辽太宗去世后就陷入内乱，国力中衰，直到辽景宗、萧绰夫妇上台后才渐渐中兴。

宋太宗当时就与大臣讨论过：“幽州四面平川，无险可守。他日收复燕、蓟，在古北口之隘据其要害，不过三五处，屯兵扎寨，自此绝契丹南牧之患。”之后，他借着辽朝主少国疑的时机发起北伐。

面对宋军压境，契丹州郡长官一开始也无力抵抗，不是望风而降，就是弃城而走。

可宋太宗是怎么打这场仗的呢？他坚持“将从中御”，打输了还要将士们给他背黑锅。东路军在岐沟关大战惨败后，宋太宗将败将羁押大牢，准备下狱处死，曹彬等元老也遭到贬官。

曹彬实在是太冤了，为人稳重的他原本不愿轻敌冒进，进入涿州后一直与辽军周旋。可其手下诸将却纷纷请战，主张直取燕京，主将曹彬竟“不能制”，冒险进军之后，大败而归。

这个“领十万甲士出塞遏斗”，本身就是件吊诡的事情。曹彬不得不出兵，是因为中央的指示变了。宋太宗看到北伐进展顺利，一改“持重而动”的战略，企图一战成功，这才有东路军冒进，曹彬“不能制”手下诸将的情况。

曹彬失败后，却主动替皇帝承担了罪责。宋朝史书将罪责全部归于曹彬，实为宋太宗开脱，而宋太宗也毫不客气，说：“为戎人所袭而败，此责在主将也。”

杨业之死，也有宋太宗一份责任。东路军溃败后，杨业向主将潘美建议，应该避辽军锋锐，分兵诱开其主力，在谷口埋伏3000名弩手，以此来保护军民南撤。可监军王侁反对杨业的声东击西之策，还讥讽他避战畏敌：“你一个率领数万精兵的大将，竟怯懦至此。”

监军是皇帝的代言人，监军说的就是对的，不对的也能解释成对的。杨业只能战死沙场，以报君恩了。这次背黑锅的是主将潘美，他在后世小说中，成了迫害杨家将的奸臣潘仁美。

“只为成功找方法，不为失败找理由。”这句话看起来很鸡汤，也有几分道理，但宋太宗赵光义可能不懂。

与宋太宗居中指挥、派监军控制军队的做法相反，萧太后是知人善任，赏罚分明。史书称她“有机谋，善驭左右，大臣多得其死力”。

宋军来势汹汹时，她将举国兵力交给大将耶律休哥等全权统领，针对宋军分兵合击之势，决定先集中兵力抵御曹彬东路主力，再抵挡进攻云州的潘美等。她本人与辽圣宗、韩德让亲临燕京前线督战，还特许将领先斩后奏的“专杀”之权，以此来统一军前号令。

由此，萧太后彻底掌握了战场的主动权，并对宋军展开了歼灭性打击。史书说，“岐沟之蹶，终宋不振”，这一战改变了宋辽战争态势，成为宋朝对辽战略的拐点。

5

萧太后打宋军打得够狠，但她不是小说中的战争狂人，其治国方略一改辽初的极端民族政策与剥削暴政，旨在缓和内部矛盾，从中可见她仁慈的一面。

辽初，契丹贵族将所掠的州县、人口编为“头下军州”，这些地盘归王公贵戚所有，可建堡寨、安置奴隶，拥有一定独立性，赋税一部分交给国家，一部分交给头下领主。

萧太后为加强中央集权，不断削弱这些贵族大臣的权力，下令州县官吏必须听令朝廷。她摄政时，辽朝与宋战火频仍，也俘获了大量人口，但大多不再编为奴隶，而是使其成为平民，保持原来的生活。

萧太后还下诏，奴隶犯法，主人不得擅杀，全部交由政府处理；她对番汉法律不平等的现象也进行了改革，辽初契丹人殴打汉人致死，只需赔偿牛马，萧太后却规定，以后无论契丹、汉人，“一以汉法论”。

有一次，一个叫耶律勃古哲的契丹贵族知法犯法，残害百姓，萧太后得知后严格执法，命人调查。耶律勃古哲曾参与对抗宋将曹彬的战役，也算是一个功臣，但萧太后还是依法以“大杖决之”，把这个契丹贵族打得皮开肉绽。

有些史书，满纸尽是国仇家恨，萧太后也成了十恶不赦的罪人。实际上，她的宽松政策在当时甚至吸引了北宋边境的百姓，还有不少贫民前来归附。如统和元年（983）二月，北宋与辽朝沿边七十余村的百姓越过边境，投奔辽朝；同年五月，又有千余户百姓来投。

晚年，萧太后留给辽朝最宝贵的“遗产”，是奠定宋辽百年和平的澶渊之盟。

萧太后执掌辽朝权柄近四十年，与宋朝打了大半辈子仗，最后一次没赢，却也不亏，直接跟对手大捞了一笔，还留下了好名声。才华、爱情、权势，她一生样样俱全，不需要徒有虚名的皇位，也不需要默默做配角，每一次投资，都必定有回报，当时宋、辽最牛的帝王将相谁都玩不过她。

这才叫真正的人生赢家。

尴尬的是，她去世后却被后世文人写进了杨家将的故事中，一生功绩无人问，那些虚构的恶名，倒是传得天下皆知。

历史上真实的“潘仁美”

杨业之死300年后，一直到今天，随着杨家将系列小说、戏剧、影视的广泛流传，知道大宋开国名将潘美的人越来越少，而知道大奸臣潘仁美的人却越来越多。

历史讲究盖棺论定，可是当人们将历史演义中的原型潘美附会为潘仁美的时候，讽刺的事情发生了：他的名字虽然多了个“仁”字，但关于他的评价却走向了“不仁不义不忠不孝”的极端。

我们的历史传统向来同情和推崇悲情英雄，而在悲情英雄的对立面，一定要有一个衬托英雄形象的反面典型。这样的历史，黑白分明，爱憎分明，是非分明。没有人性的纠结，没有对错的两难，没有灰色的中间地带，尤其适合直来直去的人的口味。

杨业是史上罕见的悲情英雄，那么，对他的战死负有责任的潘美，就必须是同样罕见的大奸臣。这就是典型的“英雄陪衬定律”。

然而，这样的历史，对于那个为了凸显英雄形象而被牺牲掉的反面典型，公平吗？

1

真实的潘美（925—991），是北宋开国的大功臣，也是宣布宋朝成立的第一人。

公元960年，陈桥兵变后，赵匡胤虽黄袍加身，但仍需回兵开封，得到后周朝中文武百官，尤其是小皇帝柴宗训和太后的承认才行。他想要兵不血刃，平稳得位，于是派出一个得力的助手先行回朝，去传达他的命令。

这个人就是潘美。

潘美与赵匡胤私交甚好，平时也以仁义出名，是“和平使者”的最佳人选。但对潘美而言，这件事情却颇有风险，万一朝中有人被赵匡胤“篡位”的做法激怒，大家一怂恿，第一个被开刀的人就是他潘美呀。

从最后的结果来看，潘美确实是个人才。他没有辜负使命，稳定了朝局，协助赵匡胤在一片祥和的氛围中完成改朝换代。

宋朝建立后，潘美成为宋朝两任皇帝打江山、统一天下的左膀右臂，是宋初数一数二的功勋名将。

众所周知，赵匡胤得位后，为了防止黄袍加身的事情在自己的朝代重演，搞了一出“杯酒释兵权”，解除禁军首领的军权。后来，又罢去掌握重兵的节度使之权，加强中央对军队的直接控制。但史书说“诸节度皆解兵柄，独潘美不解”。

为什么唯独潘美没被解除兵权？一方面是他当时尚未掌握重兵，另一方面则是赵匡胤对他充分信任。每次领兵打仗，潘美都把妻儿留在京城，以示忠心。这样，潘美的军权越来越大，在统一天下的数场硬仗中发挥了无可替代的作用。

根据史书记载，潘美在宋初主要建立了以下功业：

不带一兵一马，只身劝服了意欲起兵反宋的节度使袁彦，使袁彦归顺宋朝，赵匡胤为此十分高兴，曾说潘美“不杀袁彦，能令来觐，成我志矣”；

作为副帅随赵匡胤征后周太祖郭威的外甥、淮南节度使李重进，并在平定淮南后，镇守扬州，用 3 年时间把淮南治理得井井有条；

又在湖南治理了 8 年，为后来平定南汉政权做好了准备；

作为主帅，平定南汉，并在统一两广后兼任广州知州、两广转运使，干了 3 年，稳定了当地的社会和生产秩序，“岭表遂安”；

作为副帅，平定南唐，整个南方至此基本纳入大宋版图；

随宋太宗赵光义平定北汉，兵伐太原，完成中原统一大业；

和手下副将杨业一起，两次击溃辽军南下的军队，取得雁门关大捷；

……

在 986 年雍熙北伐之前，潘美为大宋南征北战二十多年。不论是平定南方各政权，还是抵抗辽军，他几乎没有败绩，被赵匡胤和赵光义两任皇帝称为“柱国太师”。他的职位，也随着一场场的胜仗而飙升，从最初的行营兵马都监（出征军队的副帅），一直做到雍熙北伐前的忠武军节度使，晋封韩国公。

难能可贵的是，潘美不仅打仗在行，治国也拿手。基本上宋朝每拿下一个地方，潘美都是当仁不让的地方“一把手”，充当了促进该地区秩序和生产恢复的重要官员。“上马治军，下马安民”，他是宋初难得一见的全能型人才。

虽然战功赫赫，但潘美在正史中几乎没有劣迹，没有飞扬跋扈、滥杀无辜或者奸诈凶狠等记载。相反，他是一个颇有仁义之心的战将。史载，赵匡胤代周自立后，一些人主张把后周世宗柴荣的一个小儿子杀掉，只有潘美把那个可怜的孩子带回家，收为养子。在平定各地政权后，他也不曾妄杀一人，甚至拿出自己的薪俸，买了酒肉给溃散的敌人吃，对他们进行安抚。

可是，就是这样一个仁人战将，后来却被彻底黑化了。

2

公元986年的雍熙北伐，更具体来说，是那一年的杨业之死，使得潘美背负了生命与名声难以承受之重。

那一年，辽国政局不稳，宋太宗赵光义想趁机收复燕云十六州，命三路大军北伐，分别由曹彬领东路军，田重进领中路军，潘美领西路军。北汉降将、人送外号“杨无敌”的杨业，则做潘美的副将。

这次北伐是两宋300年里最有希望收复燕云十六州的一次机会。三路大军一开始旗开得胜，潘美、杨业的西路军出雁门关，很快就收复了四个州。然而，由于曹彬率领的主力突遭辽军重创，战局随即逆转，赵光义只得命令各路大军撤退。

潘美、杨业接到命令后，率军掩护云、寰、应、朔四个州的百姓撤退。打仗时如何安全撤退本身就是难事，还要带着百姓一起撤退，就更是难上加难。杨业于是建议用调虎离山计，派兵佯攻，吸引辽军主力，然后在撤退路上预先埋伏精兵，掩护军民撤离。

杨业刚说完，就遭到监军王侁的激烈反对：“领数万精兵而畏懦如此？但趋雁门北川中，鼓行而往。”

王侁主张，宋军不但要直面辽军主力，还要“鼓行而往”，制造声势，唯恐不能与辽军决战。但在当时攻防形势转移、辽军兵力超过宋军三倍多的情况下，这一作战方案简直是飞蛾扑火。所以杨业说：“不可，此必败之势也。”

王侁则幽幽地说：“君侯素号‘无敌’，今见敌逗挠不战，得非有他志乎？”

众所周知，杨业是北汉降将，最怕别人怀疑他有二心。王侁故意激将他，说他有“他志”，暗指杨业可能要投降辽国。这就逼得杨业只得表态说：“业非避死，盖时有未利，徒令杀伤士卒而功不立。今君责业以不死，当为诸公先。”

诡异的是，在这场关乎全军战术的重要争论中，史书没有记下主帅潘美的表态。从结果来看，潘美并未阻止王侁逼迫杨业出兵，这是潘美犯下的一大错误。

当然，潘美有他的苦衷。宋朝在军队中设监军，代表皇帝的意志，并被赋予极大的权限和尊贵的地位，使其可以钳制军中主帅。监军的最终目的是防止军中主帅裹挟兵力作乱，这是宋朝立国不正所以处处担忧的后遗症。酿成的结果就是，当监军和主帅的意见不一致时，主帅往往为了自保，或免除不必要的麻烦，而选择沉默或附和监军的意见。

62 岁的潘美，一生征战抵达的权位，让他在监军王侁的面前患得患失，最终只能看着合作多年的副将杨业冒险出兵。

杨业出兵前，含泪交代潘美，一定要在陈家谷布置步兵接应，否则将全军覆没。

当日，潘美和王侁的确如约在陈家谷布阵，等待接应杨业。然而刚等到中午，王侁便等不及了。他派人登高眺望。不知道望者看到了什么，王侁就以为杨业已经打败了辽军。

为了争功，王侁带着将士们纷纷离开陈家谷。身为一军主帅的潘美“不能制”。史书中潘美“不能制”几个字，道出了宋朝武将的无奈，在皇帝的代表——监军面前，主帅的话语权和控制力大打折扣。

在王侁带兵离开陈家谷后，传来了杨业战败的消息，此时，潘美又犯了一个致命错误——他也跟从王侁的步调，撤离了陈家谷。

当天傍晚，杨业战至陈家谷，看到原本约定在谷口设伏的宋军竟然没有留下一兵一卒，不禁“拊膺大恸”。杨业对手下将士说：“汝等各有父母妻子，无须与我一起战死，各自逃命去吧。等到敌军退后，还有人可上报天子此战经过。”

众将士都不愿逃走，誓与之同生共死。最后一战，杨业负伤十余处，手刃多名辽兵，坠马被擒，其手下将士几乎全部战死。杨业没有投降辽朝，绝食三日而死。

事后，赵光义追究酿成杨业之死的责任人，认定潘美的过错是“不能申明斥候，谨设堤防，陷此生民，失吾骁将”，监军王侁、刘文裕二人的责任是“堕挠军谋，窘辱将领，无公忠之节，有狠戾之愆”。最终潘美被降职三级，监军王侁被罢官，流放金州（今甘肃榆中），其他责任人也都受到了相应的处置。

从朝廷的处置来看，北宋官方认定，王侁在杨业之死上负有主要责任，而潘美则负有领导责任。应该说，皇帝也知道，监军钳制主帅的制度设计，才是造成潘美眼睁睁看着杨业去送死的主要原因，所以在处置潘美时特别从宽处理。

尽管后来潘美官复原职，但他生命的最后几年，或许是受杨业之死的影响，已经无所作为，直至老死。

3

雍熙三年的杨业之死，成了后世整体污名化潘美的起点。在这起事件中，潘美的确扮演了不光彩的角色，他不敢站出来反对监军王侁，不敢站出来支持自己的副将杨业。在杨业兵败于陈家谷时，他也未能如约应援，而是追随王侁撤兵。这样一个南征北战的开国名将，在监军的面前，变得如此谨小慎微，亦步亦趋，实在难以想象。

我相信他是为了保全晚节，留恋权位，而变得懦弱的。

人不是不可以给自己留后路，但光想着给自己留后路，迟早会遭到历史的惩罚。潘美在后世被诋毁成宋朝的大奸臣，谗害忠良，里通辽国，虽然很冤，但或许正是这句话的最佳注脚。

两宋时期，由于离这段历史还不远，官方和民间对潘美的实际形象和评价，基本上是公允的。991 年，他死后，获谥号“武惠”。8 年后，配飨太宗庙庭，这是很高的荣誉。宋真宗时，他又被追封为郑王。

但是，到了元代以后，时间久远，真相淡忘，潘美在虚构的历史创作中便成了一心害死杨业，“誓要杀尽杨家父子”的大奸臣。明代中后期，随着《杨家将演义》的成型，潘美被进一步丑化成勾结辽国的卖国贼。这对一生坚定抗辽的真实的潘美而言，无疑是最大的诋毁和讽刺。

可是由于小说、戏曲，乃至当代的影视剧，受众要远远比史书多得多，真实的潘美，那个为大宋南征北战、建功立业的开国名将，知道的人越来越少了，而被黑化的潘美，那个心胸狭隘、残忍狡诈、里通外国的奸佞之臣，却日渐深入人心。

明清两代，小说反过来影响正史。一些著名文人在写史书时，提到潘美，竟然会写作“潘仁美”，这很明显是受到了小说和戏曲的影响。清初，有御史上奏，提出罢免潘美从祀帝王庙的资格，获准执行，可见潘美的官方形象已经严重走低。

这对潘美而言，当然是大冤案。历史的书写者，当然也有义务为潘美翻案。他是一个什么样的人，有什么功绩，有什么过错，都应该厘清。而不是不分青红皂白，凭着简单的情绪冲动，就给人家扣帽子，抹杀他的功绩，放大他的过错。

我们在现实生活中都曾被人冤枉过，都知道被冤枉的滋味不好受。更何况是以历史的名义，用时间之笔去冤枉一个忠臣为奸臣，这绝对是比窦娥还冤的冤案。

只是，当我们意识到冤案会被不断制造出来，并持续得到传播的时候，或许才知道“客观公正，实事求是”这几个字，真的很难写好。

置身历史的长时段之中，我们会发现潘美被黑化，其实有其必然性。

我们的历史文化传统，向来同情和推崇悲情英雄。想想看，每个受到人们最广泛祭拜、获得最高知名度的英雄，是不是都是悲剧性人物？关羽死后成了神，岳飞死后有了庙，文天祥、陆秀夫、于谦、张煌言……每一个有纪念祠的人物，都有一个悲剧的人生结局。杨业之死，同样是一个悲情英雄的结局，他在后世的演义、戏曲中得到同情和推崇，也就在情理之中。

正如我在文章开头所说，悲情英雄的塑造需要对立面的陪衬，有忠就有奸，有奸才有忠。所以，在杨业之死上负有责任、本人却得到善终的潘美，不管一生有多大的功业，注定不会获得同情，还会因此被无限丑化。

我们的历史文化传统，还极其膜拜道德完美主义者。这原本是好事，树立和塑造完美人物，彰显了我们对完美人格的追求；但也有负面影响，就是导致我们对道德瑕疵的容忍度很低。尤其是在对历史人物的评判上，容易用道德去代替其他一切价值尺度。

典型的例子有很多。比如，曹操是东汉末年相当有作为的一个人物，对尽快结束战乱、恢复统一做出了巨大的历史贡献，但由于其本人的一些道德瑕疵，导致在历史上长时间被诋毁和丑化。武则天也是如此。

潘美在杨业之死一事上，正好暴露了他为了自保而未出手相救的道德缺陷，而这一点足以招致他淹死于口水。至于他为宋朝一统天下做出的贡献，在道德面前已变得毫无分量。

古人追求的理想是“三不朽”，即立德、立言、立功。实际上，立德永远是第一位的，一旦被认为个人的道德立不起来，立言、立功就失去了支撑，人们可以因人废言，也可以因人废功。

这也导致了自古以来，我们的一切争论，都容易陷入道德争议的泥淖。我们要阻止一个人担任什么职务，很少说这个人能力不行，而是说这个人人品不行。反过来，我们要推崇一个人，也很少说这个人能力很强，而是说这个人品格高尚。

一个社会不能没有道德，但道德如果凌驾于一切之上，社会就会陷入空谈的境地。

潘美被后世无限苛责，正是道德完美主义盛行的结果。

希望将道德的还给道德，功业的还给功业，历史的还给历史，人性的还给人性。

李元昊：他开创的王朝存在了 190 年

北宋名将曹玮是个预言家。

他在陕西主持军事工作的时候，有人给他带来关于夏州（今陕西靖边白城子）政权首领李德明及其儿子的一个小故事：

李德明指派使者带着马匹跟大宋做贸易，但因为获利微薄而迁怒使者，要斩杀他。没有人敢出来劝阻，只有李德明年仅十多岁的儿子站出来说，我们用马匹资助邻国，已是失策，如今还要为钱杀守边人，那以后谁还肯为我们效力？李德明从此不再为边境贸易问题杀人。

曹玮听完这个故事，认为李德明的儿子年纪不大，却很善用自己的族人，一定有不凡的心志。他很想见见这个少年，便一再派人去诱使他到集市上来，却都失败了。

无奈之下，曹玮只好派人去把他的容貌画下来。当画像被呈献在曹玮面前时，曹玮盯着画上的少年惊叹道："真英物也，若德明死，此子必为中国患！"

多年后，画上的少年称帝建国，纵横西北，一度成为大宋戍边军队的噩梦。一切正如曹玮所预料的那样。

这个少年，便是后来西夏王朝的开国者李元昊。

1

西夏王朝的故事，对于现在的人来说，显得遥远而神秘。人们可能只有到宁夏银川旅游的时候，顺道去参观贺兰山脚下有着“东方金字塔”之称的西夏王陵，才会对这个逝去的朝代有些许直观的印象。

但在一千年前，西夏是中华大地上鼎足而立的三大政权之一。它的立国，以及不容小觑的实力，将中国历史带入了“三国时代”：前期，它与北宋、辽并立；后期，它与南宋、金鼎足。

相比辽 / 金、北宋 / 南宋，西夏算是一个“国小民寡”的政权，以至于蒙古人一统中国建立元朝后，在给前朝修史的时候，选择性地忽略了这个政权的存在。然而，不管是辽、宋还是蒙古，只要跟西夏较量过，就不得不承认：这是一只强悍的、打不死的小强。

建立西夏王朝的党项人，是西羌族的一支，汉朝时就迁徙到河西走廊一带，以游牧为生。唐朝时，由于吐蕃的强势崛起，党项人被迫向东部内迁到陇东、宁夏和陕北一带。

数百年间，党项人既与吐蕃、吐谷浑、回鹘等强族为邻，又不时与开疆拓土的隋唐帝国短兵相接，在夹缝求生中练就了彪悍尚武的民族气质。

尽管彪悍尚武是中国北方各族的共同标签，但其他尚武民族见了党项人，都不得不甘拜下风。党项人的民谚这样说：

> 宁射苍鹰不射兔，宁捕猛虎不捕狐。
>
> 与明相伴不会暗，与强相伴不会弱。

正是凭借这种尚武的民族特性，在晚唐以后的乱世中，党项人不但未被征服，还逐步壮大起来。

壮大的契机源于唐末的黄巢起义。

黄巢起义爆发后，党项人拓跋思恭响应唐朝皇帝的号召，拉起一支数万人的军队驰援长安勤王。唐僖宗很感动，在黄巢被灭后赐予拓跋思恭大唐国姓——李姓，改名李思恭，这样，一个党项人变成了“国姓爷”。不仅如此，唐僖宗还任命李思恭为夏州节度使，封为夏国公。

此后，李思恭和他的后代世袭节度使，成为陕北一带的藩镇势力。

2

一个在夹缝中生存的族群部落迎来跨越式发展，一定是有英雄人物出现了。

李继迁便是这样的英雄人物。他出生在宋朝开国后 3 年，即 963 年。12 岁时，就因才能出众被当时的党项首领李光睿任命主管部落事宜。

982 年，李光睿的儿子李继捧接任党项首领。即位后，李继捧做出了一个惊人的举动，他主动到宋朝国都开封觐见宋太宗，提出放弃世袭的夏州、绥州、静州、宥州、银州这五个州。这个举动引起了一些不愿归附宋朝的党项部落的愤怒。

李继捧的族弟李继迁联合自己的弟弟李继冲和亲信张浦等人，假装抬棺葬母，成功逃出城去。数年后，李继迁集聚起一支军队，他成了党项人的新首领。

锋芒毕露的李继迁以诡计多端出名，在辽国的支持下，用几年时间就收复了原先的五个州，并夺取西北重镇灵州（今宁夏灵武），改名西平府，作为都城。

1004年，李继迁受到吐蕃六谷部首领潘罗支袭击，混战时中箭，不久去世。李继迁的儿子李德明继位为党项首领。历史上对李德明的评价是，他不像其父那么锋芒毕露，而是更加讲究权谋。

北宋名将曹玮在李继迁死后，曾上疏奏请趁机攻灭李氏政权，但未获准许。以后宋朝只能看着这个西北边陲政权一步步坐大。

客观上，李德明继位的第二年，“国际形势”彻底变了。宋辽两个大国经过20多年的战争后，于1005年达成澶渊之盟，握手言和，此后双方在外交上发力多于在战场上兵戎相见。这逼迫李德明采取了向双方同时示弱的“依辽和宋”政策。

与此同时，李德明积极向西扩张，使夏州政权的势力范围扩大为银、夏、绥、宥、灵、盐、甘、凉八州之地。北宋名臣韩琦、范仲淹在追述李德明开疆拓土事迹时指出：“从德明纳款之后，经谋不息，西击吐蕃、回鹘，拓疆数千里。”

现在对李德明的战功评价颇高，但实际上，大家忽视了一个问题：甘州和凉州这两处关键的城池，其实都是他的儿子、年少英雄的李元昊打下来的。

李德明攻取甘州（今甘肃张掖）历时20年，前后5次出兵，包括一次亲征，均无功而返。直到1028年，他派出李元昊，才“拔之”。攻取凉州（今甘肃武威）同样如此。1032年，李德明“命元昊将兵攻凉州，回鹘势孤不能拒，遂拔其城”。

李德明在辽宋两大国面前“扮猪吃老虎”，最终目的却是想称帝自立。只是在1032年年底，各项准备工作快完成之时，他突然病死。

李元昊于是正式上场。

3

纵观历史，只要三代人连续有作为，基本上什么事都能干成。这个定律适用于家族、族群乃至国家。

从李继迁到李德明，再到李元昊，虽然祖孙三代的个性与手段不尽相同，但推动党项建立自己的国家却是不变的逻辑。

李元昊年轻气盛，向来不满父亲李德明臣服宋朝的做法。李德明生前告诫他说："吾族三十年衣锦绮衣，此圣宋天子恩，不可负也。"意思是，跟着大宋好吃好穿，还有什么不好呢？李元昊则反驳道："衣皮毛，事畜牧，蕃性所便。英雄之生，当王霸耳，何锦绮为！"用现在的话说，李元昊并不愿自己的族人整日锦衣玉食，而丢失了民族性。

虽然李元昊与其父李德明思想对立，但不得不承认，李德明在位时期执行的臣服宋辽政策，使得党项境内"有耕无战，禾黍如云"，这奠定了李元昊奋起反宋的物质基础。

据《宋史》记载，李元昊"性雄毅，多大略""晓浮图学，通蕃汉文字"，是个文武兼修的雄杰人物。上位后，李元昊将进攻的矛头对准了今青海西宁附近的以唃厮啰（997—1065）为首领的吐蕃政权。从1033年至1035年，李元昊数次出兵攻打唃厮啰政权，终因唃厮啰的抵抗而未能取胜。但这并不意味着李元昊一无所获，在结束攻打唃厮啰之后，1036年，他一举拿下了瓜州、河州、肃州，随后"尽破兰州诸羌"。整个河西地区，已全部落入李元昊的掌控之中。这对李元昊而言，是一个历史性的转折时刻。

经过三代人的努力，党项人控制了整个河西地区，使得西夏的统治地域“东尽黄河，西至玉门，南接萧关，北控大漠”，而河西则成为西夏接下来立国的军事屏障和经济来源。

更重要的是，李元昊对河西的有效控制，打破了宋朝“以夷攻夷”的军事策略。唃厮啰政权、回鹘、吐谷浑等一直是宋朝牵制西夏的友好同盟，自从李元昊的势力深入兰州以南的马衔山，与宋朝隔山对峙，标志着宋朝与上述同盟的联通之路已经彻底断绝。而李元昊凭借对河西要道的控制，使其在政治、军事上胁迫宋朝成为可能，“恃此艰险，得以猖狂”。

尽占河西地区之后，李元昊的治理思路也被打开了。

他的父祖辈对河西采取的是劫掠政策，对河西走廊过往的商人直接抢劫或课以重税。李元昊将这些地区纳入统治地域后，就必须修正以往竭泽而渔的做法，转而对这一地区的可持续发展负责。

史载，李元昊“每欲举兵，必率酋豪与猎，有获，则下马环坐饮，割鲜而食，各问所见，择取其长”。这已是集体议政的雏形。河西是一个多族群混居的地区，主要族群有回鹘、吐蕃、汉族，并夹杂少量粟特人、吐谷浑人等。比起打打杀杀，如何“治国安邦”或许才是李元昊真正的挑战。

应该看到，河西地区常年饱受战乱，当地豪族和人民向往强势政治势力的庇护，最好是能实现一统局面。所以，当强势的李元昊对河西各州发动战事时，他实际上并未受到大规模的反抗。而当他征服河西以后，当地汉族士人纷纷以前秦苻坚、北魏拓跋珪的故事，“日夜游说元昊”，希望他建立一个国家，保一方安定。

河西的民望和诉求，与李元昊的雄心不谋而合，称帝建国很快被他提上议程。

4

早在1032年，李元昊即位后，他就开始了一系列“反宋”操作。

中华大地上的边缘族群，在历史上很少“被看见”。即便“被看见”，也是以“汉化”为前提。因为汉族文明太强大，具有无穷的同化能力，任何族群与汉族文明遭遇，都会不自觉地成为后者的“俘虏”。这应该是历史上边缘族群最大的焦虑。

李元昊要“反宋”，要保持自身族群的独立性，就是要让党项这个族群被历史看见。

在他继承父亲的西平王、定难军节度使的号位后，他宣布放弃唐朝所赐的李姓以及宋朝所赐的赵姓，改姓“嵬名”，自称“吾祖”（意为“可汗”）。传说党项王族始祖曾娶吐蕃姑娘为妻，繁衍后代，这名吐蕃姑娘姓“嵬名”，是党项族的始祖母。李元昊改姓“嵬名”，表明他对逝去的吐蕃王朝的向往，以及建立党项国家的愿望。

为了让自己的族群被看见，李元昊强制推行党项传统发式，禁用汉族发式。他自己先做榜样，自行秃发，随后发布秃发令，限时三日，否则杀之。于是，“民争秃发，耳垂重环”。此外，他还参与创制本民族文字，即西夏文。建立蕃学，培养党项统治人才。

由于李元昊统治的区域是多族群混居地带，所以他的称帝建国计划，除了要争取党项人的支持，还要尽量扩大支持面。基于此，他时不时把自己打扮成吐蕃王朝的继承者，并在必要时穿上回鹘可汗的服装，以此来表明他是多族群的共同领袖。

但是，他慢慢陷入了一个悖论：他的建国大业，单纯依靠自己的族群是难以有效完成的；他必须引进汉族精英作为智囊团，而这又使得他的建国大业充满了浓重的汉化色彩。

归根结底，李元昊一边“反宋”，一边“仿宋”。

他大力招徕汉族精英为自己服务，倍加优待，以至于宋朝有些读书人考不上科举，干脆西行投奔李元昊。李元昊来者不拒，或授以将帅，或任命公卿，倚为谋主，奉为座上宾。这些归附的汉人在李元昊建立勋业的过程中出力尤多。

他还曾花重金买来宋朝皇宫放出来的宫女，让她们随侍左右，以便时时了解宋朝宫廷内部的运作。

在制度建设、机构设置等方面，他更是处处模仿宋朝。正如北宋名臣富弼所说，李元昊“称中国位号，仿中国官属，任中国贤才，读中国书籍，用中国车服，行中国法令”。

这种吊诡的处境，在急于变得强大的李元昊眼里，已经无暇顾及了。尽管他处处模仿宋朝的做法引起了党项贵族内部的争议，但正如同时代的辽国也是通过学习汉族制度才变得坚不可摧，李元昊显然不可能抵挡先进制度的诱惑。说白了，民族性是面子，而“宋朝化”才是里子。

而从唐末李思恭成为夏州节度使以来，党项政权虽然时而悖逆，却一直依附中原王朝，如今，李元昊要称帝自立，这是破天荒第一次。

他最需要筹划的是，做好军事准备，迎接宋朝的打压。

在军事上，他构建了兵民合一的军事组织，编了50万党项部落兵。通过一系列优化重组，部落兵的整体作战能力得到全方位提升。他还根据战争需要，编练了战斗力爆棚的新式军队。闻名遐迩的铁鹞子军便是党项新军中最出色的代表，虽然只有三千人，但这支军队是李元昊手中最厉害的王牌，破阵摧敌，无坚不克。

1038年10月，在做好军事部署后，36岁的李元昊在兴庆府（今宁夏银川）正式称帝，国号大夏。

收到李元昊称帝的表文后，北宋举朝震怒。

宋夏之战，看来不可避免了。

5

西夏国的建立，引发了北宋君臣的不适。而这种“不适”，不在于领土的分裂，而在于所谓的“大逆不道”，拂了面子。按照惯例，他们将李元昊称帝称为“僭号”。

君臣们先在大宋朝廷上严厉谴责李元昊，群臣们开骂：“元昊小丑也，旋即诛灭矣。”骂爽了之后，宋仁宗决定启用政治和经济惩罚手段——下诏削去李元昊的官爵和赐姓，关闭所有边境榷场，开出高价悬赏捉拿或斩首李元昊。一切都在预料之中，但李元昊预想的军事打压却迟迟没有到来。

宋朝不喜欢用兵，在宋初，连兵书都被皇帝列为禁书。宋朝只相信道德、制度与经济优势，认定这三种优势足以碾轧一切敌对势力。反倒是李元昊坐不住了，在称帝一个月后，他率军入侵保安军（今陕西志丹），主动挑衅。

随后的三年中，李元昊向北宋边境发起三大战役，从三川口之战到好水川之战再到定川寨之战，一年一战，全部取得大胜。北宋被打得没脾气，而踌躇满志的李元昊却挟着三战三胜的余威，放言说要“亲临渭水，直据长安”。一时间，北宋朝廷大为惊恐，史载，“关右震动”“仁宗为之旰食，宋庠请修潼关以备冲突”。

不过，对于李元昊来说，他还不至于有“蛇吞象”的野心。他发动举国兵力连打三仗，目的在于胁迫宋朝承认自己的政治地位。宋人在战后也发现，“贼（李元昊）举其国而来，其利不在城堡”。也就是说，党项人并不擅长攻城略地。三战过后，李元昊见好就收，把军事上的战绩转化成谈判桌上的筹码。而宋朝既定的外交原则，从来不是以武力，而是以和平方式去控制周边政权，只要能谈，绝对不打。

于是双方坐下来和谈。

这是一场漫长的和谈，双方谈了一年多，直到 1044 年年底才订立“庆历和议”。在谈判中，宋朝代表庞籍对西夏代表李文贵说：“汝归语汝主，若诚能悔过从善，称臣归款，以息彼此之民，朝廷所以待汝主者，礼数必优于前。”

李文贵听闻此言，顿首说：“此固西人日夜之愿也。”

李元昊听完李文贵的汇报后，亦“大喜”。比起宋朝，李元昊更像是现代理念上的外交家：只重利益，不重名分。

按照和约，宋册封李元昊为“夏国主”，李元昊向宋称臣；宋每年“赐”给西夏绢 15 万匹、银 7 万两和茶叶 3 万斤；开放榷场，恢复宋夏贸易。

宋夏双方在“庆历和议”的解释权上各取所需，各自表述。宋朝认为这是外交的胜利，因为他们用经济利益压制住了西夏。西夏则认为这是党项人的胜利，因为他们名义上附宋，实际上已经自立，谁也改变不了这个事实，而他们用名义上的臣服换取了巨大的经济利益，这笔买卖太值了。

在宋夏和谈进入尾声时，辽国看不下去了。

当时的中国棋盘上，宋、辽是两个大玩家，夏是个刚刚发迹的小玩家，因此成为大玩家拉拢的对象：宋夏和好，可以抗辽；辽夏和好，能够制宋。从李元昊的祖父李继迁，到李元昊本人，只要对宋朝强硬，辽国就与之和亲，借势拉拢，从而达到制衡宋朝的目的。如今，李元昊站到了宋朝一边，辽国十分不满，重兵压入夏境。

辽兴宗亲率十万大军征夏，李元昊采取避其锋芒的策略，让辽军长驱直入夏境400里而见不到夏军。在贺兰山与辽军交战失利后，李元昊又退兵百里，坚壁清野，连沿途的野草都烧光，陷辽军于粮尽草绝的困境。然后，李元昊发起反攻，一举击溃辽军，辽兴宗差点成为党项人的俘虏。

征夏失利后，辽夏也进行了和谈。

从此，西夏与宋、辽形成三足鼎立之势，史上又一个“三国时代”来临。直到13世纪蒙古汗国崛起，才打破了这种三足鼎立的均势状态。

李元昊在与宋、辽两大国的对局中，依靠自身的能力，把国小民寡的西夏带到了牌桌上，此后两大国换成南宋和金，而西夏接近200年再未离桌。这不得不说是一个夹缝中的奇迹。

6

以往，我们站在宋朝的视角去审视公元10—13世纪的中国史，认为辽、金和西夏属于叛逆的割据政权，因而对这些王朝及其开创者的评价都不高。但是，只要我们不带任何正统与族群的偏见重新审视这段历史，就会发现这些少数民族建立的政权，对中国产生了深远的影响。以党项人为主体的西夏王朝崛起，实际上是并行于宋朝、辽朝的中国统一进程的重要组成部分。

河西地区自9世纪吐蕃衰弱后，河西豪族张议潮起义，并向唐朝献出河西十一州。但张议潮真正控制的仅有瓜、沙二州，其他各州由居住在河西走廊的各民族自立、攻伐和割据，导致河西、陇右地区陷入长久的混战之中，延续至唐末和五代。

宋朝立国，结束五代十国的分裂局面，名义上统一全国，但在北方、西北等地，宋朝的势力并未能触及。党项人李元昊在河西所做的工作，正是宋朝想做而鞭长莫及的工作。让河西和河套地区复归统一，终结混乱的割据局面，这是10—13世纪中国历史从大分裂走向大一统的一个必要进程。包括宋、辽（金）、夏在内的局部统一，为13世纪元朝的大一统奠定了基础。从这个意义上看，作为边缘族群涌现出来的英雄人物，李元昊理应得到历史的肯定，而不能简单地站在宋朝的立场，把他当成僭号者。这或许才是我们读历史的一种正确姿态。

最后交代一下李元昊的结局。

史书说，李元昊"结发用兵，凡二十年，无能折其强者"，我们也看到他在建立西夏后纵横捭阖，与宋、辽并立的智慧和才干，但饶是这样的一代雄主，却控制不住自己的下半身。

在他执政后期，好大喜功，沉湎酒色，以至于做出荒唐的举动。在他为太子李宁令哥娶媳妇的仪式上，他发现这个新儿媳姿色动人，遂强行纳为己妃，封号"新皇后"。而太子李宁令哥怒不敢言，后在党项权贵的怂恿下，于1048年的元宵夜趁着李元昊酒醉之际，持刀刺杀李元昊。李元昊受到惊吓，酒醒反抗，最终被割下鼻子，不久病重而死，时年46岁。

史载，李元昊临死前，给年仅两岁的幼子李谅祚留下遗嘱："异日力弱势衰，宜附中国，不可专从契丹。盖契丹残虐，中国仁慈，顺中国则子孙安宁，又得岁赐、官爵。若为契丹所胁，则吾国危矣。"

在最后的时刻，他已经看见了他开创的王朝将难以再奋起，只能嘱托届时的退路——"附宋"。从当年年轻气盛的"反宋"者，到最后变成像他父亲李德明一样的“附宋”者，李元昊的态度转变恰恰说明，“汉化”在潜移默化中已经取得了成功。

开国皇帝李元昊去世后，西夏王朝又延续了180年。直到漠北崛起了强悍的蒙古汗国。但蒙古人面对西夏，却感受到他们顽强的生命力。蒙古大军消灭西夏整整用了22年，这是他们横扫欧亚大陆遭遇的最顽强抵抗，连一代天骄成吉思汗都中了西夏人的毒箭，染病而亡（史载说法之一）。

1227年，在成吉思汗死后，蒙古人终于攻灭了西夏。

后来，元朝修前朝正史，一口气修了《宋史》《辽史》《金史》，唯独没有修“《夏史》”。或许还是传统士人出于对偏居王朝的傲慢与偏见，让存在了近两个世纪的西夏王朝被正史无视了。

若知道这个结局，李元昊定会长叹。

他希望自己的边缘族群“被看见”，到头来，只有自己的巍峨帝陵被看见。

本章参考文献

[宋] 李焘：《续资治通鉴长编》，北京：中华书局，2016 年

[元] 脱脱等：《辽史》，北京：中华书局，1974 年

[元] 脱脱等：《宋史》，北京：中华书局，1985 年

[明] 熊大木：《杨家将演义》，上海：上海古籍出版社，2004 年

[清] 李有棠：《辽史纪事本末》，北京：中华书局，2015 年

李丹林、李景屏：《萧太后评传》，成都：四川大学出版社，2000 年

顾宏义：《辽宫英后：细说萧太后》，上海：上海人民出版社，2007 年

景爱：《历史上的萧太后》，北京：中国社会科学出版社，2010 年

汤开建：《党项西夏史探微》，北京：商务印书馆，2013 年

王明珂：《游牧者的抉择：面对汉帝国的北亚游牧部族》，桂林：广西师范大学出版社，2008 年

[德] 傅海波、[英] 崔瑞德编：《剑桥中国辽西夏金元史》，北京：中国社会科学出版社，1998 年

薛正昌：《略论李元昊》，《甘肃社会科学》1996 年第 1 期

马旭俊：《西夏建国的历史动因考察》，《宋史研究论丛》2016 年第 1 期

康保成：《从历史人物潘美到戏剧形象潘仁美——兼说口述历史的特征及其与文学的关系》，《汉语言文学研究》2010 年第 2 期

闻立鼎：《潘美陷害杨业考辨》，《江苏师院学报》1981 年第 1 期

北宋篇

第 三 章

文化盛世的底色

曾巩：一代大神沦为透明人

几乎每个受过九年义务教育的中国人，都知道唐宋八大家，而八位大家分别给我们留下的印象又如此不同：

韩愈，我们自然会想起他的“世有伯乐，然后有千里马；千里马常有，而伯乐不常有”（《马说》），想起他的“师者，所以传道授业解惑也”（《师说》），想起他的“天街小雨润如酥，草色遥看近却无”（《早春呈水部张十八员外》）……

柳宗元，我们会想起他创造的成语“黔驴技穷”，想起他的《捕蛇者说》，想起他的“千山鸟飞绝，万径人踪灭。孤舟蓑笠翁，独钓寒江雪”（《江雪》）……

欧阳修，我们会想起他的“醉翁之意不在酒，在乎山水之间也”（《醉翁亭记》），想起他那些婉约词……

王安石，我们会想起古代继商鞅变法之后最大阵仗的“王安石变法”，想起他写过的一个神童如何“泯然众人矣”（《伤仲永》），想起他的“春风又绿江南岸，明月何时照我还”（《泊船瓜洲》）……

苏轼，我们会想起的更多，想起他的千古名篇，想起他的豪迈豁达，甚至想起他的东坡肉……

苏洵，我们至少会想起，他是苏轼的父亲，“三苏”之一……

苏辙，我们会想起，他是苏轼的弟弟，“三苏”之一，“丙辰中秋，欢饮达旦，大醉，作此篇，兼怀子由”中的“子由”……

曾巩……

是的，想起曾巩，只剩下一个省略号。

这位曾先生，纯粹是由于中国人对于数字“八”的迷恋才来凑数的吗?

1

曾巩出生在 1019 年，他生活的年代迄今近千年。在这一千年的时光里，他的文章受到冷落，成为唐宋八大家中的“透明人”，不过是最近一百年的事。也就是说，在民国以前的八百多年中，曾巩是古文写作领域大神级的人物。只是今人无法领略和感受罢了。

欧阳修在世时，当了相当长时间的北宋文坛盟主，地位很高，当时就被称为“今之韩愈”。唐宋八大家中，宋代的六个席位，即以欧阳修领衔，其他五人，要么是他的弟子，要么靠他的赏识才开始扬名。

作为文坛盟主，欧阳修生前就在物色自己的继承人。在遇到苏轼之前，他实际上已经认定曾巩是最合适的人选。

那时候，曾巩并无功名，但他的文章深得欧阳修推崇。欧阳修曾说:“过吾门者百千人，独于得生（曾巩）为喜。”又说，“吾奇曾生者，始得之太学，初谓独轩然，百鸟而一鹗。”欧阳修对曾巩的爱，那是超出一般的爱。只要是难得一遇的好文章，糊上作者名字，他不管三七二十一,一概认定是曾巩写的。他曾把苏轼的文章当成曾巩写的，也曾把王安石的文章错认为曾巩写的。

1057 年，欧阳修主持科举考试，阅卷读到一篇好文，定为第一名，但转念一想，这肯定是自己的学生曾巩写的，为了避嫌，最终将此文降了一个名次。等到揭榜，才发现原来是苏轼的大作。

曾肇后来写文章纪念兄长曾巩，说欧阳修是文坛宗师，曾巩出道晚一些，但与欧阳修齐名，“其所为文，落纸辄为人传去，不旬月而周天下。学士大夫手抄口诵，唯恐得之晚也”。虽然是捧自己的哥哥，但曾肇这段话并无夸张。

事实上，曾巩生前的文名确实很盛，获得的评价也相当高。连苏轼都把曾巩当作欧阳修门下最厉害的那个人，他写诗说：“醉翁门下士，杂沓难为贤。曾子独超轶，孤芳陋群妍。”

王安石在给曾巩的诗中写道：“曾子文章众无有，水之江汉星之斗。”后来，王安石又对别人说，在我交往的人中，曾巩的文章“不见可敌”。

要知道，发出这些议论的人，都是自视甚高的文坛、政坛大咖。可见，曾巩真的是“无敌”，不然没有人会愿意为一个终生沉沦下僚的文人抬轿子。

《宋史》评价说，曾巩“立言于欧阳修、王安石间，纡徐而不烦，简奥而不晦，卓然自成一家，可谓难矣”。在大师辈出、群星闪耀的时代，没有做过高官的曾巩，能够打出一片天地，确实不容易。

不过，曾巩最终还是错过了文坛盟主之位。原因不是他不够格，而是与他同时代的苏轼太过光彩照人了。既生瑜，何生亮。尽管曾巩的个人性情更接近欧阳修，但欧阳修在发现苏轼之后，经过权衡，还是明确地把文坛盟主之任，付与苏轼。

近代朝鲜文学家黄玹，把曾巩与苏轼的区别，说得十分到位：“北宋多大家，而法胜者莫如南丰（曾巩），以无法胜者莫如东坡（苏轼）。”用金庸武侠小说打个不太恰当的比方，曾巩就像郭靖，一招一式都有师承，中规中矩，却无人能敌；而苏轼就像令狐冲，无招胜有招，不仅厉害，而且是武林中特立独行的异类。然而，也因为曾巩的文章“有法”，苏轼的文章“无法”，有法可学，无法难学，所以后世学曾巩的人多，学苏轼的人少。

到了南宋，在理学家的推崇下，曾巩的名声已超越苏轼。朱熹对“宋古文六大家”中的其他五位并不感冒，唯独对曾巩推崇备至，并致力于学习曾巩的文法。朱熹在成名后，凭借自己的影响力，将曾巩推到一个很高的地位，称他是自孟子以来的作文高手，说他的文笔“峻洁”“平正”“好懂”“简庄静重”。

后人对曾巩的评价深受朱熹的影响，认为曾巩的文章既明道理，又自然平近，且规范端正，可以作为范本学习和效仿。曾巩的经典地位，由此逐步确立起来。

明代万历年间，茅坤编《唐宋八大家文钞》，全书164卷，收文1450篇，多次再版，在明代后期文坛上引起了巨大轰动。《四库全书总目》称：“世传唐宋八家之目，肇始于是集。”“唐宋八大家”这一称号，就是从茅坤这里开始流传开来的。

自茅坤以后，明清两代关于唐宋八大家的散文选本，多达二三十种。“唐宋八大家”这一概念，遂深入人心。而曾巩，则持续受到明代唐宋派、清代桐城派等主流文学派别的一致推崇，一直红到了民国。

直到新文化运动、五四运动以后，曾巩的文学遗产才因为思想主题、审美趣味等出现转向而受到冷落。

宋代文学研究大家王水照在《曾巩的历史命运》一文中说，文化和文明的嬗变发展，是历史选择的结果，任何时代的读者和作者，总是根据自己的时代需要和文化发展的趋向来取舍传统，因而使传统文化有的盛誉不衰，有的遭冷落遗弃，或者是同一对象的某些部分光景常新，另一些部分却黯然失色。

曾巩在800多年间受追捧，以及在近100年受冷落，都是历史选择的结果。我们如果能站在更长时段的河流里去看待一个历史人物声名的起起落落，就能理解曾巩作为唐宋八大家之一，并非浪得虚名，更不是凑数。因为，我们眼下的观点和经历，并不能代表历史的全部。

2

曾巩不仅身后之名起落不定，生前也命途多舛。

现在说起江西南丰曾氏，是当地人的一大骄傲。这个家族在北宋文坛、政坛光芒四射，盛极一时。追根溯源，虽然曾巩的祖辈和父辈已经有了功名，但真正厉害的是曾巩这一代。

曾巩有4个弟弟、9个妹妹，在他之上还有个哥哥曾晔。除了哥哥曾晔未中举而相对早逝之外，他们兄弟五人以及几个妹婿均中了进士。有一年，这个家族一次考中了6个进士，轰动全国。

辉煌的背后，全是苦难。而这些苦难，基本上由曾巩替弟妹们承担了。

曾巩的父亲曾易占晚年被诬告而丢了官，长年在家，将积蓄一点点耗尽。1041年，在曾巩23岁的时候，曾易占带着曾晔、曾巩兄弟俩赴京应举，这情景像极了15年后苏洵父子三人赴京应举、谋职。不过，结局却全然不同，曾易占父子全部失望而归。1047年，曾巩再次侍奉父亲进京，不料在途中父亲染病身亡，盘缠也已告尽。曾巩四处求助，才得以扶着父亲的灵柩踏上归途。

此后的10年时间里，这名从小被视为神童、20岁就名闻四方的早熟才子，放弃了个人的功名追求，而把全部精力用于承担家庭生活的重压。他在窘迫的大家庭中，既要奉养继母，还要抚养、教育4个弟弟和9个妹妹。尤其是在哥哥曾晔病逝后，他同时要养育两个侄子和两个侄女。

如今，我们仍可以通过曾巩的《读书》一诗，了解他这段负担沉重的耕读生活：

荏苒岁云几，家事已独当。
经营食众口，四方走遑遑。
一身如飞云，遇风任飘扬。
山川浩无涯，险怪靡不尝。
落日号虎豹，吾未停车箱。
波涛动蛟龙，吾方进舟航。
所勤半天下，所济一毫芒。

尽管十分劳累，但他仍旧通宵达旦地苦读，并教弟弟们读诗书。他用勤劳、乐观和自信，化解了生活的暴击。

10年后，1057年，嘉祐二年。曾巩带着弟弟曾牟、曾布，以及堂弟、妹婿等，一行六人进京赶考，终于，迎来了曾家的翻身仗。这一次，六人全部考中进士。曾巩本人则以39岁“高龄”，与21岁的苏轼、19岁的苏辙等人成为同榜进士。

在北宋人才辈出的年代，牛人普遍都在20来岁中举，像曾巩成名这么早、中举却这么晚的，着实少见。其实，曾巩从18岁就走上科举之路。除了上面讲的，他有10年时间为了赡养大家庭而放弃求取功名，另外的10年，他考了多次，却蹉跎其间，没能考上。

究其原因，他早年屡试不第，不是文章写得不行，而是写文章并不趋附当时的应试文风。连欧阳修都看不过去，责问说："有司所操，果良法焉？"意思是，连曾巩这样的人才都未能被录取，考试部门的评审标准，真的科学吗？

一般人在遇到挫折的时候，确实会抱怨和指责外界，尤其是天才式的人物，更会将个人的失败归咎于外部环境的滞后。但曾巩从不如此想。

在欧阳修为他打抱不平的时候，曾巩却"不非同进，不罪有司……思广其学而坚其守"——既没有嘲讽考中的人，也不对考官大放厥词，他首先想到的是自省，反思如何不改初心，并把学问做得更精深。

在曾家最困难的时候，曾巩受尽了同乡的嘲讽。当地人作了一首打油诗，戏谑曾家兄弟赶考只是去打酱油："三年一度举场开，落杀曾家两秀才。有似檐间双燕子，一双飞去一双来。"曾巩不以为意，"力教诸弟不怠"。

曾巩志大才高，却未得到命运真正的眷顾。无论是科举，还是做官，始终是逆境多于顺境。但他始终心态平和，不以物喜，不以己悲。

曾巩进入仕途后，主要有两项工作：

第一项是出任地方官，在12年间辗转七八个地方，从河北沧州到福建福州，从山东济南到江西南昌，每段任职的时间不长，但他确确实实做到了为官一任，振兴一方，在每个地方都留下了政声和事迹。

地方官实际上是国家治乱兴衰的基础，但在中国的传统里，"治国"是一大本事，但从来没说"治州""治县"的，所以除非有特别好的运气，一般获取广泛声名的人物都在朝廷上，而不在地方上。地方官在国家的治理框架和人们的传统认知中，都属于小官。

曾巩本人却很不认同这种看法，他在送友人赴任柳州知州的文章中，专门驳斥了知州官小不足事的成见。他说，古时候的人做知县只负责一个乡、县，尚且能够用道德、仁义、恩惠、慈爱对辖区百姓进行熏陶和启发，现在的官员能够独掌一个州，怎么还能把官职看成低人一等，而不认真为政呢？他说，官无所谓大小，任职一方，就应该有造福一方的信念，更应该有久居之心，脚踏实地为当地百姓做实事，做善事。这是为官一方的本分。

第二项是担任史馆馆职，从事史籍文献编校工作。大概有 10 年时间，曾巩考证、校勘、整理的史书古籍达数十种。比如《李白诗集》，经他搜罗、发掘，从 776 首增加到 1001 首；传世的《战国策》，散佚严重，经他广泛访求采录，从 22 篇增加到 33 篇……

治学严谨的曾巩还有一个习惯，每整理完一书，他都认真作序，不仅记录和介绍该书情况，还将史评融入其中，对书中某一种偏向和缺失，进行论证和评议，让后世读书人有脉络可循。曾巩从事的这项工作，属于文科领域的底部工作。要不是他的用心用力，我们现在能读到多少李白的诗，能读到多少篇《战国策》，还是个未知数。虽然这项工作非常重要，历代都有人在做，但大家往往只看到书籍的成品，看不到流传背后的工作人员。这就好比现在理工科领域那些做基础研究的大师，他们永远不像做应用开发的人那么声名在外，也没有明星偶像光环，可能一辈子就是在逝世的时候被人说一句“一个大师走了”，仅此而已。但你必须承认，这些一点儿也不著名的人，才是人类文明传承与进步的主要推动力量。

无论是做地方官，还是校勘史籍，曾巩都是在从事基础性的工作，甘愿做一个默默奉献的人。但他的价值，不是功利主义者和实用主义者可以随意褒贬的。

在曾巩担任馆阁校勘期间，苏轼推荐了两名四川老乡拜访他。这两人因为文风不合流俗，被乡里人讥笑为迂阔，很是苦恼，特向曾巩求教。曾巩读了他们的文章，却称赞有加。两人很高兴，临行便请曾巩为他们写点文字带回去，好堵住悠悠众口。没想到，曾巩劝他们说没必要，根本用不着为这些闲言碎语苦恼，“知信乎古，而不知合乎世；知志乎道，而不知同乎俗”，不必随波逐流，也不必阿附世俗，更不必为冷眼所动。流言可以杀人，但永远杀不了将流言当作空气的人。

3

宋代的理学家是一帮很“吹毛求疵”的人，怼天怼地怼空气，前圣今贤大都入不了他们的法眼。但他们偏偏十分推崇曾巩的文章，为什么呢？除了我上面讲到的，曾巩的文章确实写得好，有“法”可依，可作范本，还有一个重要原因——那就是曾巩的信仰和操守，是常人难及的。正如朱熹所说，曾巩是一个“醇儒”。放在人品与文品的标尺之下，曾巩以“文如其人”的统一性脱颖而出。

他的文章路子正，人品也正。虽然他对自己常年不得志不以为意，却见不得他眼中的人才被时代错过。

当他宅在老家为生计奔忙的时候，他屡次以布衣身份向朝廷要员推荐王安石。在给蔡襄的书信中，他说：“巩之友王安石者，文甚古，行称其文，虽已得科名，然居今知安石者尚少也。彼诚自重，不愿知于人。然如此人，古今不常有，顾如安石，此不可失也。执事倘进于朝廷，其有补于天下……”

曾巩比王安石大两岁，两人相识于科举考场，一见如故，结下了亲密的关系。他们惺惺相惜的程度，有点像杜甫遇见了李白；所不同的是，杜甫与李白是单向互动，一个崇拜另一个，而曾巩与王安石是双向频繁互动，相互推崇，情深义重。

如今，我们读两人的文集，还可以读到他们写给对方的很多诗文、书信。

王安石的性格很怪，不通人情世故，但在曾巩面前，却能写出深情款款之句，说“吾少莫与合，爱我君为最”。他还无比担心曾巩的境遇：“州穷吉士少，谁可婿诸妹？仍闻病连月，医药谁可赖？家贫奉养狭，谁与通货贝？”——曾巩那么多妹妹，要怎样找到好女婿呀？曾巩又生病了，这医药费可怎么解决呀？曾巩要养一大家子，又那么穷，这钱从哪里来呀？真是替曾巩愁死了。

曾巩在痛苦和孤独的时候，也经常给王安石写信，排解忧愁：“一昼千万思，一夜千万愁。昼思复夜愁，昼夜千万秋。”

两人曾在不同时间段遭受流言蜚语，但一定会在第一时间站出来替对方辩诬。

曾巩长期考不上进士，人家讥讽他，曾巩不以为意，但王安石看不过去，写诗道：“曾子文章众无有，水之江汉星之斗。挟才乘气不媚柔，群儿谤伤均一口。吾语群儿勿谤伤，岂有曾子终皇皇。借令不幸贱且死，后日犹为班与扬。”你们这群小子，不配诽谤曾巩，他即便终生不遇，处境低微，死后他的文章也有像班固和扬雄一样供人膜拜的一天，你们等着瞧吧。

曾巩对王安石也是如此。当王安石步入仕途，因为特立独行而被世俗讥谤时，曾巩同样竭力为之辩护：“介甫（王安石）者，彼其心固有自得，世以为矫不矫，彼不顾之，不足论也。”王安石有自己的独到见解，不合流俗，那些说他目空一切的人，压根儿不必理会。

可以说，曾巩和王安石是彼此生命中最亲密的朋友，没有之一。

然而，令人不解的是，整个熙宁变法期间，王安石两次为相，在京主持新法，曾巩则辗转各地为官，颠沛流离，仕途坎坷。这期间，他们的书信往来明显减少，关系渐渐疏远。

很多人认为，曾巩和王安石至此已经友尽。实际上，他们的友情还在，只是双方的政见有了分歧。

1069年，熙宁二年，王安石出任参知政事，开始实施新法，并引故交为己助。应该在这个时间点，王安石也请最好的朋友曾巩参与其中。但曾巩认为，王安石的变法有点操之过急，规劝他更慎重一些。王安石则对曾巩的苦口婆心不置可否。曾巩为此深感失望。因此，在老朋友上台之后，他主动请求离开朝廷，外放到地方为官。

曾巩写给王安石的两首诗，留下了两人这段分歧的实录：

日暮驱马去，停镳叩君门。
颇语肺腑尽，不闻可否言。
……
结交谓无嫌，忠告期有补。
直道讵非难，尽言竟多迕。
知者尚复言，悠悠谁可语。

后来，王安石在变法受阻之后，也曾给曾巩寄了一首诗倾吐，其中说：

高论几为衰俗废，壮怀难值故人倾。
荒城回首山川隔，更觉秋风白发生。

纵然老友对自己的变法有不同意见，但关键时候，能够一吐郁闷的人，在王安石眼里，除了曾巩也不会有第二人了。

事实上，后世很多人夸大了曾巩与王安石的政见分歧。从曾巩在地方辗转为官，基本都执行了王安石变法的内容来看，他也是变法的认同者。他的两个弟弟，曾布和曾肇，都是王安石变法的追随者，但曾巩也未因此而批评或反对他们的选择。

曾巩并非一个保守派。他和王安石一样，都认为应当变法才能解决“三冗”问题挽救大宋。不同的是，他认为王安石的方案有不完善的地方，有改善的空间，所以向王安石提出来，可是向来执拗的王安石不听。

举个例子，王安石主张，为了解决“三冗”问题，必须增加国家收入，所以变法内容基本以增加税收和朝廷控制社会财富为主。而曾巩后来给宋神宗提出来的变法方案，则把重点放在节约开支上，只有裁撤庞大的官僚机构和官僚队伍，才能压缩财政开支，在不加重百姓负担的前提下解决“三冗”问题。

客观地讲，曾巩压缩开支、量入为出的方案，比王安石增加收入、量出为入的方案，更为彻底。宋神宗在看了曾巩的方案后，也盛赞说，在节约开支这一块，没有人讲得像曾巩这么透彻，并把曾巩重新召回了朝廷。

宋神宗问曾巩，你跟王安石的关系最好，你觉得王安石这个人到底怎么样？曾巩回答，王安石“文学行义不减扬雄，以吝故不及”。宋神宗说，王安石视富贵如粪土，一点儿也不吝啬呀。曾巩解释，我所说的“吝”，是说王安石“勇于有为，吝于改过”。宋神宗连连点头。可见，不管怎么样，曾巩依然是最了解王安石性格的那个人。

可惜，这时候，王安石已经罢相隐居江宁，曾巩也走到了生命的尽头。

王安石的执拗，以及变法内容的瑕疵，最终导致了这场伟大变革的失败。

南宋人叶适说，曾巩“不附王安石，流落外补”。而这恰恰证明了曾巩是一个道德操守极高的人。在自己最好的朋友成为宰相的时候，他明明可以放下他的坚持，迎合而上，但他偏偏不愿如此，他宁可艰难地在外做他的小官。

在举朝需要站队之时，曾巩不幸成了新党、旧党两面不讨好的人物。他曾说自己，“立朝无所阿附，有见嫉之积毁，无借誉之私援”。这一点像极了苏轼。

1083 年，曾巩病危于江宁之时，王安石多次前往探望。一见面，王安石就对曾巩议论朝廷人事，说最近又有谁谁谁被任命为啥职位了，那谁谁谁只是一个屠夫，怎能胜任这职位呢。曾巩病重，无法说话，只有点头。

在最后的时刻，这一对昔年的好友，依然未把对方当成外人。

4

1083 年，65 岁的曾巩病逝时，京城盛传他与当时被贬在黄州的苏轼“同日化去”，连宋神宗都很震惊，叹息不已。后来才知道，苏轼还活得好好的，但曾巩是真的离开了。之所以有这个谣传，说明在当时人的心目中，苏、曾二人是帝国文坛的两根擎天柱。

不过，重温曾巩的一生，除了他所经历的苦难可以“媲美”，他的官名和如今的文名，远远不如同时代的其他大家：

不如他的恩师欧阳修，人家既是文坛盟主，又是当朝政要；

不如他的密友王安石，人家诗文俱佳，两度为相，威震朝野；

不如他的同榜进士苏轼，人家潇洒恣意，文采风流，赢得全民喜爱；

……

曾巩有点悲催，他生前的工作和职位，决定了他出头的机会甚少。他不依附人，不迎合人，为人，做官，写文章，温和务实，纯净端正。

他虽然推崇和羡慕李白式的人物，但表现出来仍是一副不放纵、很克制的模样。这样的人，在崇尚个人主义、自由奔放的时代并不讨喜。也难怪新文化运动以来，曾巩逐渐沦为了唐宋八大家中的透明人。

然而，大家仔细想想，曾巩这样的人，才是中国历代读书人的主流命运。

要不是他的文章写得特别好，受追捧了 800 多年，他就像古往今来的无数读书人一样，淹没在历史的洪流里，化身为中国历史最基础的底色。那些时代的英雄，在这层底色上开花、结果，活成最亮眼的颜色，但这些都与默默无闻的底色无关。

可是，你必须承认，这层不显山不露水的底色，构成了历史进步与文化传承的基础力量。没有这层底色的铺垫与比对，再绚烂的颜色也凸显不出它的绚烂，再伟大的英雄也丧失了立足的土壤。

历史上不乏曾巩这样的人。曾巩代表了这一无声的群体，他们很重要，不应该被遗忘。如果说唐宋八大家之一的头衔之于曾巩有何意义，那就是，我们可以不理解他的文章有多牛，但至少应该理解他的背后站着一群构筑中国历史与文化底色的人。

历史上，现实中，99.99% 的人注定要成为仰望英雄的人，而不是成为英雄。这是历史与时代的真相，也是英雄主义与英雄情结的底色。

曾巩就是文学加强版的我们，而我们就是文章总写不好的曾巩。曾巩和我们走着相同的道路，走着走着，就消失在历史的烟云里。

家贫故不用筹算，官冷又能无外忧。
交游断绝正当尔，眠饭安稳余何求。
君不见黄金满籯要心计，大印如斗为身仇。
妻孥意气宾客附，往往主人先白头。

——曾巩《戏书》

只是，曾巩比我们更早看开了，看淡了，看透了。

举世不知何足怪，力行无顾是豪雄。

——曾巩《圣贤》

苏洵：大宋最牛老爸

苏序是个大善人，乐于救助穷人。有个人经常受到他的施舍，就想报恩。

这个人懂风水，对苏序说，我发现了两块好墓地，“一富一贵”，您可以选一块。

苏序说：“吾欲子孙读书，不愿富。”意思是，要贵不要富。

那人便把苏序带上眉山，一起去看那块能保子孙显贵的墓地。点燃一盏灯放在地上，风吹不灭。

后来，苏序将自己的母亲葬在那块墓地。

这是明朝人讲的故事，听起来没头没尾，怪诞不经。但没关系，只要读者知道苏序是谁，这个故事就完整了。

苏序是宋朝人，世居四川眉山。

他有个儿子叫苏洵，生于1009年。

苏洵有两个儿子，一个叫苏轼，一个叫苏辙。

1

苏洵19岁娶妻程氏，第二年生了个女儿，可惜不满周岁就夭折。此后两年，程夫人都未能怀孕，苏洵很着急：年过二十了，还无后，压力山大。

22 岁那年，苏洵开始拜生育信仰界的男神——送子张仙，据说每天烧香很虔诚。3 年后，子嗣接连不断，几乎一年生一个子女：

1033 年，苏洵 25 岁，他和程夫人又生了一个女儿（10 岁夭折）；

1034 年，生了一个儿子（4 岁夭折）；

1035 年，又生了个女儿（19 岁出嫁后不久病逝）；

1037 年，生了苏轼；

1039 年，生了苏辙。

苏洵很“摇滚”，经常一人打起背包，乘船或骑马，四处游玩，结交朋友。他写过一首诗，总结了自己早年的生活：

> 少年喜奇迹，落拓鞍马间。
> 纵目视天下，爱此宇宙宽。
> 山川看不厌，浩然遂忘还。

最后一次出远门，37 岁的苏洵撂下 9 岁的苏轼、7 岁的苏辙，一个人逍遥去了。有人说他其实是参加科举去了。

他先乘船出川，骑马去了当时的帝都开封。然后一路向南，去了江西。在九江，他结识了一个名叫雷简夫的人。整整 3 年后，他接到一封家书，被告知父亲苏序病逝，这才仓促归家。

他没能见上父亲最后一面。

在当时，所有人都把苏洵当成了浪荡子。只有父亲苏序，在别人用怪异的眼光看待自己儿子的时候，始终笑而不语。别人也不知道苏序的笑而不语到底代表什么。

苏洵一生中参加过三次科举，最早的一次是在 18 岁。

他有个二哥，叫苏涣。当地人都认为苏涣比苏洵有出息多了。苏涣24岁考中进士时，苏洵16岁，想追随哥哥的步伐，奋斗了两年后去参加科举，然后就没有然后了。

在后世看来，苏涣的名声远远不如他的弟弟。但实际上，苏涣是整个家族气运转变的关键人。苏涣的中举，打破了苏家“三代皆不显”的局面，成为这个平民家族上升为官宦家族的第一人。苏轼后来在给苏涣写的祭文中说，伯父为官清廉，四海奔走，把家都忘在一旁，而今亡故，家中却一贫如洗。这就是眉山苏家的家风。

父亲苏序的死，改变了苏洵的人生。

从1047年到1056年，他有十年未出四川。后人说，这是苏洵闭门求索的十年。

2

那些年走过的路，遇见的人，都成了苏洵自我提升的参照物。

他厌倦了为科举而读书作文，把自己早年写的数百篇科举时文，一把火烧掉了。然后，“闭户读书，绝笔不为文辞者五六年”。他只读孔孟、韩愈以及其他贤人之文。

经过多年苦读后，用苏洵自己的话说，胸中积攒的话越来越多，一提笔，化成文字自动流淌出来，每篇都是“有为而作”，经世致用之文，不再是以前那种空洞无用的应试文章。

他练成了一个本领，能够预见科举的潮流。但凡这种人，不是被当作神人就是被当作傻子。但他不在乎，他也无须自己去证明自己的预见是否正确。他的两个儿子，经过他的训练后，将代替他投身考场。

他曾送两个儿子到州学读书。州学教授刘巨是眉山当地的名士，教了苏轼兄弟俩声律、作对子等本领，这是当时科举注重诗赋文采，在地方教学内容上的落实。

有一次，刘巨在课上赋诗咏鹭鸶，念到最后两句“渔人忽惊起，雪片逐风斜”，苏轼当即说，老师的诗好是好，但最后一句改成“雪片落蒹葭”如何呢？

刘巨听后说，我当不了你的老师了。

苏洵自己给两个儿子编了数千卷书，当作教材，并对儿子们说：“读是，内以治身，外以治人，足矣。”就是说，读完这些，修身齐家治国平天下，绰绰有余。

他也不照科举大纲来教儿子们，而是以孟子、韩愈、欧阳修的文章为范文，让他们学写古文。

多年后，苏轼兄弟参加科举。那一年，科举风向变了，由重诗赋改为重策论，而主考官正是欧阳修——苏轼兄弟背诵和模仿他的文章，对他的风格太熟悉了。

苏洵不仅预见了科举风气的转变，还押中了主考官。他在两个儿子同时考中进士的光辉事迹中，起到了极其重要的作用。

难怪宋人编段子说，苏轼兄弟考试前，担心两人必有一人落榜，苏洵让他们别担心，到时一人和题，一人骂题，保证全中。

苏洵自己不屑于考科举了，但他却成了那个年代的科举押题大师。

3

不仅如此，苏洵还是两个儿子“正式出道”前的“经纪人”。他很早就认定两个儿子必成大器。

在著名的《名二子说》一文中，苏洵这样解释给两个儿子起名“轼”和“辙”的原因：

> 轮、辐、盖、轸，皆有职乎车，而轼独若无所为者。虽然，去轼则吾未见其为完车也。轼乎，吾惧汝之不外饰也。
>
> 天下之车，莫不由辙，而言车之功者，辙不与焉。虽然，车仆马毙，而患亦不及辙。是辙者，善处乎祸福之间也。辙乎，吾知免矣。

翻译过来就是说，车轮、车辐条、车顶盖、车厢，都是一辆车的重要构成部分，唯独作为扶手的横木（“轼”），却好像没有什么用处。但是，如果去掉轼，那就不是一辆完整的车了。轼儿啊，我担心的是你不会隐藏自己的锋芒。天下的车都是顺着车辙走的，但说到车的功劳，没有人会想到车辙。这样也好，就算车毁马亡，人们也不会责难到车辙上。车辙是能够在祸福之间优游自处的。辙儿啊，我知道你是能让我放心的。

苏洵的这篇小文，就像是两个儿子未来命运的“谶语”，后来被苏轼和苏辙的人生所印证。

明朝大才子杨慎说：“观此，老泉（苏洵）之所以逆料二子终身，不差毫厘，可谓深知二子矣。”

在两个儿子成人之后，苏洵决心将他们送出四川。他在一封信中说，自己年近五十，人生基本废了，也没有进取之心，“惟此二子，不忍使之复为湮沦弃置之人”。这时候，他之前在全国浪荡认识的朋友，纷纷变成了苏氏家族的贵人。

苏洵在九江结交的好友雷简夫，此时在雅州（今四川雅安）任知州。他盛赞苏洵虽为一介布衣，却是天下奇才——不仅有王佐之才，还是当代司马迁。于是帮苏洵写了几封推荐信，分别推荐给当朝名臣张方平、欧阳修和韩琦。

苏洵持雷简夫的推荐信，到成都拜谒了时任益州知州的张方平。他同时带上了苏轼。张方平第一次见到不到 20 岁的苏轼，即以国士之礼相待。

张方平同时鼓励苏洵到开封去，说僻处四川“不足成君名，盍游京师乎”？

苏洵表示，自己有名无名已经无所谓了，但不能让两个儿子重蹈他这个父亲的老路。

1056 年春天，苏洵带着苏轼、苏辙赴帝都开封。但父子三人先到成都，再次拜会张方平。

张方平拿出往年的制科考试真题，给苏轼和苏辙来了一次模拟考。阅卷毕，张方平大为惊叹，说两人都是天才，“长者（苏轼）明敏尤可爱，然少者（苏辙）谨重，成就或过之”。

张方平虽然与当时的文坛领袖欧阳修有矛盾，但还是不计嫌隙，替苏洵父子写了一封给欧阳修的推荐信。当时人都知道，欧阳修是文坛最知名的“星探”，只有他才能够成全苏洵父子的文名，让“三苏”走红。

苏洵父子带着雷简夫、张方平等贵人的推荐信，进京了。

4

到了开封，苏轼、苏辙兄弟积极准备来年春天的科举考试，苏洵则与京师的名公巨卿频繁接触。作为父亲兼经纪人，苏洵的任务是把两个儿子“推销”出去。当然，前提是他得先把自己“推销”出去，这样才有说服力。他拿着雷简夫、张方平的推荐信，精选了自己最得意的 20 篇代表作，去求见欧阳修。

雷简夫在写给欧阳修的信中这样说道：

> 起洵于贫贱之中，简夫不能也，然责之，亦不在简夫也。若知洵不以告人，则简夫为有罪矣。用是不敢固其初心，敢以洵闻左右。恭维执事职在翰林，以文章忠义为天下师，洵之穷达，宜在执事。向者，洵与执事不相闻，则天下不以责执事。今也读简夫之书，既达于前，而洵又将东见执事于京师，今而后，天下将以洵累执事矣。

这段话很有意思，对欧阳修简直是赤裸裸的“威胁”。

意思是，我雷简夫人微言轻，没有能力让苏洵成名，这也不是我的责任和罪过。但我既然知道苏洵这号奇人的存在，如果不说出来，那就是我的罪过了。而您（指欧阳修）是当今文坛盟主，能力越大，责任越大。以前您不知道苏洵这号人，他就算寂寂无名至死，也跟您没关系。但现在不一样了，您读了我的推荐信，已经知道苏洵的存在了，况且苏洵也要当面拜见您，从今以后，苏洵有名无名，天下人都认为跟您有莫大的关系了。

欧阳修本来就是北宋文坛最著名的“星探”，听说有这么个人自带巨星潜质，赶紧取来文章一读。一读，果然很受用，当即就把苏洵捧为“当代荀子”。

他正式向朝廷上了《荐布衣苏洵状》，极力称赞苏洵的文章“辞辨闳伟，博于古而宜于今，实有用之言”。更重要的是，苏洵此人不是一个只会写文章的文士，而是一个对现实问题能提出解决方案的大才。但他为人安贫乐道，不钻营仕途，如果没人引荐，就要被埋没在这盛世里了。

随后，欧阳修取代雷简夫和张方平，成为苏洵父子在朝廷上最有力的推荐者。

欧阳修把苏洵父子推荐给了当朝重臣韩琦、富弼、文彦博等人。短短时间内，苏洵以一介布衣的身份，频频成为京城达官显宦的座上宾。而苏洵的文章也一夜成为“爆款”，引领了京城的写作风尚，“名动天下，士争传诵其文，时文为之一变，称为老苏”。

5

苏洵红了，他的两个儿子马上也红了。

在 1057 年春天的科举中，苏轼和苏辙双双中第，脱颖而出。

主考官正是欧阳修。

苏轼兄弟的上榜，源于欧阳修对科举文风的改革，此前被推崇的虚浮华丽文风不吃香了，质朴平易、言之有物的文风开始占据有利地位。而苏洵早年教导儿子们作文，已经预见到了这一点。

放榜之后，关于苏轼兄弟上榜的争议很大。

跟同时上榜的曾巩不同，苏轼兄弟此前并无名气，很多读书人表示不服，开始抗议。欧阳修之子欧阳发后来回忆说：“二苏出于西川，人无知者，一旦拔在高第，榜出，士人纷然惊怒怨谤，其后稍稍信服。”

士人怎样变得服气的呢？

苏轼兄弟的文章确实好，这是大前提，但还不够，关键还得有人帮扶。所以还是欧阳修出马了。

放榜后，欧阳修对苏轼兄弟一顿猛夸，说后浪凶猛，老夫当避此人（苏轼），放出一头地。后来，苏轼也确实成为欧阳修的继承者，取代曾巩，一跃而为北宋文坛盟主。

除了欧阳修，韩琦、司马光等人也是苏洵父子的贵人。

1061 年，苏轼和苏辙同时获得推荐，参加由宋仁宗亲自主持的制科考试。临近考试时间，苏辙突然生病了。宰相韩琦听闻消息，专门向宋仁宗申请考试延期举行。他的理由是，今年的制科考试，苏轼和苏辙两人最有声望，现在听说苏辙病了，如果兄弟俩有一人不能参加考试，将难孚众望。宋仁宗同意了。朝廷于是宣布当年的制科考试延期 20 天举行。

韩琦看到参加制科考试的人不少，还曾公开放话说，二苏在此，你们竟然还敢跟他们同场考试？据说，此话一出，弃考者“十盖八九矣”。

这次考试，一共只录取三人。

考官司马光对二苏的策文十分欣赏，将苏轼、苏辙列为最高等——三等予以录取。而苏辙的策文写得很犀利，直言宋仁宗为政苟且，为人好色，好面子，赏赐无度，导致海内穷困。这引起了考官们的争议。另一名考官胡宿认为苏辙言辞不逊，不应录取。司马光据理力争，说苏辙“于同科三人中，独有爱君忧国之心，不可不收”。

最终，虽然在策文中挨骂，宋仁宗还是亲自拍板说：“求直言而以直弃之，天下其谓我何！”宋仁宗果然爱惜羽毛，于是降一等，以第四等录用了苏辙，对他进行升官。

退朝回宫，宋仁宗掩不住内心的喜悦，颇为得意地对曹皇后说：“朕今日为子孙得两宰相矣！”

6

两个儿子已经出人头地，而苏洵自己也成为北宋最为传奇的布衣文人，历史再也抹不去他们的名字。

但苏洵却有了新的烦恼。

当自己名满天下，可与名公巨卿平起平坐之后，他早已消失的斗志又被点燃了。虽然多年无意仕途，但他骨子里是想做帝王师，给时代把脉开方子的。欧阳修等人也希望朝廷能将苏洵引进体制内，授予相应的官职。这给了苏洵很大的期待。

然而，左等右等，就是等不来朝廷的委任状。

苏洵急了，直接给宰相韩琦写信抱怨说：“今洵幸为诸公所知似不甚浅，而相公尤为有意。至于一官，则反复迟疑不决者累岁。嗟夫！岂天下之官以洵故冗邪？”

北宋“冗官”问题，人所皆知，所以苏洵用来调侃有司，说你们给我一个官职怎么了，天下之官难道因为多我苏洵一个人就变冗了吗？

一直等了两年多，朝廷才下诏，让苏洵去参加考试。考试通过了，就能直接授官。

苏洵很有个性。他认为朝廷要他参加考试是不相信他平时作的文章，便称病拒绝赴试。与此同时，他洋洋洒洒写了一篇近 7000 字的《上皇帝书》，就天下之事提出了他的十项改革主张。同一年，王安石也递交了给皇帝的万言书，提出“变更天下之弊法”。但宋仁宗对他们的改革方案均无回应。

不过，由此可以看出，苏洵本质上跟王安石一样，是有雄心的改革家。只是，苏洵没有王安石那么幸运，他等不到锐意改革的宋神宗上位。否则，历史记住的，就不仅是文学家苏洵的大名，而是改革家苏洵的传奇。

事实上，苏洵虽然常年偏居西南一隅，但他精通历史，早就注意到宋仁宗盛世背后的危机。在他最著名的政论文章《六国论》中，他提笔就写道："六国破灭，非兵不利，战不善，弊在赂秦。赂秦而力亏，破灭之道也。"六国灭亡，不是武器不锐利，仗打得不好，弊病在于割地贿赂秦国。割地贿赂秦国，自己的力量就亏损了，这是灭亡的根本原因。

结尾又写道："夫六国与秦皆诸侯，其势弱于秦，而犹有可以不赂而胜之之势。苟以天下之大，下而从六国破亡之故事，是又在六国下矣。"六国和秦国都是诸侯，他们的势力比秦国弱，但还有不割地贿赂而战胜秦国的可能性。如果一个一统天下的大国，却自取下策，重蹈六国割地贿赂以致灭亡的覆辙，这就连六国都不如了。

整个北宋，读过这篇《六国论》的人，都能一眼看出苏洵是在借古伤今，讽刺当时朝廷以岁币向契丹换和平的政策。但像苏洵这样的民间鹰派，在宋仁宗后期是不可能获得重用的。

最后，朝廷还是给了苏洵一个县主簿的低级职位，留京参与编纂礼书。

1066 年，在带领两个儿子到京城发展的 10 年后，苏洵病逝了，年仅 58 岁。

苏洵之死，震惊朝野，为他作挽词的士大夫达 100 多人，"自天子、辅臣至闾巷之士，皆闻而哀之"。

苏洵死时，苏轼 30 岁，苏辙 28 岁。此后，兄弟俩宦海沉浮，却被父亲早年预测他们前途的《名二子说》一一说中：苏辙为人较稳，一度官至参知政事之位；而苏轼锋芒毕露，虽然仕途坎坷，但文名最盛，光耀千年。

一千年来，“三苏”上升为中国文学史上的一段传奇，有人喜欢苏洵的豪健，有人喜欢苏轼的奇纵，有人喜欢苏辙的深沉。他们一起进入中国文学最具分量的榜单——“唐宋八大家”之列，一举占据三席。

纵观整部中国史，这样著名的父子三人组合，恐怕只有两对：公元1000年以前出过一对，曹操和他的儿子曹丕、曹植，世称“三曹”；公元1000年以后，又出一对，就是苏洵和他的两个儿子，世称“三苏”。

绝代传奇，到此为止。

柳永：大宋第一浪子，整个时代边骂边学

东南形胜，三吴都会，钱塘自古繁华。烟柳画桥，风帘翠幕，参差十万人家。云树绕堤沙，怒涛卷霜雪，天堑无涯。市列珠玑，户盈罗绮，竞豪奢。

重湖叠巘清嘉，有三秋桂子，十里荷花。羌管弄晴，菱歌泛夜，嬉嬉钓叟莲娃。千骑拥高牙，乘醉听箫鼓，吟赏烟霞。异日图将好景，归去凤池夸。

——柳永《望海潮·东南形胜》

我无数次想象过大宋词人柳永的出场，但从未想过是如此的惊艳，而又如此的宿命。

这阕《望海潮》，被普遍认为是柳永 20 岁时的作品。一个初登历史舞台的年轻人，以一支铺叙点染、自然挥洒之笔，为 11 世纪大宋城市的繁华日常，留下了印象派式的经典描摹。

在随后的半个世纪间，这名才华横溢的词人，流荡多地，境遇窘迫，以个人的悲剧成就了 11 世纪最伟大的歌者。尽管那个时代的人们专注于给他打标签，认定他只是一个鄙薄、淫媟、俗艳的青楼词人，但，这只是对他的刻板偏见——事实上，他有四分之一的作品在展现那个时代最有生命力的城市生活，是北宋盛世的一名忠实记录者。

人们也习惯于认定，这个“有才无行”的浪子词人，是社会秩序的局外人和破坏者，却不曾料到，一生怀才不遇的柳永一直都在努力向权威靠拢，争取官方与士大夫阶层的接纳，尽管这些努力均以悲情收尾。但至少可以说明，他不是主动抛弃了主流社会，而是被主流社会遗弃和伤害的人。

这阕《望海潮》的诞生，背后就是一个干谒的过程。当时，20 岁的柳永从家乡福建崇安（今武夷山市）往帝都开封应试，途经杭州，拜谒世谊前辈两浙转运使孙何，这阕词类似于求见的一块敲门砖。

虽然柳永在词中仅写了杭州的城市繁华，以及投赠之人孙何虽富贵而不忘山林的书生本色，并未像唐宋时期的其他干谒之作一样阿谀媚俗，但希望借助投赠之人的影响力而让自己在科举中有所斩获的意图，仍然十分明显。

是的，天才词人柳永从一开始就是个俗人——遵从社会潜规则，渴望世俗功名，然而他的世俗和卑微，最终却无助于他被认同和接纳。而且，终其一生，直到晚年，他都在做着同样一件事——不停地干谒，向有权势的人投献作品，希望获得举荐。想想看，这是多么悲哀和辛酸的人生！这样一个柳永，才真正是最具悲剧性的，是他个人的悲剧，更是时代的悲剧。

唯一幸运的是，人间不过是寄身之处，在他贫病老死之后，他的作品获得了永生，迄今仍被奉为经典。

1

正史没有为柳永立传。没有原因，但不难想象原因——一定是修正史的宋元人，不屑于为他作传。

于是，没有传记的柳永创造了一项纪录：他可能是史上在正史中无传却名气最大的人。他的名气，不仅在他死后，在他生前也相当大。

宋代有许多野史、笔记，都记载了柳永的逸闻。尽管这些记录真真假假，但正是这些记录，以及柳永本人的作品，才构成了后人了解这位词人的入口。

这么说吧，柳永堪称大宋第一代“流行天王”。

他在进入开封后，还没参加科举，就凭借音乐禀赋和文艺天才，崛起为汴京流行文化圈的领导人物。当时，“教坊乐工，每年新腔，必求永为辞，始行于世”。搞音乐的人，谱了新曲子，一定要求柳永填词，否则这曲子铁定红不了。

另一则史料记载，“妓者爱其有词名，能移宫换羽，一经品题，声价十倍，妓者多以金物资给之”。就是说，柳永靠填词，收入已经不错了，因为帝都的青楼女子都知道柳永名气大，让他有偿地给自己填个词，或在词里给自己曝曝光，分分钟就野鸡变凤凰。

柳永的词通俗易懂有风致，深得民间喜爱。当时有一个说法，叫“凡有井水饮处，即能歌柳词”。

据说，邢州（今河北邢台）开元寺有个嗜酒的僧人，每次喝醉就唱柳永的词，临终前还念道：“平生醉里颠蹶，醉里却有分别。今宵酒醒何处，杨柳岸晓风残月。”

明朝冯梦龙说，宋代坊间有传言：“不愿穿绫罗，愿依柳七哥；不愿君王召，愿得柳七叫；不愿千黄金，愿中柳七心；不愿神仙见，愿识柳七面。”虽是小说家言，却大抵符合柳永生前爆红的情况。

有意思的是，柳永的词不仅在民间广为流传，还登堂入室，在皇宫宴会上传唱。北宋陈师道记载：“柳三变游东都南北二巷，作新乐府，骫骳从俗，天下咏之，遂传禁中。仁宗颇好其词，每对宴，必使侍从歌之再三。”“歌之再三”，有点开启循环播放模式的意思，可见宋仁宗对柳永的词是真爱。

然而，对于这样一名生活在自己治下的“人民艺术家”，作为粉丝的宋仁宗，不仅没有开启特殊照顾通道，反而成为其仕途不顺的拦路人。

这究竟是怎么回事呢？

2

说起来，柳永的仕途悲剧，从宋仁宗的父亲宋真宗在位时就开始了。

柳永的一生，比我们想象的漫长。他大概生于雍熙元年（984），卒于皇祐五年（1053），历经宋太宗、宋真宗、宋仁宗三朝。

他一生四五次参加科举，直到 50 岁时才中举。

宋真宗时期，是柳永的青壮年时期，一辈子最好的时光。但他基本上都在考场上蹉跎了，在烟柳巷挥霍了。而这两者，在他身上构成了一个恶性循环——他在青楼冶游的文字，给他盛名，但也成为他进入仕途的障碍；而他在科举仕途上的失意，反过来使他更加纵情于青楼柳巷。

应该是在他连续科举失败后，他填了一阕词表达得不到官方认可的郁闷：

黄金榜上。偶失龙头望。明代暂遗贤，如何向？未遂风云便，争不恣狂荡。何须论得丧？才子词人，自是白衣卿相。

烟花巷陌，依约丹青屏障。幸有意中人，堪寻访。且恁偎红倚翠，风流事、平生畅。青春都一饷。忍把浮名，换了浅斟低唱。

——柳永《鹤冲天·黄金榜上》

这阕词细品，是八分落寞两分傲气。因为得不到官方承认，柳永才不得不宣称自己是“白衣卿相”，不得不忍心割舍功名之心，偎红倚翠，浅斟低唱。这分明是一个末路穷途之人的悲歌，词人也表明自己到烟花巷陌寻访意中人，实乃是政治理想难酬的自我麻痹。

可是，在这阕词流传出去以后，来自高层的解读者却读出了满满的傲气。

在接下来的科举旅程中，柳永考中了，但仍被当朝皇帝（有说是宋真宗，有说是宋仁宗）特意将名字拿掉，并说，这不就是那个“忍把浮名，换了浅斟低唱”的柳三变吗？且去浅斟低唱，何要浮名？

没想到柳永会以这种形式被皇帝“照顾”，以后的路只能越走越窄。怪就怪自己的词太火了，每一首都会传到最高层的耳朵里。有史料记载，当时还有人向皇帝推荐柳永，皇帝问：“得非填词柳三变乎？”推荐者答：“然。”皇帝说：“且去填词！”柳永“由是不得志，日与猥子纵游娼馆酒楼间，无复检约”，并半带调侃地自称“奉旨填词柳三变”。

在皇帝们看来，柳永的词唱起来很爽，但仅限于私人化的娱乐场合，而在国家治理层面，是万万不能让人怀疑帝国最高层是推崇这些淫词艳曲的，不然会引起道德人心的堕落。连带着，肯定也不能录用这个举国皆知的“淫词”作者当官，只能让他去填词，国家的道德体系才不会乱了套。

宋真宗就曾降旨说："读非圣之书，及属辞浮靡者，皆严谴之。"阅读范围超出儒家经典，写作带有浮靡文风的人，都要严肃处理。这是朝廷要振兴儒道，净化文化环境呀。柳永若是官场中人，肯定要被树立为反面典型进行打击。

宋仁宗在位时期，同样"留意儒雅，务本理道，深斥浮艳虚薄之文"。柳永的淫冶讴歌之曲，同样属于严厉打击的行列。尽管皇帝本人会以"内部批判"的名义循环播放他的曲子，但在公开场合恨不得搞一场烧毁柳永作品集的行动。

3

问题是，整个时代写浮艳之词的人多了去了，为什么偏偏是柳永成为被打击的出头鸟？

词这种形式，是供教坊乐工、青楼女子歌唱的，从一诞生就带有俗艳俚语的特征。在苏轼特意强调词的豪放性之前，婉约词几乎一统天下，甚至连苏轼本人，绝大部分的词创作也都是婉约风。婉约，就必然多多少少带有闺门密语、浮艳虚薄，乃至淫媟鄙俗的调调。

如果硬要说创作有原罪，那也是词的原罪，而不是柳永的原罪。

柳永的作品集《乐章集》中，确实有不少"淫词"，赠妓、咏妓、狎妓之词比比皆是，甚至还有直接写男女交媾之词（当然，相比明清情色小说的写法还是文雅多了），被李清照批评为"词语尘下"。

秀香家住桃花径。算神仙、才堪并。层波细翦明眸，腻玉圆搓素颈。爱把歌喉当筵逞。遏天边，乱云愁凝。言语似娇莺，一声声堪听。

洞房饮散帘帏静。拥香衾、欢心称。金炉麝袅青烟，凤帐烛摇红影。无限狂心乘酒兴。这欢娱、渐入嘉景。犹自怨邻鸡，道秋宵不永。

——柳永《昼夜乐·秀香家住桃花径》

像这阕《昼夜乐》，写名妓秀香，上片写她的容貌、声音，用词已经颇为艳情，但下片更不得了，直接写男女交欢的场面，这就难怪要遭人诟病了。

因为这些“淫词”在柳永的作品集中特别扎眼，所以，尽管他还写过许多经典的羁旅词、怀古词、城市词，但通通被无视了，人们仅留给他一个标签——风流浪子词人。

然而，那个年代的大词人，无一不是这种写法。唯一的区别，可能是场面怎么写得含蓄一点，所谓“雅俗之别”罢了。

和柳永同时代的张先、晏殊、欧阳修等人，都是写作男女香艳情感乃至色情风味词作的老手。像欧阳修这阕《忆秦娥》：“十五六，脱罗裳，长恁黛眉蹙。红玉暖，入人怀，春困熟。展香裀，帐前明画烛。眼波长，斜浸鬓云绿。看不足。苦残宵、更漏促。”赤裸裸的程度丝毫不亚于柳永之词。而比柳永晚出生半个世纪以上的苏轼、秦观等人，也依然在写“笑倚人旁香喘喷”“玉纤嫩，酥胸白”等香艳词句。

但只有柳永，背负淫词之名，遭到了最猛烈的批判，付出了落榜的代价，一生仕途困顿，这显然是极不公平的。

为什么会这样？

其他人都以双重人格在写词，只有柳永全身心投入，不加掩饰，成为史上第一个专业词人，这使得柳永更容易成为被攻击的靶子。

宋朝士大夫发展出文学体裁的等级论，即“以文章余事作诗，溢而作词曲”。虽然都是创作，但不同体裁的创作在道德上有高低之分，文章第一，诗第二，词曲最下。张先、晏殊、欧阳修等柳永的同时代人，对这一准则的把握都很老到，戴上面具写载道文章，卸下面具写言情之词，毫不含糊。但柳永不懂这一套，别人把词当“余事”“末技”，他把词当成全部，与歌女乐工打成一片，率真而不加掩饰，难怪吃了大亏。

传统士大夫基于自身的道德优越感，认定俗艳词曲仅可以在帝国统治阶层内部把玩，因为他们读过圣贤书，有辨别力和把控力。但绝对不能在小民之间流传，否则，会导致社会道德的坍塌。带着这种道德优越感和恐惧感，他们固然会在私人场合吟唱士大夫阶层的“淫词艳曲”，但在公开场合绝对要排斥香艳绮靡之音，以维护儒家诗教的正统地位。

换句话说，士大夫有士大夫的香艳书写模式，民间有民间的香艳书写模式，二者界限分明，被认为是“雅俗之别”。柳永一定要跨界，代沉沦的青楼女子立言，这是民间的姿态，士大夫阶层是不认的。

传统士大夫阶层对文化的层级就是这么严苛，你可以说他们高傲，说他们虚伪，但就是改变不了他们的特性——他们容不下一个全身心代表民间文化的人。

据说，柳永以词触怒宋仁宗之后，曾去拜谒宰相晏殊求通融。晏殊问：“贤俊作曲子么？”柳永答：“只如相公，亦作曲子。”晏殊冷冷地说：“殊虽作曲子，不曾道‘针线闲拈伴伊坐’。”

柳永以为，同样写词的晏殊大人，一定对自己心有戚戚焉，哪知道，在晏殊大人的思想里，词与词是有天壤之别的。柳永笔下“针线闲拈伴伊坐”——歌妓一边做针线活，一边与情郎相倚相挨——这样的句子，晏殊就说自己绝对不写。

晏殊写思念，那必须是传统意境，雍容典雅，比如“斜阳独倚西楼，遥山恰对帘钩。人面不知何处，绿波依旧东流”，柳永那种庸俗化、日常化的场景，是他相当不屑的。所以抱歉，咱俩虽然都写词，但绝非一类人。

从历史的发展来看，肯定是柳永的词更能反映时代的风貌，因为他的词是有生活气息的，带有时代的烟火气。而晏殊等士大夫的词，几乎看不到任何时代信息，有的只是传统意境的揣摩和复述，搭配私人化极强的情绪，放在唐宋元明清任何一个时代里，都是成立的。也正因此，柳永的世俗化写作，在当时就打败了晏殊等人的精英化写作，不仅在民间广为传唱，还悄悄传进了皇宫。当下的真实，永远最动人。

而柳永最终被打入另册，也恰恰由于他的词太出名，使他无形中被当成了市井俗艳文化的代表人物。

枪打出头鸟，人红是非多，他被上纲上线为儒家正统文化的对立面，并作为市井俗艳文化的代表人物遭到正统的鄙视和唾弃，也就顺理成章了。

士大夫阶层中有真诚的个体，但作为掌控主流意识形态的群体，则一定是虚伪的。所以他们一方面沉迷甚至模仿柳永的词风，另一方面却必须公开排斥和否定柳永的词品，进而排斥和否定柳永的人品。

整个宋代，柳永是所有著名词人中地位最低的，没有之一。

4

但，任何一个写词的人，都无法忽视柳永的存在。

他的词太经典了，尽管当时的士大夫对他的淫媟艳俗表示不屑，然而，背地里无不边骂边学。

宋人笔记有载，秦观和老师苏轼久别重逢，苏轼向秦观道贺说，你现在填词更厉害了，京城都在传唱你的“山抹微云”那阕词。秦观客气一番，说恩师谬奖。苏轼却接着说，但想不到我们分别后，你却开始学柳永作词了。

秦观不承认，赶紧辩解说：“某虽无识，亦不至是。先生之言，无乃过乎？”先生不要空口无凭，毁我清誉呀。苏轼则当场举例质问道：“‘销魂当此际’，非柳词句法乎？”秦观惭愧不已。

这个故事信息量很大。秦观和苏轼的对话发生时，柳永已经故去三四十年，但他的影响力显然未减当年。从对话内容来看，被后世称为“婉约派一代词宗”的秦观，和“豪放派鼻祖”的苏轼，两人均对柳永的词作和词风相当熟稔。他们对柳永词都十分不屑，但吊诡的是，尽管他们都不愿承认，但在无形之中，却受到了柳永词深深的影响，抹都抹不掉。

苏轼调侃秦观学了柳词句法，而他自己也活在被柳永影响的焦虑里。

从苏轼的一些著名词作中，不难看到柳永的影子。比如《江城子·记梦》中的“相顾无言，唯有泪千行”，分明就是柳永《雨霖铃》中“执手相看泪眼，竟无语凝噎”的转写。

而同题词作《八声甘州》，柳永对景融入人世无常的感慨，想必也给苏轼写出“有情风万里卷潮来，无情送潮归”以相当的启示。因为苏轼曾称赞柳永的《八声甘州》中“渐霜风凄紧，关河冷落，残照当楼”几句，“不减唐人高处”，显然是十分欣赏这阕词的。

晚天萧索，断蓬踪迹，乘兴兰棹东游。三吴风景，姑苏台榭，牢落暮霭初收。夫差旧国，香径没、徒有荒丘。繁华处，悄无睹，惟闻麋鹿呦呦。

想当年，空运筹决战，图王取霸无休。江山如画，云涛烟浪，翻输范蠡扁舟。验前经旧史，嗟漫载、当日风流。斜阳暮草茫茫，尽成万古遗愁。

——柳永《双声子·晚天萧索》

这是柳永游览苏州时写出的怀古词，沉郁苍凉，寄寓深远。大家再默念一下苏轼的《念奴娇·赤壁怀古》对比一下，是否有熟悉的味道?

柳永写“嗟漫载、当日风流”，苏轼则写“千古风流人物”；

柳永写“想当年”，苏轼则写“遥想公瑾当年”；

柳永写“江山如画，云涛烟浪”，苏轼则写“惊涛拍岸，卷起千堆雪，江山如画”；

……

面对柳永词，苏轼的态度是矛盾的，既不屑，又赞赏，既想摆脱其影响，却又欲罢不能。他在给友人的信中曾说：“近却颇作小词，虽无柳七郎风味，亦自是一家。”以自己的词终于脱离了柳永的词风而沾沾自喜，可见柳永词曾对苏轼造成多大的焦虑。

毫无疑问，柳永是苏轼在成长为伟大词人的路上，必须翻越过去的一座高峰。这个众所周知的段子，也很能说明问题：

东坡在玉堂，有幕士善讴，因问：我词比柳词何如？对曰：柳郎中词，只好十七八女孩儿，执红牙拍板，唱“杨柳外残风晓月”。学士词，须关西大汉，执铁板，唱“大江东去”。公为之绝倒。

苏轼当然高兴，通过豪放词的写作，他自认彻底摆脱了柳永的词风，而可以与柳永形成不同风格的双峰并峙。

同样的长路跋涉，也发生在“慢词集大成者”周邦彦身上。周邦彦的慢词声誉甚高，但明眼人都能看出，那是因为他得到了柳永的真传，所谓“周词渊源，全自柳出”。

柳永是史上第一个大量创制慢词的人，慢词因音韵和缓、篇幅较大，突破了小令的局限，从而扩大了词的内容含量。经过柳永之手，词的体式才算完备。自柳永之后，慢词成为大宋词坛主流。周邦彦正是在柳永大胆创新的基础上，受其文学恩泽，才成长起来的。

北宋中后期，苏轼和周邦彦各开词坛一派，但追根溯源，他们都是从柳永词分化而出。可以说，没有柳永，就没有苏轼，也没有周邦彦。宋词能发展成与唐诗相媲美的文学高峰，柳永居功甚伟。

用现代文学史家郑振铎的话说，柳永的影响笼罩着整个北宋词坛。

5

大宋词坛如此重要的一代宗师，却是体制的弃儿，这层转折发生在柳永身上，就是一幕活生生的悲剧。你可以说他是深藏不露的扫地僧，可问题是，他本人并不愿以扫地僧的身份度过一生。

当所有人都认定他是词坛风流浪子的时候，只有他还坚信，自己要做一个温柔敦厚的儒士，寄希望于并终生努力想成为一个兼济天下的士大夫。

在他 40 岁的时候，经历多次科举失败，他忍痛离开开封，告别心爱的情人（疑为歌妓虫娘），南下谋生，并写下了那阕最负盛名的

《雨霖铃》：

寒蝉凄切，对长亭晚，骤雨初歇。都门帐饮无绪，留恋处，兰舟催发。执手相看泪眼，竟无语凝噎。念去去，千里烟波，暮霭沉沉楚天阔。

多情自古伤离别，更那堪，冷落清秋节！今宵酒醒何处？杨柳岸，晓风残月。此去经年，应是良辰好景虚设。便纵有千种风情，更与何人说？

——柳永《雨霖铃·寒蝉凄切》

深藏内心的功名之念，无时不对柳永的感情造成威胁。因为执着于科举功名，他一生大部分时间处在漫游之中，羁旅行役，遍及开封、江南、关中……他不停地干谒，投献奉颂之词，希望获得举荐。

终于，在他50岁的时候，命运稍微垂青于他一次。他考取了进士。

时人记载，他是在改名后才被录取的，因为“柳三变”与“淫词艳曲”构成对应关系，长期被列入黑名单，所以他才改名“柳永”。

但即便考中进士，年过半百的柳永也未迎来命运的改观。他的余生，久为小吏，在各地流走，历任睦州推官、定海晓峰盐场盐监、泗州判官等职。他勤政爱民，政声很好，却难以升迁。最后出任太常博士、屯田员外郎等寄禄官，权小位卑，始终未能进入上层士大夫的文化圈子。

据考证，直到65岁高龄，权小位卑的柳永还在四处干谒，希望得到朝廷重用。然而，他的天才再也未能带来任何奇迹，尽管他勉力歌功颂德，但投献出去的作品大多如泥牛入海，徒留嗟叹。

柳永被嫌弃的一生，让我想起了当代作家王小波。王小波生前为了作品出版，为了得到承认，曾配合出版社大规模删稿、起庸俗的书名等，但均于事无补，像极了柳永忙碌一生的干谒之旅。郁闷低落之时，王小波还考取了大货车驾照，说不行就干这个，像极了柳永曾痛苦而无奈地流连于市井圈层。

一个真实的人，游离在主流之外，寂寞孤独，他的内心总归是痛苦的。尽管事后，人们会对他们的孤独进行美化，但仍不能回避，他们是痛苦中的过来人，谁也不比谁超脱。

关于柳永的最后一个悲剧传奇，源于他的死。

据说，他死时穷困潦倒，由歌妓凑钱安葬。送葬的队伍中，歌妓们缟衣素服，个个泪湿衣袖，哭声震天。她们的泪水中浸透了真诚的悲哀——从来没有一个时代的歌者，能如此为底层的女性代言；也从来没有一个老者的离去，能如此让城市的歌妓伤悲。这是对等的，也是柳永应得的。

当然，这个送葬的情节不一定真实。可以确定真实的是，活了70岁的柳永，死前肯定真切地感受到，真挚的感情不在士大夫之间，而在最底层的小民之间（比如他和歌妓）。在被侮辱与被损害的人群中，他才感觉自己活过了有意义的一生。

对潇潇暮雨洒江天，一番洗清秋。渐霜风凄紧，关河冷落，残照当楼。是处红衰翠减，苒苒物华休。惟有长江水，无语东流。

不忍登高临远，望故乡渺邈，归思难收。叹年来踪迹，何事苦淹留？想佳人，妆楼颙望，误几回、天际识归舟。争知我，倚阑干处，正恁凝愁！

——柳永《八声甘州·对潇潇暮雨洒江天》

人生已然凄楚，但请相信，岁月自有公论！

谨以此文，纪念历史繁华的记录者、时代悲剧的承受者——柳永，一个在文字中活了一千年的天才词人！

黄庭坚：江湖夜雨十年灯

公元11世纪的中国，文化圈最牛的两拨人，一拨是四川眉山苏轼他们家，另一拨是江西人。

1

1045年，江西分宁（今修水）。黄氏家族迎来了一个男娃。尽管是家中的第二个男娃，父亲黄庶仍旧十分欣喜。

分宁黄氏是进士世家。黄庶的父辈共有同族兄弟13人，个个以学问文章出名，其中有10人考中进士，当地人说是“十龙及第”。三年前，1042年，黄庶也考中进士，延续了家族荣光。

在整个宋朝，以及明朝最初的100年，是江西文化人才辈出的两个时代。

黄庶希望这个新降生的男孩，将来能给家族和家乡争光，争到什么程度呢？他给男孩取名“庭坚”，用的是上古传说中“八元八恺”16位贤臣之一的名字。这种望子成龙的心态，大概类似于现在的父亲给孩子取名“化腾”或“一鸣”。

这个叫黄庭坚的小男孩，确实不是一般人。

有一次，他的舅舅李常到他家里来，看到书架上许多书，随手抽了几本出来提问。黄庭坚竟然对答如流，无所不通。李常当场惊呆了，逢人就说，这个小孩“一日千里，必大有为”。至于在哪方面“大有为”，舅舅没有明说。大家都凭直觉理解成，在官场上“大有为”。然而，黄庭坚 7 岁的时候，写了一首诗，又让所有人惊掉了下巴。

诗名叫《牧童》：

骑牛远远过前村，短笛横吹隔陇闻。
多少长安名利客，机关用尽不如君。

“名利”二字，有些人活到 70 岁都挣脱不了，这个小孩，7 岁就看透了。

思想早熟得可怕。

19 岁时，黄庭坚入京科举，还未放榜，朋友们就哄传他得了省元。于是大办酒席，预先祝贺。喝着喝着，放榜消息传来，说真正考上的是孙升和另外两人，并没有黄庭坚。大家一听，失望透顶，一哄而散。有的人临走前，还擦着眼泪跟黄庭坚道别：“兄弟，保重，别想不开呀！”

黄庭坚依旧喝着酒，哼着小曲，根本没往心里去。酒后，他还和孙升一起去看榜，神色跟平时没什么两样。3 年后，再考。这次没人给他预办酒席，他却静悄悄考中了。

后来，有个跟他同姓的相面先生，硬拉着黄庭坚，要给他看相，边看，边叹：“哎呀呀！这是点翰林、当中书的命呀！”看完，相面先生不跟黄庭坚要钱，却跟他求一幅字，想做个广告。黄庭坚没有拒绝，想了一下，大笔一挥：“黄生相予，官为两制，寿至八十，是所谓大葫芦种也，一笑！”

相面先生接过这一招牌，欢天喜地。人家问他，啥是“大葫芦种”，他却一脸茫然。为了显示自己无所不知，他也不好意思问黄庭坚。

黄庭坚偷偷告诉同行的朋友说：“我曾在相国寺看见一个卖大葫芦种的人，背着一个葫芦，奇大无比。他从大葫芦中取籽出售，一粒就卖数百钱，贵死个人，但人们还是竞相购买。不料，买了高价葫芦种的人，种下去后，结出来的却是廉价的瓠瓜。”

原来，黄庭坚给相面先生题写的招牌，是在暗讽其忽悠人。他才不相信自己是什么当大官的命。他压根儿就没兴趣。

2

1072 年，御史中丞孙觉的家里来了个大人物——苏轼。

孙觉事先把女婿黄庭坚的诗文，放在一个显眼的位置。苏轼一来，果然就看见了，随手抓起来，不读不知道，一读吓一跳：“我阅文无数，当今世上的人，真写不出这么超逸绝尘的文字呀。”

孙觉抓紧机会推销自己的女婿，请求说：“这个人，现在还不红，大学士可以为他扬名。”

苏轼笑着回答：“此人如美玉，不去接近别人，别人也会主动接近他。将来名声大到想逃名而不可得，又何须扬名呢？”

数年后，苏轼见到黄庭坚的舅舅李常。李常也向苏轼力荐自己外甥的作品。黄庭坚 13 岁的时候，父亲黄庶就过世了。此后，全赖舅舅抚养。舅舅相当于半个父亲。

再次读到黄庭坚的诗文，苏轼又把他狠狠夸了一遍。李常趁机跟苏轼要了联系方式，让外甥与这位大文豪互加好友。黄庭坚遂战战兢兢给自己的偶像寄去诗文，请求指点。苏轼也经常回信，赋诗作词，不在话下。两人虽未曾谋面，却彼此神交已久。

转眼到了 1079 年，苏轼身陷乌台诗案。案发之初，早先与苏轼有过诗词唱和、信件往来的人，纷纷加入揭发队伍，撇清关系。黄庭坚当时人微言轻，却要站出来维护苏轼，说了一些“苏轼忠君爱国”之类的话。

最终，苏轼被贬黄州，黄庭坚被处罚金。

1086 年，元祐元年。帝国政局发生重大变化，“新党”失势，被归为“旧党”的苏轼、黄庭坚等人纷纷回京做官。

黄庭坚用一块石砚作为见面礼，以弟子身份登门拜见了苏轼，正式成为苏轼的学生。

这一年，黄庭坚 42 岁，苏轼 50 岁。

苏轼为正式将这名老学生收入“苏门四学士”而欣喜不已，写诗说：

我今独何幸，文字厌奇玩。

又得天下才，相从百忧散。

有了这样的弟子，我是病也好了，忧愁也解了，吃嘛嘛香。

随后的三年左右，黄庭坚与苏轼及其他门人朝夕相伴，切磋诗文，鉴赏书画。这是他一生中最快乐的时光。

有一回，师门聚会。黄庭坚拿出昨晚写的草书，请苏轼点评。

苏轼看后，捋须颔首，表示满意：“你的字，用一种现象来形容最贴切不过。”

黄庭坚很期待：“老师快说，什么现象？”

苏轼口吐五字："枯树挂死蛇。"

黄庭坚瞬间整个人黑线了，不带这么幽默的。他不甘示弱，说老师的字也好有一比。

苏轼："你说，我受得了。"

黄庭坚："乱石压蛤蟆。"

在座的人，都笑得肚子疼。这俩书法大师，互相"恶心"，旁人却不敢当真，这分明就跟如今的首富们动辄说自己"一无所有""普通家庭"是一样的，好吗！

在这期间，黄庭坚的诗越写越好，世人开始将他与苏轼并称为"苏黄"。书法也是，与苏轼共同入列"宋四家"。

多年后，人在贬途的黄庭坚，听闻苏轼去世的消息，失声痛哭。他在屋里悬挂苏轼的画像，每天穿戴整齐，毕恭毕敬地向画像焚香行礼。

有人说起他与苏轼并称"苏黄"，难分伯仲，他即刻起身离席，赶紧回避说："我是东坡先生的弟子，怎敢这么没大没小？"

3

苏轼不愧是最了解黄庭坚的人。当初，读了他的诗，人都没见着，就断定此人："必轻外物而自重者，今之君子莫能用也。"

事实证明，黄庭坚正是一个看轻功名利禄，只重内心世界的人。这导致了他一生的仕途极为黯淡。他一生没做过大一点的官，基本都在县、镇一级兜兜转转。不是他能力不行，而是他官品太好，又遇上朝廷推行变法，一旦发现一些新政劳民伤财，他就坚决抵制，不执行。

他在江西泰和当知县的时候，朝廷颁布征收盐税的新政，地方官收上来的税额跟政绩直接挂钩。其他县都拼命在收税，他倒好，说“穷乡有米无食盐”，拒绝执行新政。结果，被降职到了山东德州德平镇。

当时，德州通判是赵明诚（李清照丈夫）的父亲赵挺之。赵挺之遵照上级指示，强力推行“市易法”，黄庭坚却以所在的德平镇“镇小民贫”为由，多次提出反对意见。等到赵挺之后来步步高升，仍始终记恨黄庭坚，让他吃够了苦头。

总之，黄庭坚仕途坎坷，主要原因是他坚持以民为本。他曾在官府前面刻上16个字，警示自己做官时屁股要摆正：

尔俸尔禄，民膏民脂，下民易虐，上天难欺。

别人当官都是空喊几声为国为民，自己该怎么往上爬还是怎么往上爬，你黄庭坚真的屁股都坐到老百姓那边去了，领导怎么会喜欢呢？

别人官越做越大，黄庭坚却官越做越小。

但他根本不在乎。

元祐年间，“旧党”掌权。黄庭坚好不容易有点熬出头，被授予《神宗实录》检讨官、著作佐郎等职，负责修史。他却连连上疏要求辞官，实在辞不掉，才去赴任。

《神宗实录》修好了，来不及升官，他母亲病逝了。黄庭坚赶紧返乡守孝，哀伤成疾，几乎丧命。他是有名的大孝子，后来入了“二十四孝”。

守完母丧，回到朝廷，政治风向又变了。

“新党”重新上台，开始清算“旧党”。尽管黄庭坚向来没有门户之见，在王安石变法失败后，还曾公开说王是“一世之伟人”。但政治斗争总是那么残酷无情，人在官场，被波及时往往身不由己。

“新党”审查《神宗实录》的内容，从里面挑出了1000多条他们认为有问题的记载，说黄庭坚诽谤了宋神宗1000多次。无论他们怎么威逼利诱，黄庭坚却始终不承认有诬蔑先帝之词。他的凛然正气，让整他的人都觉得无地自容。

最终，史官们认定《神宗实录》有32处表述存在问题，其中黄庭坚所写“铁龙爪治河有同儿戏”，成了首要问题，罪名是“大不敬”。所谓“铁龙爪”，是王安石变法期间，一名太监设计的一种疏浚河道工具。用它治河，劳民伤财，效果很差，所以黄庭坚才有此记述。

面对审讯，黄庭坚仍不低头认罪。他淡定地说：“这件事是我亲眼所见，确实如同儿戏。”

“新党”们被他的胆气镇住。

既然事实查不出问题，那你的态度就是最大的问题。

于是，从1094年起，黄庭坚开始了人生的最后十年，一段越贬越远的生涯。

4

贬谪的诏书颁下来的时候，左右的人都哭起来，当事人黄庭坚却跟没事人一样，倒头便睡，鼾声大作。睡醒了，竟然还面有喜色。

大家在想，这个大叔莫不是被吓傻了？于是好心提醒他说，黔州（今重庆彭水）乃是蛮荒之地，少有人烟，凡遭贬此地者，皆水土不服，不病即亡。你不仅不担心，还很高兴，你是不是傻啊？

黄庭坚回答说，四海之内，皆为兄弟，浮生若梦，来去无迹。凡有日月星辰明耀之地，无处不可寄此一生，又有何忧？

整人的人，最见不惯被整的人这副超然的心态。

过段时间，又把黄庭坚贬得更远，贬到了戎州（今四川宜宾）。

在戎州，黄庭坚给住的破地方起名“任运堂”，意思是人生好比海上的波浪，有时起有时落，管他好运歹运，该来就来吧。

他可能还是喝着小酒，写着诗词，继续他的风流洒落。

黄菊枝头生晓寒，人生莫放酒杯干。风前横笛斜吹雨，醉里簪花倒著冠。

身健在，且加餐。舞裙歌板尽清欢。黄花白发相牵挽，付与时人冷眼看。

——黄庭坚《鹧鸪天·座中有眉山隐客史应之和前韵，即席答之》

如此我歌我狂，吃吃喝喝，看破世情，整他的人真的拿他毫无办法。

1100 年，黄庭坚被短暂放还。

不到两年，蔡京拜相后，为打击政敌，命人刊刻元祐党籍碑。这时，黄庭坚早年得罪过的人，包括赵挺之等人又跳了出来，把黄庭坚的名字列入党籍碑。这次，57 岁的黄庭坚被褫夺了编制，贬往更加偏远的宜州（今广西河池）。

朋友听了流泪不已，他却笑着说了一句：“宜州者，所以宜人也。”硬生生地替那个贬谪之地，做了一个最宜居的广告。

在宜州，看到梅花开得很盛，黄庭坚写下了一生最好的词之一。

天涯也有江南信，梅破知春近。夜阑风细得香迟，不道晓来开遍、向南枝。

玉台弄粉花应妒，飘到眉心住。平生个里愿杯深，去国十年老尽、少年心。

——黄庭坚《虞美人·宜州见梅作》

人生没有几个十年，但即便在命运的颠沛流离中，他仍能把最深的感慨，献给最美好的事物。

黄庭坚上一次感慨“十年”，还是在40岁的时候。当时他在山东德平镇，好友黄几复在广东四会县，黄庭坚写了诗想寄过去。

我居北海君南海，寄雁传书谢不能。
桃李春风一杯酒，江湖夜雨十年灯。
持家但有四立壁，治病不蕲三折肱。
想得读书头已白，隔溪猿哭瘴溪藤。

——黄庭坚《寄黄几复》

黄庭坚为好友的怀才不遇，仕途沉沦而打抱不平，但他何尝对自己的人生悲剧在意过？

这首诗是我最喜欢的宋诗之一。宋人以词传世，但词的辉煌掩盖了宋诗之名。个人认为，“桃李春风一杯酒，江湖夜雨十年灯”，是宋代最牛的两句诗，14个字道尽了朋友的深情：曾经的美好，如今的别离，各自的苦难和洒脱，都在诗里了。

晚年的黄庭坚，对人对己，“皮毛剥落尽，唯有真实在”。

在宜州最后的日子，他被迫搬到一处废弃的戍楼（军事瞭望楼）

居住，冬冷夏热，隔壁就是屠宰场，市声喧嚣。但他读书作文，自得其乐，还给这个地方起了个雅致的名字——喧寂斋。

他把苦难看得淡如水，他说自己："身屈于万夫之下，而心亨于江湖之上。"

一直陪伴黄庭坚最后岁月的范寥，后来回忆说，有个大热天，太阳烤了很长时间，忽然倾盆大雨，黄庭坚兴奋得不得了，像个小孩一样，坐在椅子上，将双脚伸出去淋雨，还回头对范寥说："吾平生无此快也！"

1105 年，黄庭坚病逝于宜州，享年 61 岁。

临死前，他已有预感。一天，从潮湿的床榻上爬了起来，他要为朋友写他最喜爱的《后汉书·范滂传》。

范滂是东汉名士，为人清厉正直，但陷入党锢之祸而遭逮捕。地方官不忍抓他，想和他一起逃跑，范滂却拒绝说，如果杀了我能够结束残酷的党锢之祸，何尝不是利国利民的好事呢？

临刑前，范滂的母亲领着范滂的儿子来看他。范滂眼含热泪，对儿子说："让你以后做坏事吗？我一生没有做过。让你以后做好事吗？我做了又落得如此下场。"

范滂这么一说，围观群众都哭成一片。

写到这里，黄庭坚仿佛听到范滂的义愤与叹息，手中的毛笔霍然折断。东汉的党锢之祸，在黄庭坚的笔下，跟北宋的新旧党争又有何差异呢？

友人赶紧取来另一支毛笔，递到黄庭坚手上，让他把自己想说的话，全都写进了《范滂传》里。这幅大气豪迈、笔力雄健的《范滂传》，成为他最后的传世书法，可谓"人书俱老"。

写完没多久，黄庭坚就命绝了。

5

黄庭坚死后，这个命途多舛的帝国边缘人，却让历史深深铭记了近千年。

他的诗与苏轼并称，“苏黄”成为宋朝诗坛的双子星座。

一批年轻诗人受他的诗艺与人品感召，集结在他周围。比他小 8 岁的陈师道，在见到黄庭坚后，果断焚烧了自己以前的诗稿，诚心诚意跟他从头学习写诗。久而久之，以黄庭坚为中心，形成了中国文学史上第一个有正式名称的诗文派别——江西诗派，雄踞两宋诗坛，影响十分深远。

他的词，颇具争议。喜欢的人说他与秦观堪称北宋词坛的两座高峰，不喜欢的人则说他是词的门外汉。但不管喜不喜欢，所有人都不能否认，黄庭坚是宋词后花园中最特立独行的一个。

他“以诗为词”“以俗为雅”的革新做法，对辛弃疾、姜白石等南宋一流词人均产生过影响。

他的书法，名列“宋四家”，却也一度被理学大师朱熹批得一无是处。

随着明朝中后期陆王心学的兴起，追求个性解放成为社会风潮，当时的书法家才像发现大神一样，发现了黄庭坚的价值。沈周、文徵明等当时最牛的书法家，无一不是黄庭坚的小迷弟。这些书法家个性鲜明，他们都受到了黄庭坚无法之法、自我创造的强烈影响。

黄庭坚的书法信条——随人作计终后人，自成一家始逼真——终于让晚明以后的书法界，焕发了久违的生机。

其实，黄庭坚生得并不是时候。

他生得太晚了：

他生之时，唐诗早已辉煌完了，并有了奠定各种风格的代表人物；

他生之时，词也经过了晚唐、五代乃至宋初的发展，经过了一拨一拨典范级别词人的书写，早已成熟；

他生之时，书法从魏晋的二王，到隋唐的颜柳，每一种写法都有了无可逾越的巅峰……

但，即便如此，又有何妨？他依然凭借自己的极高天赋与耿介性情，在各个领域自成一家，始终不肯依傍他人门户。

最终开宗立派，抹平了时间的劣势，一跃而成大师的大师。

还记得他的舅舅李常，在他年少时说他“一日千里，必大有为”吗？原来，说的不是他在官场上“大有为”，而是在绵延千年的文化传承上“大有为”。

这才是，他被历史铭记最主要的原因。

在黄庭坚死后 170 年，南宋末年，有个朝臣上奏为黄庭坚请求“文节”的谥号，在奏疏中评价黄庭坚说：

> 公之文名，愈久愈著，如暾日之行天，终古不灭，非道德博闻不及此；公之气节，愈挫愈劲，如精金之在冶，百炼不磨，非能固守不及此。

这是一个无负于时代，无负于历史的中肯评价。

致敬，黄庭坚，一个大写的宋朝人！

周敦颐：那个写《爱莲说》的人

我相信，每一个受过九年义务教育的中国人，基本都能背诵一篇题为《爱莲说》的短文：

> 水陆草木之花，可爱者甚蕃。晋陶渊明独爱菊。自李唐来，世人甚爱牡丹。予独爱莲之出淤泥而不染，濯清涟而不妖，中通外直，不蔓不枝，香远益清，亭亭净植，可远观而不可亵玩焉。予谓菊，花之隐逸者也；牡丹，花之富贵者也；莲，花之君子者也。噫！菊之爱，陶后鲜有闻。莲之爱，同予者何人？牡丹之爱，宜乎众矣！

此文仅有119个字，却成为千年来的传世经典，跟刘禹锡的《陋室铭》一样，都是中国文学传播史上的奇迹。

然而，很多人能对“出淤泥而不染，濯清涟而不妖”脱口而出，但对它的作者是谁却要好好想一想。

很多人知道它的作者叫周敦颐，却不知道周敦颐除了写过《爱莲说》还干过什么。

若生在当代，周敦颐绝对属于“歌红了人没红”的那种明星。

但周敦颐不是歌星，也不是文学家，他的真实身份是一个开山宗师，他的思想至今潜移默化影响着每一个中国人。

1

周敦颐是道州营道（今湖南道县）人。他生于 1017 年，出生时并无任何祥瑞异象。在他出生的年代，北宋已立国逾半个世纪了，亟需重建一套新的思想体系，以应对新的历史时期。

宋代之前是纷繁变乱的五代十国，那个乱世被宋人描述为人心离散，价值错乱，道德崩溃。而乱世的出现，除了现实的政治、经济等因素之外，思想坍塌并失去了维持社会稳定的功能，是更为根本的原因。

宋朝立国后，几代士人都在寻找维持人心和社会平稳的思想资源。

周敦颐长大后加入了寻找的行列，并最终脱颖而出，成功构建了自己的思想体系。他的思想经过二程（程颢、程颐）和朱熹等人的发扬而成理学，成为此后近千年主导中国人精神生活的主流思想。

但周敦颐的一生并不如意。

他最早显现出来跟别人不一样之处，是在 14 岁那年。他征得父母同意，带着简单的生活必需品，以及许多书本，在一个仆人的陪同下，跑到了离家数十里外的月岩，在孤冷的岩洞中读书思考。这件事，后来被称为“月岩悟道”，是周敦颐思想升华的滥觞。

一年后，周敦颐的父亲病逝。15 岁的少年只能跟着母亲投奔在京城开封做高官的舅舅郑向。

郑向很喜欢这个聪慧的外甥，指点他攻读经史。后来，朝廷给予郑向一个恩荫子弟入仕的机会，郑向没有推荐自己的儿子，而是推荐了外甥周敦颐。

又五年后，舅舅和母亲相继病逝。

在为母亲守丧期间，20 岁出头的周敦颐已经颇有名气。比他大 28 岁的范仲淹专程到周敦颐读书的鹤林寺，跟他交流思想。少年王安石则三次慕名前往拜会周敦颐。

这些人，还有欧阳修、苏轼、曾巩等，年龄跨度相差大约半个世纪，都是北宋第一流的人物。面对时代的根本命题——如何重建一套安稳人心的思想体系，也各自作出了努力。最后却是官职最为卑微的周敦颐，最好地完成了这项使命。

2

在古代，人们评价一个官员的标准，在于他的德行和作为，而不在于官职大小。因此，周敦颐虽然官职不大，但政声很响。

他一生为官三十余载，辗转湖南、四川、江西、广东等十来个州县，留下为官的足迹。不过，跟范仲淹、欧阳修、王安石等官至宰执、有机会推行自身理念的大政治人物相比，周敦颐一生做的都是地方小官。最大的官职，也就是做到广东的提点刑狱而已。

这可能跟周敦颐不是科举出身，而是凭借恩荫入仕有关。

尽管周敦颐在每个地方做官的口碑都极佳，但他的升迁极为困难。1040 年，周敦颐服完母丧，被派往洪州分宁县（今江西修水）任主簿，做一个低级的事务官。一到分宁，年轻的周敦颐就解决了一起陈年旧案，当地人很惊讶，交口称赞："老吏不如也。"

很快，他被推荐做南安军（今江西大余）司理参军。有个人犯了罪，但法不当死，转运使王逵是个酷吏，想将此人判死。所有人都不敢跟王逵争辩，只有周敦颐不怕，依法力争。

王逵不听，周敦颐当即决定弃官而去：“这样的官有什么可做的！杀人以媚上，我干不了。”王逵这才领悟到自己的霸道，改正了作风，后来还推荐周敦颐做了郴县县令。

在南安，周敦颐有个上司叫程珦。程珦见周敦颐气貌非凡，一交谈，便知此人学问不得了，随即让自己的两个儿子拜其为师。这两兄弟便是后来的理学大儒程颢、程颐。

周敦颐每到一地，都勤勉为官，从不以官小而懈怠，而且，他为官清廉得惊人。

1054年，他任知州于洪州南昌，日夜操劳，终至大病一场，甚至“假死”过去。好友潘兴嗣赶来为他料理后事，看到他整个家“服御之物，止一敝箧，钱不满百”，清贫得让人掉泪。

好在周敦颐昏死了一日一夜后，又奇迹般地苏醒过来，不然宋代的理学要怎么发展还是个未知数，而我们也铁定读不到《爱莲说》了。

3

通常认为，《爱莲说》写于公元1063年初夏，莲花盛开之时。当时，47岁的周敦颐在虔州（今江西赣州）任通判。

《爱莲说》篇幅很短，仅有119个字，写出了莲花可爱可敬的七种品质，成为托物言志的小品名篇，传诵至今。不过，很多人并不知道，周敦颐在这篇文章中流露了他的纠结，并给出了他纠结之后的答案。

关于古代士人最经典的人生命题——“仕”与“隐”的矛盾冲突，该如何抉择？

在文章中，周敦颐以牡丹、菊花和莲花三种意象，来指代这对矛盾以及它们的中间状态。

而只有一个在现实中遭遇磨难，却又有社会责任感的人，才会如此纠结于自己的选择。

1057 年，在西南山区合州（今重庆合川）做判官的周敦颐迎来了他的长子出生，这一年他已 41 岁。

第二年，他的妻子病故了。

1059 年，后来负责为宋神宗修起居注的蒲宗孟，在合州认识了周敦颐。两人畅谈了三天三夜后，蒲宗孟惊叹："世间怎会有这般奇才？"

次年，蒲宗孟将自己的妹妹嫁给周敦颐。

1062 年，在写作《爱莲说》的前一年，周敦颐的次子出生，此时他的长子仅有 6 岁。

他一生清廉，家无余财，眼下还要抚养两个儿子。尽管他十分羡慕陶渊明那种"采菊东篱下"的隐居生活，尽管他对自己卑微的官职并无留恋之情，但他不得不接受现实，与生计问题达成妥协：

> 久厌尘坌乐静元，俸微犹乏买山钱。
> 徘徊真境不能去，且寄云房一榻眠。
>
> ——周敦颐《题酆都观》

说白了，想过陶渊明式的隐居生活，是需要资本打底的。任何时代，这都是一个极其现实的问题。在唐代，"佛系诗人"王维也曾遭遇类似的困境，他厌倦官场，却只能勉强支撑，因为弟、妹等人的生计都需要他操持。周敦颐也是如此，连他的亲友、同事都知道他有意归隐，他的妻兄蒲宗孟说他"生平襟怀飘洒，有高趣，常以仙翁隐者自许"。无奈缺乏"买山钱"——隐居山林的资本，他只得继续干着流转的小官。

对于《爱莲说》的解读，一些人认为周敦颐对以菊花代表的陶渊明及其隐逸文化采取了否定态度。其实并非如此。

周敦颐的亲友都曾在诗文中将他比作陶渊明，两人的区别在于现实的处境不同。周敦颐的生计压力决定了他只能在长期的仕宦生涯中沉浮，他只能是一朵“出淤泥而不染”的莲花，而不能是“花之隐逸者也”的菊花。在周敦颐笔下，与其说这是境界的高低之分，不如说是一种纠结的心态。

但周敦颐之所以是周敦颐，正是因为他在无奈的现实中寻找到了超脱之道。

在周敦颐笔下，菊、牡丹和莲都是观照人生的隐喻，分别暗指了隐逸之乐、富贵之乐和君子之乐。更进一步分析，还可发现，菊代表儒家所称的“内圣”，牡丹代指“外王”，而莲则是“内圣外王”的结合。这样，悲催的处境就变成了周敦颐的修炼之路，一方面做官是为了造福百姓，另一方面隐居是为了参悟哲理，它们共同塑造了一个爱莲、似莲的周敦颐。

1071 年冬天，周敦颐终于辞官，实现了归隐的夙愿。他定居在江西庐山的莲花峰下，将门前的小溪命名为家乡的“濂溪”，他的书堂就是濂溪书堂。虽然身体有病，生活亦不宽裕，但他心情愉悦。

两年后，1073 年，周敦颐病逝，终年 57 岁。

4

只有追溯周敦颐一生的经历与思想，才能深刻理解这一点：篇幅仅相当于一条微博的《爱莲说》，为什么是他最重要的传世文献之一？

事实上，作为一名极具思想原创性的开山宗师，周敦颐留下来的文字极其有限，总共不过6000多字。后世研读他的思想，基本上离不开他的《太极图说》《通书》和《爱莲说》。《爱莲说》内涵深刻，但哪怕是一个初中生，也能读懂一二，至于其他两篇文章，对不起，一般人如读天书。

然而，后世构建理学体系，都离不开周敦颐在这些文章中运用的概念，比如无极、太极、阴阳、动静、性命、善恶，等等。

毫不夸张地说，儒学的第二次生命，是由周敦颐开创的“濂学”赋予的。

唐代号称盛世，但盛世的思想是贫乏的。整个唐代，儒家没有出现大思想家。反倒是佛教和道教，尤其是佛教本土化产生的禅宗，诞生了不少哲学家，一开始影响有影响力的人，继而以“接地气”的理论，介入世俗人群。这也就是唐代至五代，儒家知识分子屡次主张灭佛的思想根源。

韩愈是一个坚定的排佛主义者（尽管他本人深受佛学影响），但他所能做的，也只是抬出传统儒家“修齐治平”的理念来对抗佛教的“出世主义”，在思想深度上难以撼动佛教的地位。

到了宋代，被誉为“宋初三先生”的孙复、石介和胡瑗，继续以儒学排斥佛教。但他们仍然沿用韩愈的批判套路，无非是骂佛教为“夷狄之法”“悖乱王道”，这种只有偏见、没有力度的论调显然无法服众。

宋代的儒家知识分子亟须构建一种更有力度的思想体系，夺回被占领的思想高地，并稳定人心和社会。

周敦颐的出现适逢其时，与他同时或比他稍后的邵雍、张载、程颢、程颐，这五人后来被称为“五星聚奎”，是儒学复兴的征兆。

周敦颐首次提出要学颜回，“志伊尹之所志，学颜子之所学”。伊尹是儒家“外王”的榜样，自唐代以来就被推崇。但周敦颐专门强调，颜回也是士人学习的榜样，是“内圣”的典范。

在儒家经典中，颜回是生活极穷、内心极乐的形象。周敦颐说，富贵，人所爱也，为什么颜回却不爱不求而乐乎穷也？无欲则静。

由于宋明理学在后世的宣传中，刻板地认为人的欲望是应当被消灭的，导致理学被“污名化”至今。实际上，周敦颐提倡的颜回式的“无欲”，并不是否定人的自然欲望，而是说，一个人一旦有更高的追求，他就能控制和去除不合理的欲望。明清之际大儒黄宗羲在阐释周敦颐这一思想时，专门指出：“学者须要识得静字分晓，不是不动是静，不妄动方是静。”

静不是不动，而是不妄动；无欲不是不要欲，而是不要妄欲。

周敦颐第一次提出，普通人也可以成为圣贤，倡导圣人平民化。在此之前，漫长的历史中，圣人的头衔仅授予尧、舜、孔子这些遥不可及的偶像，现实中的人与圣人似乎处在平行世界中。周敦颐希望打破这种区隔，在他的理论体系中，普通人通往圣人的过程，共分为三层修炼阶梯：士—贤—圣。

具体的修炼方法，他也提供了，主要就是做到一个字——诚。正如黄宗羲在《宋元学案》中说，“周子（周敦颐）之学，以诚为本”。

周敦颐把“诚”字放在最重要的位置，“君子乾乾不息于诚，然必惩忿窒欲，迁善改过而后至”。一个人通过内心的修炼，做到“惩忿窒欲”和“迁善改过”，就能达到圣人“诚”的境界。他把这个过程称作“立人极”。

他不反对符合道义的富贵，正如他不想别人跟他一样，为了“买山钱”苦苦挣扎，但他在社会上标悬更高的价值。而这种价值跟世俗的财富和地位毫无关系，你是富豪也好，你是高官也好，对不起，这些都不值得崇拜。除非你是一个超越外在身份、修炼成具有颜回一般魄力的人，才值得尊敬和推崇，才有资格进阶于贤人、圣人之列。

他也不是一个思想狭隘之人，相反，他能够构建起濂学体系，并成为“理学鼻祖”，正是源于他的开放与包容。不像前辈士人对待佛教或道教的仇视态度，他不设藩篱，兼用三教，“太极”概念主要来自道教，“莲花”意象主要来自佛教……只有这种胸襟的人，才能真正为儒学开辟出一条新路。

抛开我们对待理学的“成见”，周敦颐是把儒学拉回人间的第一人。他的最大贡献是恢复儒学中断了近千年的道统，具有革命性的意义。

宋代四大学派——濂洛关闽，他开创的濂学是居于第一位的。

5

今天，在理学被公众简单理解为“灭人欲”的“杀人之学”的时候，我之所以要重提周敦颐作为理学宗师的身份，主要是想普及一下理学的常识，至少在它诞生的时候，并不像后世所理解的那么反动和狭隘。

作为理学的创立者之一，周敦颐本人也修炼成为人格几乎完美的“圣人”。他并不以之要求他人，他用自己的理论要求自己。

他思想不保守，认同并同情王安石变法。反倒是他的两个学生，程颢和程颐，因为囿于“新旧党争”，竟然羞于承认周敦颐是他们的老师。

他影响了同时代的很多大人物，曾巩、王安石、苏轼等人，尽管立场不同，但均以周敦颐的私淑弟子自称。只是周敦颐胸怀洒落，不愿以师道自居，而只愿把他们当作朋友。

他的人品得到所有人的称赞。北宋名臣、“铁面御史”赵抃一度认为周敦颐是奸恶之人，周敦颐并不申辩，直到两人共事，周敦颐在赵抃底下做事，赵抃才知道自己太糊涂，从此引为知己。另一个名臣吕公著听闻周敦颐之名，以身家性命担保推荐他：如果周敦颐日后收赃纳贿，“甘当同罪”。

他的思想影响深远。南宋朱熹是周敦颐的铁粉，吸纳了周敦颐的学说，而成理学大儒。明代王阳明是心学集大成者，但他曾写诗说自己其实也是私淑周敦颐。

两宋之际的著名学者、湖湘学派奠基者胡宏说，周敦颐“一回万古之光明”“其功盖在孔、孟之间矣”。这一观点得到后世的认可，如今仍有许多学者提出，周敦颐是儒家继孔、孟之后的第三位圣人。

不过，周敦颐的价值真正被发掘，不是在他生前，而是在他病故整整 100 多年后。

1220 年，周敦颐死后约 150 年，朝廷追赐谥号“元”，后世称其为“元公”。

1241 年，周敦颐死后约 170 年，朝廷追封其为“汝南伯”，从祀孔庙。

至此，周敦颐作为“理学鼻祖”的地位得以确立。这就叫“青山遮不住，毕竟东流去”。直到新文化运动以后，这名儒学宗师的真正身份才被渐渐淡忘。

好在人们始终记得他的《爱莲说》。

事冗不知筋力倦，官清赢得梦魂安。

故人欲问吾何况，为道舂陵只一般。

——周敦颐《任所寄乡关故旧》

1073 年，周敦颐病逝前，他原来的上司兼好友赵抃得知他辞官归隐，便想再起用他。然而，朝廷的诏书到达时，周敦颐已经离开了人世。

尽管他一生在出仕与归隐之间纠结，但他自始至终追求的是安顿自己的生命，安顿众人的生命。他的悲情源于他的格局和抱负。

他的一生，在崇尚英雄传说的人们眼里，显得太过平淡——没有生死考验，没有大起大落。但他如此真实地存在于我们的历史之中，如此深刻地构建起我们的精神底色。

只是，我们不曾觉察。

这或许才是“圣人”的力量：我们以为将他遗忘，他却不曾离开。

张载：他的22字格言，影响千年

如果你留心或搜索一下，会发现多位领导人在不同的讲话中，都引用过同一句名言：“为天地立心，为生民立命，为往圣继绝学，为万世开太平。”

没记错的话，这短短22字名言并未进入义务教育的教材，但绝对是教材之外知名度最高的名言之一。只要在某个场合听过一次，下次保准张口就能背出来。

关于这22个字，学界有一个专称，叫“横渠四为”或“横渠四句”。它的作者叫张载，“北宋五子”之一，生于1020年。因为长期在今陕西眉县横渠镇生活和讲学，故被后世称为“横渠先生”。

可以毫不夸张地说，“横渠四句”影响中国达千年。从它诞生之日起，就被各个时代的牛人当作立身和做事的最高标准，并以一生践行之。

而且，它最有生命力的时刻，都是在历史的紧要关头：文天祥在南宋末年讲过，黄宗羲在明清易代之际讲过，马一浮在抗战时期讲过……

有学者说，“横渠四句”就是中国人的精神绝句。

千年来，如果有哪一句话自始至终激励着一代代中国人为国为民而努力奋斗，那一定是“横渠四句”。

1

张载的祖籍是开封。1020 年，因为父亲张迪在长安做官，所以出生于长安。张载的名字，取《周易》中“地势坤，君子以厚德载物”之意，彰显了父亲对他品格的一种期望。

15 岁那年，父亲在涪州（今重庆涪陵一带）知州任上病逝。身为家中长子，张载带着 5 岁的弟弟张戬，与母亲一起护送父亲的灵柩，欲归葬祖籍开封。一家人跋山涉水走到了陕西横渠镇，因盘缠用光了，又听说前方发生兵变，只好滞留此地。张载和母亲将父亲灵柩落葬于当地一个叫迷狐岭的地方。

或许是冥冥中注定，留住了眼前这名神情悲戚的少年，横渠这个本不起眼的小地方，在日后的历史中就将演变成中国版图上一个值得特别标记的原点。

在三年守孝期间，张载做主卖掉了开封的祖宅，定居横渠镇。

史载，张载“少喜谈兵”，是个热血军迷，跟着友人学习兵法，还一度想要组织民间武装去收复洮西（今甘肃临洮一带）失地。

北宋重文轻武之风举世闻名，武人没啥社会地位，但朝中一帮士大夫很热衷谈兵。谈来谈去，无非纸上谈兵，大多变成没有实战经验的空谈而已，而国家边患此起彼伏，通常只能花钱买平安。在时代风气和个人爱好的影响下，张载长大后要么变成一个武人，要么变成一个只会纸上谈兵的士大夫。所幸，21 岁那年，他遇上了一个改变他一生的人物。

1040 年，三川口之战，北宋败于西夏。52 岁的范仲淹被紧急任命为陕西经略安抚副使，兼延州（今陕西延安）知州。范仲淹无论人品还是能力都是宋代第一流的人物。

年轻的张载听说范仲淹来陕西了，立马带着他写的《边议九条》奔赴延州。

范仲淹应该与张载进行过一次深入的对谈，只是具体的情形历史并无记载。我们只知道，年长30来岁的范仲淹最后语重心长地对小张说："儒家自有名教，何事于兵？"意思是，你作为一个读书人，应该着力重振儒学，而不要想着从军博取功名。没说出来的一层意思可能是，唉，这已经过了建立军功的时代了，年轻人。

临别时，范仲淹送了张载一本《中庸》，勉励他说，要下苦功夫。张载听从了范仲淹的劝告，收拾行囊，回到横渠家中，从此潜心苦读儒家经典。

两年后，刚在庆州（今甘肃庆阳）修完新城的范仲淹，惦念张载这个年轻人，遂请他到庆州相见。张载应邀写了《庆州大顺城记》，范仲淹自掏腰包，给了张载一笔钱当作稿费。实际上，这是范仲淹对当时贫寒交加的张载的变相救济。

张载把这笔钱存起来。10年后，他弟弟张戬进京考进士，用的是这笔钱。又5年后，张载本人进京考进士，还是用这笔钱。

大约600年后，明末大儒黄宗羲在《宋元学案》中说，范仲淹"一生粹然无疵，而导横渠（张载）以入圣人之室，尤为有功"。

张载确实幸运，遇到"千古完人"范仲淹，不仅改变了自己的终生志业选择，还在经济上获得体贴的救助。而儒学也是幸运的，在11世纪遇到了范仲淹。

很多人知道11世纪中国文坛最大的伯乐是欧阳修，却不知道当时思想界最大的伯乐是范仲淹。在宋初的儒学复兴运动中，范仲淹不仅发掘并帮助了张载，还直接指导或关怀过"宋初三先生"中的胡瑗和孙复，以及理学开山宗师之一的周敦颐。这样一个善于发现人才、爱护人才的坦荡君子，举世罕见，难怪黄宗羲说范仲淹一生没有一点儿瑕疵。

2

在同时代的人看来，张载并不是天才。在 11 世纪璀璨的星空中，张载最终能够成为照亮千年的那颗星，有一大半的功劳源于他的勤学苦读——正如范仲淹当年叮嘱他要下苦功夫一样。

张载曾自撰一副对联，“夜眠人静后，早起鸟啼先”。贴在书房两侧，时刻激励自己。他是苦读熬出来的一代宗师，因为苦读，还曾遭到二程的嘲笑。

张载比理学二程——程颢、程颐兄弟，年长十二三岁，是他们的表叔。但即便是晚辈，二程依旧批评张载有“苦心极力”之象，读书太用力了，堪称艰苦卓绝，跟其他理学家那种优游的读书方式不一样。

1057 年，嘉祐二年，张载参加科举。考中了，登上了传说中的“千年科举龙虎榜”。那一榜中进士的人，除了张载，还有苏轼兄弟、曾巩兄弟、章惇、程颢等，一个个如雷贯耳，人中龙凤。那一年，张载已经 38 岁，在上榜的牛人中属于超大龄考生，仅比经历更苦的曾巩小一岁。

但苦读出身的张载，总算熬出头了。考完后，在宰相文彦博的支持下，张载在开封相国寺坐虎皮椅子，开坛讲易经，名动京城。

也就是在这个时期，他第一次见到了他的两个表侄——程颢、程颐兄弟。经过一番秉烛夜谈，第二天，张载对他的听众说：“易学之道，吾不如二程。汝辈可师之。”此言一出，二程声名大振。张载虚怀若谷，由此可见一斑。

1068年，登基不久的年轻皇帝宋神宗召见王安石，询问治国之道。王安石直接说，唐太宗这种级别的帝王就不要学了，咱要干就直接对标尧舜，“每事当以尧舜为法”。

第二年，1069年，御史中丞吕公著向宋神宗推荐了张载，推荐理由是张载“学有本原”，“四方之学者皆宗之”。也就是说，在张载50岁这一年，他已在帝国思想界奠定了自己举足轻重的地位。根据程颐的说法，张载“所居之乡，学者不远千里而至，愿一识其面，一闻其言，以为楷模”。从接受范仲淹的劝告算起，至此时，历经整整30年的苦读，张载终于开山立派。他创立的门派，后来被称为“关学”，与周敦颐的濂学、二程的洛学、朱熹的闽学，一起并称为“濂洛关闽”，是宋代理学四大主流之一。

宋神宗听说国家还有这号人物，赶紧召见。像问王安石一样，皇帝也问了张载治国之道。

没想到，张载的答案跟王安石的答案差不多，都要皇帝直接对标最高标准开始干。张载的原话是：“为政不法三代者，终苟道也。”皇帝听完，像打了鸡血一样，很兴奋。这说明当时国家最聪明的脑袋，想法都是一致的。

一年后，1070年，宋神宗任王安石为同中书门下平章事，位同宰相，开始了大规模的变法运动。

新法推行后，王安石邀请张载加入协助，但最终两人却未能走到一起。根据张载弟子吕大临的记述，王安石主动向张载发出邀请，张载答复说：“朝廷将大有为，天下之士愿与下风。若与人为善，则孰敢不尽。如教玉人追琢，则人亦故有不能。”

啥意思？变法我是支持的，但你要与人为善，大家商量着来就没问题；如果强迫我完全按照你的想法干，那可不行。

可见，张载委婉地拒绝了王安石。

从与宋神宗的问答来看，张载也属于变法派，但他为什么要拒绝加入王安石的队伍呢？一个主要原因是，张载认为王安石的措施太急了，过于激进，这违背了他本人作为一个温和变法派的初衷。

最终两人“语多不合”，王安石“默然”“不悦”。

没多久，张载突然被派去浙东审理一起贪污案。针对这次人事安排，当时就有人提出异议，张载向来以道德学问见长，为何要安排他去处理案件呢？王安石引经据典回答说，张载这么厉害的人，让他去断案就跟囊中探物一般，有何不可？言外之意却对张载含有讥讽和轻蔑。

等到张载办完案子回朝廷，新旧两党已经因为变法措施撕破了脸皮，旧党代表人物都被贬出了京城，其中就包括张载的弟弟张戬。

看到此种局面，张载辞官，返回横渠讲学。

从某种意义上说，张载和王安石都是范仲淹的“学生”，他们分别是范仲淹一部分“遗产”的优秀继承人。具体来说，王安石继承了范仲淹变法革新的部分，熙宁变法本质上是范仲淹主导的庆历新政的延续和深化；而张载更多的是继承了范仲淹复兴儒学的部分，思想的继承远远超过政治的继承。

这跟张载和王安石二人的身份地位也有关系。王安石在大宋政坛摸爬滚打多年，一度是整个国家的二号人物，是一个握有实权的激进变法派，可以根据自己的意愿实践他的改革主张。而张载虽然在学术上名气很大，两次获得皇帝召见，也做过一些地方的官员，但从未进入过国家的权力核心，属于没有权力的温和变法派。

王安石在变法的艰难推行与内讧中，最后罢相归隐南京钟山，绝口不谈国事，一心研究佛学。张载呢，尽管没有权力和舞台，仍然孜孜于自己的变法理念。用他自己的话来说，叫作“纵不能行之天下，犹可验之一乡”。

辞官回到横渠后，他和学生买地数百亩，依照《周礼》的记载，划成井田，中间留一块公田，四周八块私田分给无地农民耕种。他还组织当地民众兴修水利，使近千亩田地得到灌溉。这些效仿三代、带有乌托邦色彩的改革试验，基本都没有取得成果，不过，张载的较真儿和实干精神还是值得敬佩。

3

看一个人的执着和毅力，不应看他顺风顺水的时候，而要看他饱受挫折之后的表现。

张载在仕途上并不如意，这跟他的理想追求有所出入——他不是那种只躲在书斋讲学传道之人，他的终极追求是他苦读、冥想、彻悟得来的东西，要有利于百姓。在他眼里，“利于民则可谓利，利于身利于国皆非利也”，对百姓有好处，这才是意义所在，对自己有好处，甚至对国家有好处，都意义不大。

但他一生得不到更大的机会去实践和推行他的理念。只能在自己当官或者讲学的地方，一点一滴去做。他没有抱怨，没有放弃，在重建社会秩序上做了一些有益的探索。他的一些弟子正是得到他毕生力行的真传，陆续开始做乡规民约的工作，可以说是中国最早一批注重基层社会治理的士大夫。

张载的思想很深邃，但落脚点很细微，格局高远，又很接地气。

听到他这些乡村治理的事迹，你可能很难想象，他的主要成就是在探索宇宙本体的基础上形成的，并被誉为北宋诸儒中“对儒学真能登堂入室并能发展出一个新系统”（韦政通语）的大师。

我在关于周敦颐的文章中，提到过“北宋五子”（邵雍、周敦颐、张载、程颢、程颐）以及整个北宋社会面临的思想困境。那就是佛教和道教分别构建了一套解释世界和万物的系统，在中华文化圈内的影响力越来越大，而儒家在意识形态和哲学层面，则是遭到了巨大打击。所以当时的士大夫都有一种普遍的焦虑，用他们的说法叫“道丧千年不得传”，至晚在西汉以后，儒家的理论发展就停滞了，大量的学者在对儒家经典做训诂解释的工作，在思想上不断重复孔孟之说。好不容易到8世纪出了一个韩愈，在思想上“反佛”，结果，由于儒家思想资源有限，在辩论深度上连他的学生都坦言难以为老师护短。

“北宋五子”的使命，就是再造儒学。说得直白点，就是在儒家指导国家和个人日常生活的实用功能之外，赋予它更高的格局。

在这个大背景下，“北宋五子”，还有后来的朱熹、陆九渊等人，都在努力构建自己的儒家理论体系，不仅用于解释社会，还用于解释宇宙。他们的儒家理论体系，被统称为理学。

按照宇宙本源的不同解释，他们之间又有了气、理、心的哲学分野。

我们知道，二程和朱熹主张“理生万物”，这一派后来被官方接纳而成为正统，形成狭义的理学，影响到了近代，才被口诛笔伐；陆九渊和明代的王阳明主张“心即理也”，这一派形成心学，同样拥有一大批粉丝，直到现在依然很受推崇。

而张载，则是“气”的理论创始人。他以“太虚一气”为最高范畴，把万物的本原看作客观存在的物质实体——气。用现在的话说，张载就是一个坚定的唯物主义者。他的思想体系很严整，理学、心学的重要命题，在他那里已经都显现端倪。尤其是他阐发的“民胞物与”和“横渠四句”，达到了宋代理学最高峰的境界，受到宋明诸儒的集体膜拜。

但可惜的是，思想门派类似于武林江湖，有两点对于门派的发扬光大至为重要：一是开宗立派得生逢其时，还得能熬，要活得够久，不然打下半边天，最终全为他人做了嫁衣裳；二是门派要有源源不断的新人加入，显得师门热闹，声势壮大，万一门人中再出一个大牛人，这就更稳了。

所以说，张载跟周敦颐一样，都吃亏在生得早，走得早。他们开创的关学和濂学，为宋代理学作出了筚路蓝缕的贡献，然而，两人都只活了五十七八岁，还没等到理学的黄金时代到来就走了。相较而言，二程就好命了，他们出生晚一些，尤其是程颐活到了 75 岁，从 11 世纪熬到了 12 世纪，洛学在他手上就发扬光大了。

而因为张载走得早，他的一些弟子比如吕大临，在老师逝世后转投到了二程门下。此消彼长，门派的影响力差距，无形中又拉大了。

以至于后来出现什么情况？二程洛学声势浩大，程门弟子养成一个坏毛病，喜欢贬低其他门派，来神化洛学的正统地位。他们甚至要“吞并”其他门派，公开宣称张载之学源于二程，张载这个表叔都是跟他两个表侄学的。搞得一生自负的程颐都不好意思，要出来说一句：“表叔平生议论，谓颐兄弟有同处则可，若谓学于颐兄弟则无是事。”徒儿们，别过火了，都散了吧。

而实际上，二程师门倒是经常从张载这里汲取营养。

张载写有一篇奇文，叫《西铭》，全文仅 253 字，却被视为千古名篇。在《西铭》中，张载把整个世界看作一个大家庭，“乾称父，坤称母”，社会中的所有成员，都是这个大家庭的一分子。以前说

“君父君父”，以皇帝为父，张载在文中却说，皇帝只是这个大家庭的长子，即所有人无论贤愚、不管地位高低，在人格上都是平等的。著名的“民胞物与”的思想，也出自这篇文章。

明朝人说：读《西铭》，有天下为一家，中国为一人之气象。

有学者分析，张载此文将家庭关系推广到整个世界，意味着赋予世界以普遍的伦理之序。这一观念为后来的理学家所反复确认，从二程到王阳明，都一再肯定“仁者与天地万物为一体”，这种一体，便可以视为“民胞物与”说的引申。

二程兄弟很喜欢张载的《西铭》，认为此文所说“扩前圣所未发”。他们把此文列为洛学的基本教材，要求每个弟子必须研读。

由于关学本身的传承没有洛学强盛，张载的很多思想借助其他门派得以流传。这也是一个有意思的现象。直到 20 世纪初，近代革命先驱在发展新人、培养志士时，还会将《西铭》当作训词。

从这一意义上说，张载的影响力已经超越了门派，超越了时代。

4

张载写过一首咏芭蕉的诗。28 个字用了 7 个“新”字，很好玩，又饱含哲思：

> 芭蕉心尽展新枝，新卷新心暗已随。
> 愿学新心养新德，旋随新叶起新知。

有人说，这是张载对改革变法的支持。也有人说，这是张载对创新的执念。他确实从未停止对新知的追寻。即便在他成名之后，仍“终日危坐一室，左右简编，俯读仰思。冥心妙契，虽中夜必取烛疾书”。

张载教导学生说：“夜间自不合睡，只为无可应接，他人皆睡了，己不得不睡。”当然，他夜里不睡，或说不想睡，不是想起来嗨，而是要下苦功夫读书悟道。朱熹很佩服张载终生用苦功，说他这是“勇”，没有勇气打底，谁也下不了这么大的苦功。

他讲了很多道理，但从不用于苛求他人，而是用来要求自己。面对问题，总是反躬自问，从不指责别人。包括他最为著名的“横渠四句”，也是用于自律，不是用于他律。

尽管我们在无数的场合听过“横渠四句”，但要知道，它随时指向的是我们自己的内心。

马一浮说，张载为什么说“为万世开太平”，不说“为万世致太平”？很简单，“致”是实现的意思，“开”则是一种期待，张载“有德而无位”，他根本无法像范仲淹、王安石那样有机会去“致太平”，所以只能说“开太平”，垂法于后世，以待圣贤致太平。

但从张载的“无力”，不正说明他讲的道理，都是对自己的约束和要求吗？

根据他的学生回忆，张载是听到灾荒、百姓没饭吃，就自己也吃不下饭的那种人。他无能为力的时候，只好要求自己“感同身受”。

张载一生过着清贫的生活，但财富的有无和多少，从未影响他修炼成为一个颜回式的大儒。

在公道大义面前，他从不畏惧。而对于自己，则了无所求。他愿意为理想献身，但当理想不能实现时，他也绝不苟且，辞官，回乡下，讲学，种地……富贵于他如浮云。

无论读历史，还是在现实生活中，我们经常碰到用道德大棒指挥别人的人。千万记住了，一个人一旦要求别人高尚，他自己已不高尚了。你要拿着“横渠四句”去要求他人，张载听到了也会不高兴，真的。

1077年，张载获推荐再次回京任礼部副职。因为不能按照他的理想来，很快，他再次辞官。

同年冬天，在返回横渠的路上，行至临潼，58岁的张载安然辞世。

他去世时，身边仅有一个外甥。在长安的学生闻讯后赶来，筹资将老师的灵柩送回横渠安葬。

大雪纷飞，圣人无声离去。

但千百年来，他的理学思想，他的“横渠四句”，成为一代代中国人的座右铭，象征着最高的理想境界和精神坐标：

张载死后大约180年，一个江西人在殿试时，一字一画写下了“为天地立心，为生民立命，为往圣继绝学，为万世开太平”，他成为那一年的状元，最后也成为一个朝代最后的脊梁；

又大约400年后，一个浙江人在书中击赏张载，击赏“横渠四句”，他最终活成了榜样的模样，少年刺奸，中年抗清，晚年鸿儒，抨击君主专制，成为千年一遇的大思想家；

又大约280年后，一个现代思想家在抗战烽火中，向大学生们普及了“横渠四句”，寄希望于抗战的胜利，国族的复兴……

或许，张载并未真的离去。

本章参考文献

[宋]周敦颐:《周敦颐集》，陈克明点校，北京：中华书局，2009年

[宋]张载:《张载集》，章锡琛点校，北京：中华书局，2012年

[宋]柳永:《乐章集校注》(增订本)，薛瑞生校注，北京：中华书局，2012年

[宋]苏洵:《嘉祐集笺注》，曾枣庄等笺注，上海：上海古籍出版社，1993年

[宋]苏轼:《苏轼文集》，孔凡礼校注，北京：中华书局，2004年

[宋]曾巩:《曾巩集》，陈杏珍等点校，北京：中华书局，1984年

[宋]黄庭坚:《山谷诗集注》，上海：上海古籍出版社，2003年

[宋]黄庭坚:《山谷词校注》，上海：上海古籍出版社，2011年

[宋]李焘:《续资治通鉴长编》，北京：中华书局，2004年

[元]脱脱:《宋史》，北京：中华书局，1985年

[明]茅坤编:《唐宋八大家文钞》，上海：上海古籍出版社，1993年

[清]黄宗羲:《宋元学案》，北京：中华书局，1986年

李震编:《曾巩资料汇编》，北京：中华书局，2009年

李震:《曾巩年谱》，苏州：苏州大学出版社，1997年

王琦珍:《曾巩评传》，南昌：江西高校出版社，1990年

江西省文学艺术研究所编:《曾巩研究论文集》，南昌：江西人民出版社，1986年

黄宝华:《黄庭坚评传》，南京：南京大学出版社，1998年

莫砺锋:《江西诗派研究》，济南：齐鲁书社，1986年

王水照、朱刚:《苏轼评传》，南京：南京大学出版社，2004年

薛瑞生：《柳永别传》，西安：三秦出版社，2008 年
叶嘉莹：《唐宋词名家论稿》，石家庄：河北教育出版社，1997 年
张岱年：《中国哲学大纲》，北京：中国社会科学出版社，2004 年
梁绍辉：《周敦颐评传》，南京：南京大学出版社，2011 年
龚杰：《张载评传》，南京：南京大学出版社，1996 年
李希运：《三苏与北宋进士科举改革》，《山东大学学报》（哲学社会科学版）1999 年第 2 期
潘殊闲：《论“三苏”产生的政治文化生态》，《西华大学学报》（哲学社会科学版）2010 年第 6 期
陈岳芬：《北宋时期柳永词的传播与接受》，《暨南学报》（哲学社会科学版）2006 年第 3 期
过常宝：《柳永的文化角色与生存悲剧》，《东方丛刊》1998 年第 3 辑
陈燕妮：《中国 11 世纪城市书写中的“印象派”：柳永城市词与城市精神》，《华中师范大学学报》（人文社会科学版）2019 年第 1 期
卢有才：《张载与王安石：熙宁变法中的温和派与激进派》，《南昌大学学报》（人文社会科学版）2015 年第 3 期
林乐昌：《张载的学术历程及其关学思想》，《地方文化研究》2015 年第 1 期
任俊华、彭丽瑶：《〈爱莲说〉——周敦颐欲隐未能的苦吟》，《湖湘论坛》1993 年第 6 期

北宋篇

第四章

党争黑洞

欧阳修：一代精神领袖，被乱伦传闻击垮

在历史与现实中，打击对手最好用也最阴险的一个手段，就是制造并传播绯闻。

1

1067 年，61 岁的欧阳修，遭遇了一生中最大的绯闻。

御史蒋之奇上疏，揭发欧阳修与儿媳吴氏有染。蒋之奇的用词是“帷薄不修”。古代称帐幔为帷，竹帘为薄，以帷薄分隔内外，由此引申，将家庭男女乱伦委婉地称为“帷薄不修”。但这文绉绉的四个字就像一颗重磅炸弹，在北宋政坛炸开了，一时中外骇然。

当时，宋神宗刚继位，对这件朝廷上议论纷纷的乱伦案迟迟没有表态。毕竟涉及闺门隐私，朝中也没有人出来替欧阳修申辩。大家都在观望。

欧阳修身居高位，时任参知政事。面对意欲让自己身败名裂的举报，他一刻都不能忍，连续给宋神宗上了几道奏折，请求皇帝一定要彻查清楚。他的奏折，言辞悲愤，痛彻肺腑。随手摘几个句子，供读者意会：

“（蒋）之奇所诬臣者，乃是非人所为之大恶，人神共怒，必杀无

赦之罪。传闻中外，骇听四方”——我被诬告的这个罪名，它不是人干的事啊，人神共愤啊；

“横被小人诬以禽兽不为之恶”——人在家中坐，祸从天上来，竟然被人诬告禽兽不为之事；

“若实有之，则必明著事迹，暴扬其恶，显戮都市，以快天下之怒。若其虚妄，使的然明白，亦必明著其事，彰示四方，以释天下之疑”——这事一定要查清楚啊，坐实了，请公开处决我。如不实，请即刻恢复我的名誉；

“臣必不能枉受大恶之名，当举族碎首，叫天号冤，仰诉于阙廷，必不能含胡而自止”——我不能忍受这样的大恶之名，整个家族一定死谏到底，请求朝廷彻查此事，绝对不能含混了事；

“至如臣者，若实有之，则当万死。若实无之，合穷究本末，辨理明白，亦不容苟生”——一定要查个水落石出，我不怕死，就怕背着污名苟且偷生；

……

看到欧阳修这些撕心裂肺、泣血哀告的文字，你就知道，一个以名节为立身之本的士大夫，面对人神共愤的乱伦传闻，他的内心基本已经崩溃了。这种事情，不论真假，一经传播，被举报人的名节已经遭受到了不可逆的严重侮辱。

看来，举报者不仅要终结欧阳修的政治生命，更要剥夺他作为那个时代精神领袖的地位啊。

2

这起绯闻，不仅对欧阳修，对整个北宋的影响都很大。

我们知道，范仲淹是宋初士大夫的一个精神榜样。欧阳修比范仲淹大概小 18 岁，起初跟着范仲淹搞庆历新政，很认同范仲淹的为人，由于范仲淹在 1052 年去世，慢慢地，欧阳修逐渐成长为新的精神领袖。

欧阳修通过提拔、举荐人才，成为宋代最知名的伯乐，经过他的荐才，影响了仁宗朝以后整个北宋的政治、文化格局。比如：司马光、吕公著后来是旧党领袖，都官居宰辅；王安石、吕惠卿是新党领袖，是宋神宗朝新法的两任主导者；苏洵、苏轼、苏辙父子三人，也是政坛、文坛举足轻重的角色……这些人尽管政见不一，甚至对立，后来围绕变法还掐得死去活来，但他们有一个共同的身份标签：都是欧阳修举荐过的人。

欧阳修以宽大的容人之量，对公不对私，对事不对人，抱着为国家选拔一流人才的初衷，举荐过很多跟他本人不对付的人才。这是他的过人之处，他也因此赢得士大夫群体的认可。

苏轼说："欧阳子，今之韩愈也。"这句话没有吹捧的成分，欧阳修在世时，确实被当成了"当代韩愈"和"一代宗师"。欧阳修在 1060 年官拜枢密副使，次年又任参知政事，后又相继任刑部尚书、兵部尚书等职。官居高位的一个主要原因，正是他作为"当代韩愈"的崇高声望。

史书记载，宰相韩琦曾多次向宋仁宗推荐欧阳修，但宋仁宗都不用。直到有一次，韩琦这样对宋仁宗说："韩愈，唐之名士，天下望以为相，而竟不用。使愈为之，未必有补于唐，而谈者至今以为谤。欧阳修，今之韩愈也，而陛下不用，臣恐后人如唐，谤必及国，不特臣辈而已，陛下何惜不一试之以晓天下后世也？"意思是，韩愈在世时声望很高，但唐朝不用他为相，导致皇帝被骂到现在；欧阳修是

“当代韩愈”，如果不用他，我怕陛下也会被当代和后世责骂啊。

宋仁宗向来爱惜名声，听完心头一惊，当场就点头，起用欧阳修为参知政事。

苏辙在给恩师欧阳修的贺词中说，古人才位难并，建立一流事功者如陈平、裴度，“不文”，能写一流文章者如韩愈、贾谊，则“不遇”，只有欧公名位双全，“位在枢府，才为文师，兼古人之所未全，尽天力之所难致。文人之美，夫复何加”。

欧阳修凭借崇高的声望，抵达当时政坛、文章、道德各个领域的顶点，古今罕见。

但是，当一个人成为英雄，成为偶像的时候，一定会有很多人在酝酿着负面信息，大家都想看到英雄和偶像的倒掉。

3

污名化英雄和偶像的手法很多，本人有瑕疵的、不完美的，就整他本人；本人完美、无瑕疵的，就整他的亲属。这些手段，我们天天见得到，不陌生。

欧阳修本人，在当时人看来，就有一些瑕疵。

他为人富于正义激情，说话特别直，很容易得罪人。1036 年，在他 30 岁的时候，因为范仲淹上疏针砭时政被宰相吕夷简贬出朝廷，欧阳修挺身而出，斥责谏官高若讷在这种时候不仅不仗义执言，竟然还私下诋毁范仲淹，简直不知“人间有羞耻事”。结果，欧阳修自己也被贬到偏远的夷陵（今湖北宜昌）去了。

后来，欧阳修自己做了朝廷谏官，用现在的话说，叫“动真碰硬”，参倒了 70 多个官员，也树立了无数敌人。

敌人一多，每天就有一堆人拿着放大镜在他身上找虱子做文章。

偏偏欧阳修个性风流放逸，特别是年轻时，狎妓，写艳词，人生丰富多彩。虽然亲近歌妓、宴饮游乐、不拘小节、写写艳词，这些在宋代都是一时风气，算不上多大的黑料。但是，得看什么人做，人家柳永做这些事，大家都觉得太正常了，可你欧阳修是士大夫的精神偶像，当代韩愈啊，大家都希望你谨言慎行，做一个板着脸的正人君子啊，你怎么能够内心住着一个柳永呢？

当时有很多人在这一方面就看不惯欧阳修，说他修身的功夫没做好。而他曾经的风流，就成了对手从私生活上攻击他的一个入口。

在 61 岁被御史蒋之奇举报与儿媳乱伦之前，欧阳修就已经遭遇过一次乱伦传闻。

1045 年，欧阳修 39 岁。那年，他参与的庆历新政宣告失败，范仲淹等人被贬，欧阳修上疏为范仲淹辩解，遭到忌恨。恰在此时，发生了“张甥案”，反对者攻击和搞臭欧阳修的机会来了。

欧阳修的妹妹嫁给一个叫张龟正的人。张龟正的前妻生有一女，张龟正死后，这个女儿才 7 岁，就跟着继母，即欧阳修的妹妹，投奔了欧阳修。这个外甥女（张甥）长大后，嫁给了欧阳修的堂侄，后来跟堂侄家的仆人私通。奸情暴露后，案件在开封府审理。

在审理过程中，不排除受人指使，张甥突然说，自己未嫁时曾和欧阳修有私情。

据宋人王铚《默记》记载，“张（甥）惧罪，且图自解免，其语皆引公（欧阳修）未嫁时事，语多丑异”。也就是说，当时张甥想减轻自己的罪行，在公堂上说欧阳修的一些见不得人的坏话。“丑异”，是乱伦的一种委婉表述。

欧阳修的反对者得到张甥的供词，就跟捡到宝一样。欧阳修遂被传讯到开封府，上堂接受审理。因为张甥的供词无法验证，审了数月，都没有结果。

对手们不愿作罢，举出欧阳修诗词中的句子，“人为丝轻那忍折，莺嫌枝嫩不胜吟”，你们听听，这么暧昧的句子，不就是写给小外甥女的吗？这不就是证据吗？

最终，被派去负责监察此案的宦官王昭明，不认同朝廷中某些人如此给欧阳修罗织罪名。朝廷中人只好不提乱伦，重新弄了个罪名，把欧阳修贬到了滁州。

著名的《醉翁亭记》，就是欧阳修被贬为滁州知州期间写的。别看他在文章中写太守之乐无穷什么的，其实心里苦得很。他给宋仁宗上表说，我知道自己得罪了太多权贵，这些权贵不把我贬黜出朝廷是不会停止攻击的，但是，万万没想到，他们攻击我的借口竟然如此不堪啊！

这起乱伦传闻，虽然平息了，但对欧阳修造成的伤害已经不可逆。

谁知道 22 年后，他又被一起更耸人听闻的乱伦绯闻缠身了。

4

要扳倒一个人，最好是拿道德说事；拿道德说事，最好就用绯闻；在绯闻里头，乱伦传闻最惊悚，最难证实，也最难证伪。哪怕子虚乌有，被指控者已声名败坏。这就是宋朝人的斗争哲学。

针对欧阳修与儿媳乱伦的指控，背景同样是源于政治斗争。

宋仁宗无子，死后以其兄濮王之子赵曙继承皇位，是为宋英宗。宋英宗即位一年后，1062 年，发生了宋朝版的“大礼议”事件，历史上称之为“濮议”事件。简单来说，就跟后来的明朝嘉靖皇帝一样，宋英宗想尊称自己的生父为“皇考”（父亲），而朝臣只允许他称自己的生父为“皇伯”（伯父）。

我们试着理解一下，现在看来无关紧要、爱叫啥叫啥的一个称呼，在古代则关涉到皇权的延续和礼法的维系，是被他们看得比天还大的事情。所以宋朝和后来的明朝，才会为了一个称呼发生长达数年的朝臣分派与互殴。

在濮议之争中，以韩琦、欧阳修为主的政府系统（中书派），和以司马光、范纯仁、吕公著为首的言官系统（台谏派），意见对立，争执日趋白热化。政府系统支持宋英宗称生父为皇考，言官系统坚决反对，认为只能称皇伯，这是人情与礼制之争。背后还夹杂着皇帝（宋英宗）和太后（曹太后）的权力之争。

水很深。

话头最早是由宰相韩琦挑起来的，但文书、奏折等基本是由欧阳修操刀。欧阳修从人情角度，论证宋英宗应当封生父为皇考，在整个濮议事件中，他前前后后写了十几万字，都在谈这个事情，显示了一代文宗的笔头有多硬。但是，古代人在这种事情上，普遍认同礼法，而不认同人情，所以欧阳修这一派其实是少数派，坚持到后来几乎与整个士大夫阶层为敌了。

欧阳修于是成了言官们的靶子，弹劾他的奏折不断递到宋英宗面前。他们上疏说“豺狼当道，击逐宜先，奸邪在朝，弹劾敢后”，意思是要皇帝严惩整个事件的“首恶之人”欧阳修。至此，濮议之争演变为欧阳修以一己之力挑战天下士人，这意味着他已经成为天下之人必欲除之而后快的公敌。

最后，宋英宗问宰相们该如何结束纷争，宰相韩琦委婉地表白，我们是忠是邪，陛下心知肚明。欧阳修则直接说，如果陛下认为我们有罪，那就留下御史们；如果认为我们无罪，那就听陛下处置。

宋英宗犹豫了许久，在曹太后转变态度后，终于下令贬黜言官，最后还补充了一句，劝宰相们下处分不要太重。

濮议之争表面上以欧阳修这一派的胜利而告终，但实际上，在士人权力巅峰的宋朝，欧阳修既然站到了士人群体的对立面，他的个人悲剧也就注定了。

事件刚一结束，欧阳修就前前后后上了11道奏折，请求自贬外放。宋英宗还没同意就突然辞世，宋神宗登基，这下，欧阳修更加难以安全退出了。

反对派的机会来了。

欧阳修的妻弟薛宗孺此前因为私事对欧阳修怀恨在心，此时开始造谣说欧阳修与儿媳吴氏有染。御史中丞彭思永听说此事后，觉得可以利用，就告诉了御史蒋之奇。

蒋之奇因为在濮议之争中附和欧阳修之论，被反对者视为“奸邪”，这时他为了“自解”，为了被士人群体接纳，必须与欧阳修划清界限，于是上疏揭发欧阳修的乱伦传闻。一场攻击欧阳修犯下“禽兽不为之丑行，天地不容之大恶”的风暴就此展开。

被绯闻攻击得精神崩溃的欧阳修，一连给宋神宗上了好几道奏折，请求皇帝彻查。宋神宗最终批示要查，蒋之奇随后供出彭思永，彭思永却死活不供出他从谁那里听来的传闻，只是说“帷薄之私，非外人所知，但其（欧阳修）首建濮议，违典礼以犯众怒，不宜更在政府”。原来只是想利用传闻，驱逐和击垮在濮议之争中激起众怒的欧阳修而已。

这起乱伦传闻虽然以彭思永丢了官，蒋之奇被贬谪，宋神宗“敕榜朝堂”，替欧阳修辨明了诬枉而落幕，但61岁的欧阳修，在20余年间两次被诬以乱伦案，此时已经身心俱疲，苦不堪言。

当政治斗争变成谣言攻击的时候，受伤最深的，永远是正直之人。因为，越是正直的人，越是在乎自己的名节。

在莫须有的传闻攻击下，欧阳修实际上彻底败了下来。

5

宋代文化盛极一时，但士大夫之间结党互掐之风，也盛极一时。一方想在道德上占据最高点，就要把另一方踩在脚下，在他们看来，最致命的一招就是揭发对方的混乱私生活。乱伦传闻因此成为当时人的一把匕首，时不时就掏出来捅两下。

欧阳修不是唯一的受害者。同样的命运也曾落到苏东坡和王安石的头上。所谓“爬灰”的由来，就是源于那个时候变法阵营中的人对反对变法的苏东坡的诬告，以及反对变法阵营中的人对主持变法的王安石的诬告。虽然没有形成案件，但还是让苏东坡和王安石狼狈不堪。

对立的双方，在同一事件中，用同一个诬告模板去攻击对方。可见，宋朝政治斗争的下限，在一定程度上反映了人性的恶是多么没底线。

到了南宋，理学大师朱熹也饱受诽谤纠缠。你不是口口声声“存天理，灭人欲”吗，那就在人欲上做文章弹劾你。于是，关于朱熹纳尼姑为妾、与守寡的儿媳乱伦等传闻就被持续制造出来。目的正是要摧毁他的正人君子形象。

总体来看，欧阳修是所有这些乱伦传闻中，受伤害最深的一个。其他人都不像他这样，20 余年间被传两次乱伦，每次都闹得举朝皆知。

尽管我们知道，不管是欧阳修，还是朱熹，抑或苏东坡和王安石，他们都不是事实上名节有亏的人，但从这些传闻野说现在还时不时在民间流传，需要有人不断地出来辟谣，就可知他们生前被黑得有多惨了。这些刺激眼球的传闻，就跟用了区块链技术一样，一旦被记载，再也抹不掉了。

在乱伦传闻暂时平息后，欧阳修连章累牍地乞求退休，终于在1071年65岁之时获准退休。

宋朝的制度，官员是70岁退休。欧阳修身在高位，却毫不恋栈，一再乞求提前退休，门生问他，这是为什么呢？欧阳修说："唯有早退以全晚节。"

一年后，1072年，欧阳修在颍州（今安徽阜阳）病逝，享年66岁。在最后的岁月里，他很喜欢逛颍州西湖，病逝前不久还写了一阕词，描绘西湖的暮春景象：

群芳过后西湖好，狼籍残红。飞絮濛濛。垂柳阑干尽日风。

笙歌散尽游人去，始觉春空。垂下帘栊。双燕归来细雨中。

这名被诽谤击垮的大宋文宗，再也不喜欢热闹，只喜欢群芳过后、人散春空的独处。也许，他至死都没能从恶毒的人身攻击中走出来。

王安石：孤独的改革家，被妖魔化了

王安石实施新法两年后，熙宁四年（1071）五月，发生了一起群众大闹京城的事件。

史载，东明县（今河南兰考）上千名农民进京，先上开封府衙门告状，之后又去了中央监察机构御史台，还有一些愤怒的民众闯进了王安石的住宅闹事，这下子让京城官员们都很慌。

御史中丞杨绘查明情况后得知，这些农民之所以如此激愤，是在推行新法时遭受了不公正待遇，可地方官员不予受理，只好进城找宰相当面理论，一哭二闹三上吊。这一次冲突确实是新法惹的祸，问题就出在王安石的得意之作——免役法。

免役法，顾名思义就是免除官府派给老百姓的劳役，改成交钱。这是为缓解财政危机采取的差役货币化政策。

新法是好法，但在实践中出了问题。

免役钱要交多少钱，县里按照当地 GDP 定出等级，而中央的司农寺又有自己的标准，经常从中干预，如果中间出了差错，老百姓要交的钱就超出了可接受范围。

钱这玩意儿不是凭空变出来的，东明县的农民手里没钱，被逼到卖粮卖房，日子过不下去，当然要闹。

王安石想为大宋力挽狂澜。可是，在熙丰变法（即王安石变法）

这场历史大戏中，他始终面对着汹涌的反对浪潮，这些声音来自民间百姓、朝中大臣、地方官员，甚至是宫中的皇帝。

他的这份孤独，本身就是一种伟大的精神，也是一种无奈。

1

在东明县农民大闹京城的一年前，朝廷出现了著名的“三不足”之说。

熙宁三年（1070）的一天，支持变法的宋神宗召见王安石时说，如今朝野议论纷纷，朕听闻有“三不足”之说，爱卿知道吗？

什么叫“三不足”？“天变不足畏，祖宗不足法，人言不足恤。”实际上，这三句话是否为王安石所说，至今仍是历史疑案，极有可能是当时政敌强加给他的“罪名”。

王安石在听到这三句话后说，此话不知从何说起，反问宋神宗道：“陛下躬亲听政，怎么能说是不惧天变？广开言路，如何是不恤人言？至于说祖宗之法不足守，臣以为正该如此。”

尽管王安石否认自己说过此话，“三不足”却可代表他的变法精神，那就是不顾一切、坚定不移地推行新法，这三句话如一声惊雷，振聋发聩。

刚即位的宋神宗，是一个锐意进取的年轻皇帝。

20 岁的他曾向富弼等三朝老臣请教富国强兵之道，这些老人都告诉他：“陛下即位之始，应当广布恩德，与民休息，至少二十年不言兵事。”这对于年轻气盛的皇帝来说，无疑是当头棒喝。

在“富者益富，贫者益贫”的社会环境和“三冗”（冗员、冗兵、冗费）危机中，繁荣的大宋正在进入“衰世”，国库都快没钱了。

当初，宋神宗即位不过数日，主管财政的三司使就给他上交了一份财政报告，其实赫然写着八个字："百年之积，惟存空簿"，真是穷到快揭不开锅。

此时，宋神宗对王安石一见倾心。

早在宋仁宗时期，王安石就跟他朋友司马光一样上过万言书，提出自己的理财主张，认为"自古治世，未尝以财不足为公患也，患在治财无其道尔"。在王安石看来，财政问题完全是理财无方、不知法度造成的。那该咋办？唯一的出路就是变法，解决根本问题。

这位倔强的变法派，一向特立独行。

宋仁宗庆历二年（1042），22岁的江西临川人王安石考中进士，第一份工作是去扬州担任淮南节度判官，当时他的上司是名臣韩琦。

王安石是个不修边幅的人，每天晚上读书、工作到深夜，第二天经常来不及梳洗就去上班。韩琦看到后还以为这小伙子整日寻花问柳、不务正业，特意嘱咐他，年轻人要有上进心，不能自暴自弃啊！王安石一言不发，不作任何辩解，反而惹得韩琦很不高兴。韩琦眼中这个不求上进的年轻下属，却在日后成为一位忧国忧民的帝国官员。

王安石任江宁（今江苏南京）知府时，曾登上金陵故都，凭高吊古，写下其代表词作《桂枝香·金陵怀古》：

登临送目，正故国晚秋，天气初肃。千里澄江似练，翠峰如簇。归帆去棹残阳里，背西风，酒旗斜矗。彩舟云淡，星河鹭起，画图难足。

念往昔，繁华竞逐，叹门外楼头，悲恨相续。千古凭高对此，谩嗟荣辱。六朝旧事随流水，但寒烟衰草凝绿。至今商女，时时犹唱，后庭遗曲。

周汝昌先生曾评价此词："王介甫只此一词，已足千古。"王安石感叹的是六朝亡覆的历史，眼前却是危机重重的现实，他最担忧的，是大宋的未来。

正因如此，在主持变法之前，王安石就已经表现出出色的实干精神，多次放弃留在京城的升迁机会，请求调到地方为官。他给出的理由还有几分无厘头，说举家在京城居住花费太高，而且先父未葬，二妹当嫁，母亲年老多病，他家中贫困，实在住不起，请朝廷收回成命。

有一次，宋仁宗同时指派王安石与司马光给他修起居注，两个人都不愿干，一起辞官。

司马光辞了五次，最终只好接受，修史这方面他很专业。王安石却死活不肯，为了不让诏书送到自己手上，跑到厕所里躲起来，信使只好把诏书先放在他桌上。王安石出来后，又追上去，退回了委任状。

在地方为官时，王安石开始探索变法的途径。

王安石年轻时当鄞县（今浙江宁波）知县，曾在十三天内走数百里路，亲自调研这一水源充足的地区为何会发生旱灾，并进行根治。

在鄞县任上，王安石曾试行在春季农田青黄不接时，提供低息贷款给农民，待收获后让他们连同利息一起偿还。这就是青苗法的雏形。由于在鄞县实行时颇有成效，王安石后来主持变法时在全国范围内进行了推广。

这样一个人才，正是宋神宗苦苦寻觅的。

当宋神宗准备重用王安石，召其进京讨论治国理政时，王安石说，一定要"变风俗，立法度"。

宋神宗兴奋地连连点头说，好。

熙宁二年（1069），王安石拜相，开始主持变法，浩浩荡荡的熙丰新政就此拉开序幕。

2

变法一展开，位于权力中心的王安石就仿佛身在疾风骤雨之中。

宋代御史台和谏院合称台谏，主要任务是监察弹劾，这些人最先对王安石发起进攻。

御史中丞吕诲打响了反对变法的第一枪，他挺立于大殿之上，痛陈王安石十大罪状，指责王安石“大奸似忠，大诈似信”。

这十条罪状中最严重的一条是“动摇天下”。王安石以变法为名，新设“制置三司条例司”，相当于大宋的国家体改委，包揽财政大权。台谏势力认为，这是扰乱国家体制，挑战祖宗家法。吕诲直斥王安石，“误天下苍生者，必斯人也”。

面对吕诲来势汹汹的声讨，王安石把球踢给了宋神宗，表示要称病辞职，看皇帝是否有变法的决心。年轻的皇帝对于是否要处置负责监察的台谏官员也很纠结，他对大臣说：“朕如果贬斥了吕诲，恐怕王安石内心不安啊！”

王安石听说后，坦然表示，臣已经以身许国，陛下处理得当，臣怎么会心不自安呢？

皇帝态度明确，一如既往地支持王安石，吕诲在这场辩论中惨败，被贬出京，两年后就悲愤去世。临死前，吕诲仍对王安石恨得咬牙切齿，他在重病中起身，张目怒视，对前来探望他的好友司马光说：“天下事尚可为，君实勉之！”这是告诫司马光，一定要与王安石斗到底。

司马光也反对老朋友王安石的变法。

司马光的改革思想是藏富于民，国家不与民争利，以“节流”为主；王安石是以“开源”为主，变法措施皆为富国强兵，摧抑兼并，也就是“国富”优先于“民富”。

为此，王安石与司马光进行了将近二十年的争斗，闹到二人关系“犹冰炭之不可共器，若寒暑之不可同时”，长久以来论战不断。

王安石的青苗法，本意是取代民间富户之家的高利贷。由政府从“国家农业银行”中拿出一笔钱粮，作为利息较低的青苗贷款提供给农民，让农民在春天青黄不接时吃饱肚子，之后夏秋粮食成熟后再加息偿还。如此，农民有饭吃，国库有余粮。

但在司马光等反对派看来，国家公然放贷收息，乘人之危，这不就跟唯利是图的商人一样吗？

王安石的免役法，是针对差役法的改革，本意是促进经济发展和社会安定。

王安石改派役为雇役，也就是让民众将其应服之役（力役、徭役等义务劳动）折合成“免役钱”交给官府，由官府雇人当差。原来不服役的官户和寺观则出一半，叫助役钱。

这一项改革可谓两全其美，农民出钱不出力，不用再服役，也就不会耽误生产。社会闲散人员也多了一条生路，可以接受官府的雇用，成为专业化的差役，这也有利于提高行政效率。

可是，司马光根本不在意其观念超前的积极作用。后来司马光废除免役法，恢复差役法，很多原本反对变法的人都极力阻止，但他不以为然。

王安石变法办得热火朝天，司马光只好出走到洛阳担任闲职，带着一帮学者用十五年的时间编撰《资治通鉴》，沦为半退休状态。

在宋神宗支持下，新法的推行顺风顺水，并取得了初步成效。

王安石以均输法、青苗法、农田水利法、市易法、免役法等富国之法，以及置将法、保马法、军器监法等强兵之法作为后盾，迅速改变了宋朝中央财政空虚的局面。

现代史学家通过数量分析，发现熙丰变法的确增加了大宋的财政收入，仅青苗法、免役法和市易法三项就每年增收 2300 多万贯。

熙宁六年（1073），宋军扭转了长久以来西北战线的被动局面，由王韶率大军尽收熙、河各州，拓地两千余里，在河西走廊确立了三面包围西夏的有利形势。

宋军收复河西之地后，宋神宗大为振奋，到紫宸殿接受众臣朝贺，并当着百官的面解下自己所配玉带，赐给王安石。王安石走上了人生巅峰，也走入了前所未有的困境。

青年皇帝对这位“师臣”推崇备至，可在反对派看来，位高权重的王安石完全就是王莽、董卓一类的权奸，骂他“比莽、卓过矣，但急于功利，遂忘素守”。

3

反对派竭尽所能地搜集变法弊端，对王安石进行抨击，其中不少人曾是王安石的朋友、学生，甚至变法派内部也出现了分裂。

熙宁七年（1074），一个叫郑侠的小官，将一幅描绘民间疾苦的《流民图》呈给宋神宗，并上了一道奏折，反对王安石变法。

图中景象触目惊心：由于连续八个月的旱情，无数难民扶老携幼，在开封城外的道路上逃荒，个个面如菜色，甚至要卖儿鬻女才能换来一口粮食，缴纳新法规定的税款。面对天灾人祸，纵使是王安石也无能为力。

宋神宗看后满面愁容。变法五年来，国力日渐强盛，可在都城之外，竟有如此民不聊生的惨状。

在古代，自然灾害经常被认为是统治者不修德政的结果。因此，舆论的矛头迅速指向王安石变法。

郑侠上疏时的身份比较特殊，他的职务是安上门监，平时给皇帝看大门，深入基层，声称图中景象是自己在城楼上亲眼所见，但也正因为官职低微，他无法向皇帝直接上书，只好通过城外的官差站，谎称是绝密情报，这才快递给皇帝，这是冒险的违法行为。

郑侠还是王安石一手栽培的学生。他反对变法，完全是因观念不同，而非为了私仇。这个与老师闹矛盾，却一样执拗的小官，后来被贬到英州（今广东英德），靠皇帝保护才免于一死。

王安石的这场危机因不久后天降大雨而化解，却成了他第一次罢相的前兆。

正是在同一年，市易法给王安石带来了大麻烦。

王安石在开封设立市易司，实行市易法，是为了平抑物价、稳定市场。由市易司出钱，收购滞销货物，等市场短缺时再卖出，以此限制豪商大贾对市场的控制。这无疑也是极具先进性的改革措施。

可其负责人吕嘉问却操作不当，把这个意在平抑物价的民政机构，变成了垄断市场、操控物价的剥削机器，把京城商贩的生意都抢了，导致民怨再次沸腾。宋神宗得知此事后，一连三次与王安石提到市易法，说，近臣都说此法不好，太皇太后和皇太后还为此流泪控诉。

王安石却固执地说，宫中哪知民间疾苦？

与此同时，郑侠为宋神宗献上了《流民图》，皇帝不得不对王安石心生怀疑。

宋神宗下诏，命另一个变法派曾布对吕嘉问进行调查。根据调查，吕嘉问确实利用市易司强买强卖，低价买进高价卖出，这是与民争利，剥削百姓。宋神宗很生气，以此质问王安石。王安石只好解释说，这是吕嘉问与曾布的个人恩怨。

但皇帝这次没给王安石面子，当晚下了批示，说市易务一事是吕嘉问欺君罔上。

在市易法失控的混乱局面中，王安石只好辞职，第一次被罢相，回到江宁担任知府。变法运动由新任参知政事吕惠卿，协同其他宰相主持。

王安石暂时离开京城，好在新法保住了，但吕惠卿动了歪念头。

吕惠卿是王安石变法的得力助手，也是王安石的好学生。史书称他与年长他 11 岁的王安石情同父子。他自己也跟宋神宗说，能够让臣像侍奉双亲一样孝顺的，除了陛下，就只有王安石一人。

可王安石罢相后，作为变法二把手的吕惠卿却在执掌朝政后瞬间自我膨胀，千方百计阻止老师王安石东山再起。有一次，他想借用祭祀赦免的旧例，向宋神宗推荐任王安石为节度使，让老师继续在外为官。

吕惠卿那点小心思，宋神宗当然知道，立刻质问他："王安石又不是因罪被罢免，为何要以赦免的方式复官？"吕惠卿最终为自己一时的贪欲付出代价，后来被排挤出朝，被新、旧两党共同打压。

吕嘉问、曾布与吕惠卿这几个人都是变法派，也是王安石提拔的后辈，却因各自利益在变法过程中互相争斗，最终溃不成军。此时的变法，已经显现出党争的迹象。

罢相后第二年，王安石再度被起用，可他对自己的复出十分忧虑，在途经瓜洲时（在今江苏邗江）写下了《泊船瓜洲》：

京口瓜洲一水间，钟山只隔数重山。

春风又绿江南岸，明月何时照我还。

王安石刚刚从江宁出发，就已经想着何时回家。他也许已经察觉到，新政变味了，皇帝也变了。

4

对于变法，宋神宗本身是矛盾的。

他一方面支持王安石变法，另一方面极力维护皇权，恪守“异论相搅”的祖宗之法，对王安石及变法派进行牵制，避免王安石权位太重，使朝廷无可避免地出现内耗。

熙宁元年（1068），王安石与宋神宗第一次长谈。

宋神宗问，唐太宗如何成为几百年来的一代明君？

王安石却说，唐太宗不过是利用隋末乱局得以称雄一时，后世子孙更是昏庸不堪，有什么好学的？陛下岂止要做唐太宗，您应该效法尧舜，成为后世帝王治理天下的典范。

宋神宗心情那叫一个激动，对王安石信誓旦旦地说出了一句，“可悉意辅朕，庶几同济此道”。爱卿用心地辅佐朕，我们一同来实现这个理想。

但自从王安石初拜相时，宋神宗就一直对其权力进行制衡。熙丰新政的第一套执政班子，有“生老病死苦”之称，除了王安石，其余人都不支持变法。

“老”是指曾公亮，他已经年近古稀；“病”是富弼，他因反对变法而称病不出；“死”是唐介，他也反对变法，整日忧心忡忡，变法开始不久后就病死了；“苦”是赵抃，他无力阻止变法，成了愤青，整天叫苦不迭。这几个旧臣与变法领袖王安石互相牵制，正是宋神宗的安排。剩下的“生”是王安石，他的变法生机勃勃。当宰相的权力不断加强，宋神宗不由得心生忌惮。

熙宁八年（1075），王安石再度拜相后，宋神宗不再重视他的意见，经常自作主张，甚至对王安石表现出厌烦。王安石后来也对别人说：“只从得五分时也得也。”这是说，要是皇帝能听从我一半建议也好啊。

王安石第二次宰相任期匆匆结束，爱子王雱去世后，王安石辞去相位，退居江宁长达九年，至死未曾回京，而他的新法，还吊着半口气。

元丰八年（1085），宋神宗走到了生命尽头。在去世前半年，他已对新法表现出了厌倦，其中一个重要举措，是指定了司马光与吕公著为太子老师。这两个人，都是变法的反对派。

英年早逝的宋神宗留下年幼的皇子赵煦即位，这就是宋哲宗。宋哲宗刚即位时懵懂无知，由宋神宗的母亲高太后垂帘听政，而她正是变法的坚定反对者。

当初宋神宗重用王安石，仁宗皇后、太皇太后曹氏与英宗皇后、皇太后高太后经常跟皇帝诉苦，说：“我们听说民间被青苗、助役钱害苦了，还是将其废除吧。”宋神宗当时还信任王安石，说这都是利民之法，绝对不会危害百姓。曹太后接着说，王安石这个人确实有才学，然而很多人怨恨他，皇帝如果爱惜他，不如先让他到地方为官，过一段时间再召回。

皇帝的弟弟祁王赵颢在一旁，连忙顺着曹太后的话，说：“太皇太后所言甚是，陛下不可不三思。”

宋神宗当场大发雷霆，说：“你是说我败坏天下吗？那这个皇帝你来当！”

祁王吓得哭泣道：“一家人何必到这地步呢？”一番谈话后，一家人不欢而散。

宋神宗去世后，反对变法的高太后就掌握了话语权。

从熙宁、元丰年间王安石变法到高太后垂帘时期的元祐更化，废除新法，再到绍圣绍述，亲政后的宋哲宗恢复宋神宗各项新法。朝政有如棋局几度翻覆，最后的决策者仅神宗、高太后与哲宗三人而已，其实全是赵家人说了算。

一心想变法的是皇帝，最终颠覆新法的也是皇权。

在皇帝的动摇态度下，王安石也很无助。晚年的他退居金陵，在兼济天下与独善其身之间徘徊，在梦与酒之中浑浑噩噩，写成如《千秋岁引》中的忧思离恨：

> 无奈被些名利缚。无奈被他情担阁。可惜风流总闲却。当初谩留华表语，而今误我秦楼约。梦阑时，酒醒后，思量著。

5

司马光回来了。

他结束了在洛阳十五年的隐居，重回京城，在高太后的支持下调整中央领导班子，打着“以母改子”的旗号，固执己见，不分青红皂白地废除新法。这种武断的做法，就连一些反对变法的大臣都看不下去。

宋神宗元丰年间，苏轼遭遇乌台诗案，险些丧命。远在金陵的王安石并不在意苏轼对变法提过反对意见，迅速上书宋神宗，说："岂有圣世而杀才士者乎？"此举，将苏轼从困境之中解救出来。

后来，被贬的苏轼见到退居江宁的王安石，两位直言无忌的风流人物放下变法之争，相约同游山水，多次作诗唱和。送别苏轼后，王安石更是对人说："不知更几百年，方有如此人物！"

真正的君子，从来不会让政治牵扯个人恩怨，而王安石也没有看错苏轼。

元祐更化中，苏轼回朝，辅佐司马光改革新法，建议权衡利弊，保留变法中有益的部分，他本人支持保留免役法，废除青苗法。大权在握、年已迟暮的司马光却不听劝告。自知不久于人世的他，在大病之中坚持废尽新法，甚至最后几天上朝都为此忙得不可开交。

王安石原本对朝中的变化默默无语，直到免役法被司马光所废，才老泪纵横地哀叹道："就连免役法也要废除吗？我跟先帝可是研究了整整两年才推行，方方面面都考虑周全了。"

这一年，王安石与司马光先后病逝，而变法引发的内耗与纷争却还未休止。

北宋灭亡后，变法派更是背上了导致靖康之耻的黑锅，王安石也不可避免地被妖魔化。

宋代蔡絛《铁围山丛谈》等文人笔记甚至讥笑他为獾子精下凡，是一个瞎折腾大宋的"妖人"。元代的《宋史》编撰成书后，变法派的得力干将们入了《奸臣传》，腐朽无能的顽固派反而都成了忠臣。

然而，在这场长达数十年的变法之争中，所谓小人、君子大多不过如过眼烟云，即便是左右摇摆的皇帝，也是速朽的，而一心为国的孤独改革家王安石，终将光耀千年。

司马光毁了帝国中兴?

时隔十五年，67 岁的司马光回到了开封。他进京这一天，万人空巷，场面堪比一线明星演唱会。

宫中卫士见到他，一个个以手加额，表示庆幸，说:“这是司马相公啊！”

京城百姓为了一睹司马光的风采，纷纷攀登到高处，屋顶上的瓦被踩碎了，树枝也被折断了，但无论怎样呵斥，他们都不愿下来。

还有一些老百姓堵住通往皇宫的道路，将司马光团团围住，说:“相公不要走，留下来辅佐新皇帝，给我们这些苦命人一条活路吧！”

这是元丰八年（1085）三月，力行改革的宋神宗病逝，一场轰轰烈烈的变法再次陷入僵局，留下一地鸡毛。

司马光进京奔丧，却为眼前的大型“追星”现场惊得不知所措。正好朝廷免去入京官员进宫辞行的礼节，他便急匆匆地返回闲居了十五年的洛阳。

这场闹剧过去后，司马光在太皇太后高滔滔的支持下重返朝堂，打响了对王安石变法的反击战，几乎将新法尽数废改。一向反对变法的他，在生命的最后一年得偿夙愿。

从史书记载可知，司马光生前是一位深得民心、颇有名望的官员。意外的是，司马光去世后不到十年，却险被开棺戮尸。他苦心编纂多年的《资治通鉴》差点被毁，朝廷所赐之碑被砸，碑文也被磨去。

此后，他的名声在忠奸之间“反复横跳”，一度名列元祐党人，被指斥为奸臣，后来又恢复名誉，从祀孔庙，获得与历代贤臣相等的地位，画像被悬挂于宫中。

历史的颜色并非只有黑白。

司马光不支持变法，却不像某些影视剧中说的那般迂腐。相反，他也是一个心怀天下的改革者，只是他眼中所见的大宋危机，与王安石有所不同。

1

司马光成名于仁宗朝，是一个少年早慧的人才。

司马光砸缸的典故家喻户晓，而且确有其事，最早被记载于北宋僧人惠洪所著《冷斋夜话》等宋人笔记中，也被《宋史》等史书所收录。

年少的司马光遇事不慌，砸破水缸救出受困的玩伴，因此名扬京洛，而他考中进士时也是科场上的“小鲜肉”，只有 20 岁。

有别于很多人印象中那个因循守旧的顽固派，司马光年轻时是出了名的直臣，尤其是在当谏官期间上了多道札子，不断跟宋仁宗提改革建议。

司马光早已看出大宋的财政困境，他在给宋仁宗上书时说：“臣恐国家异日之患不在于他，在于财力屈竭而已矣。”这正是日后宋神宗支持王安石变法的重要原因，司马光早已发现这个危机。但在司马光看来，朝廷错在用人不当，大宋的制度并没有问题。他在写给宋仁宗的万言书中说，改革的关键“在于择人，不在立法”。

这是他与王安石最大的不同之处。

对于经济改革，司马光有自己的一套方案，他认为解决财政问题的两个途径，是节约开支与藏富于民。

为了解决国库空虚的问题，司马光向宋仁宗提了三点建议：一是停止滥赐；二是提倡朴素之风；三是减少冗官冗兵，肃清贪官污吏。

冗官、冗兵带来的危害，是社会风气日渐奢侈，官员贪污中饱，小吏加重勒索，导致“每有营造贸买，其所费财物十倍于前，而所收功利曾不一二”。如此一来，百姓所受剥削甚于以往，国家经费却依旧不够花。

这一时期，司马光针对财政问题写了一系列奏章，他反对宰执无故迁官，反对皇帝上元游幸，反对宫中宴饮过多，反对增修宫观，几乎天天上书怼皇帝，完全就是个刺儿头。

宽容大度的宋仁宗接受司马光的批评，而其在位末年，另一件事更是让司马光在朝中赢得了不少声望。

宋仁宗年老无子，有一次生了重病，几个月没上朝，吓得大臣们纷纷上书提议，官家该立储了。

宰相韩琦尤其关心立储之事。宋仁宗总是笑着跟韩琦说，后宫有嫔妃怀孕，不久就要临产。但这么多年过去了，宋仁宗身体日衰，大臣们也没等到一个可以继承大统的皇子。

此时，司马光充当了引导舆论的排头兵，他连上数道奏章，并在仁宗面前说：“一定有小人跟陛下说您春秋鼎盛，不要考虑此不祥之事。小人无远虑，他们也是为了趁机拥立有利于自己的人。您看，唐朝自文宗之后，皇帝都是近臣拥立，甚至君臣之间还有‘定策国老’‘门生天子’的称呼，这些祸害说不尽啊。”

司马光的一席话打动了宋仁宗，皇帝立即把议立储君的批示送到宰相办公的政事堂。司马光给韩琦等宰相通风报信，说，诸公如今不与皇帝商议此事，以后可能就没机会啦。

韩琦连连答应道："好，怎敢不尽力！"

在韩琦等人的请求下，宋仁宗终于确定了侄子赵宗实为继承人，即后来的宋英宗赵曙。

正是因为司马光在立储一事中发挥了关键作用，后来欧阳修将他推荐给宋神宗时还评价他"于国有功为不浅矣，可谓社稷之臣也"。

宋英宗即位后，司马光依旧不改愤青本色。

宋英宗要封曹太后的弟弟曹佾（民间传说中曹国舅的原型）为宰相，司马光就公开表示反对，指出外戚不得干政。宋英宗要给宦官任守忠升职加薪，司马光骂得更狠，说任守忠是"国之大贼，民之巨蠹，乞斩于都市"，在韩琦等宰相的支持下，任守忠遭到贬黜。

司马光的早年经历，完全不像是一个守旧的顽固派官员所为，反而尽显其锐意进取、不惧皇权的真性情，可他后来并没有成为宋神宗推行改革的第一人选。

2

治平四年（1067），宋英宗长子、20岁的赵顼即位。

这位"有气性，好改作"的年轻皇帝，为改变宋朝困境重用王安石，推行新法，死后的庙号却被定为神宗。按照谥法，民无能名曰神，就是"无法评价"的意思，折腾了那么多年，大宋君臣都不知如何给他盖棺论定。

宋神宗在位时，朝廷的财政危机已经暴露无遗。站在历史的拐点，他茫然四顾，于满朝文武中寻找可依靠的大臣，在人群中多看了司马光一眼。

罢免三朝老臣韩琦后，宋神宗让司马光暂时代行御史中丞之职，将他作为宰相的候选人，并与他就改革进行了一番探讨，其中免不了谈到人事问题。

当时朝廷正需要理财高手，宋神宗看上一个叫薛向的大臣，司马光却不以为然。在传统士大夫看来，善于理财的往往都是小人，这一点在王安石变法遭受的抨击中也多有体现。司马光就给薛向扣上“奸邪”的帽子，让皇帝谨慎为好。

这下子宋神宗就不太高兴了。

宋神宗接着对司马光说，朕每次有任命，朝野上下都议论纷纷，这恐怕不是好事。

司马光再次直言道：“这是好事啊！即便是尧舜也难以知人善任，陛下刚刚即位，万一任用奸邪，台谏却为明哲保身而一言不发，那岂不是坏了大事。”

第二轮谈话，也谈崩了。

宋神宗又提起另一个大臣，说：“吴奎阿附宰相吗？”

司马光如实答道，不知。

宋神宗问了一个耐人寻味的问题：“巴结宰相或迎合皇帝，哪一个好些？”

司马光说：“都不好。前者固然是奸臣所为，但一味揣摩圣意，见风使舵，也不是正人君子所为。”

这句话戳中了皇帝的痛点，什么叫见风使舵，难道朕的话都可以不听吗？司马光没有为了换取皇帝信任而阿谀奉承，这是他的原则。

于是，没过多久，宋神宗就解除了司马光的御史中丞之职，让他去做翰林学士。这是一个地位显贵的清要官职。

司马光显然感觉到了皇帝的不信任，起初不肯接受任命。宋神宗找他来问话，说："古之君子，要么有学问没文采，要么有文采没学问，爱卿二者兼得，为什么要推辞翰林学士的职位呢？"

司马光只好说，臣不会写四六骈文，无法草拟诏书。

宋神宗说，按两汉旧制即可。

司马光又说，本朝没有此惯例。

宋神宗知道他故意推辞，就说："爱卿进士及第，怎么可能不会写四六骈文？"

司马光依旧坚持推辞，跟皇帝道别后，拔腿就跑。皇帝只好派宦官追上去，硬是把诏书塞到他怀里，一定要他做这个翰林学士。司马光只好认命。

之后，宋神宗召见另一位主张改革的大臣——司马光的老朋友王安石，得到了自己想要的答案。

同样是讨论改革，宋神宗问王安石："如果你执政，会怎么做？"

王安石坚定地答道，变风俗，立法度。

此言一出，振聋发聩，宋神宗老激动了。

3

司马光与王安石是好友，他俩与吕公著、韩维并称为"嘉祐四友"，年轻时在京为官，经常聚在一起玩。

王安石为人不修边幅，身上长虱子，司马光还写了一首《和王介甫烘虱》诗调侃他的坏习惯，说："但思努力自洁清，群虱皆当远迩播。"朋友之间说话这么损，绝对是真爱了。

宋仁宗嘉祐年间，包拯曾为三司使，司马光与王安石当时都是他的下属。

有一年暮春时节，三司衙门牡丹花开，包拯请这两个小老弟饮酒赏花。包拯举杯劝酒，司马光不胜酒力，碍于领导的面子，还是跟着他饮了几杯，表示退让，王安石却滴酒不沾，不管包拯如何相劝，都坚持不喝，一点也不给面子。

在这场酒席中，司马光与王安石表现出了截然不同的性格，而他们对待热血青年宋神宗的改革大业，也是持完全不同的态度。

从前文司马光在仁宗时提出的改革措施可知，他认为解决财政危机的关键，在于“节流”。

与之相反，王安石变法提出解决财政危机的方法是“开源”。

二者的区别在于，王安石认为国民经济是一个变量，要增加国库收入，就要发展经济，把蛋糕做大，实现所谓的“不加赋而国用饶”；可在司马光看来，国民经济是一个常量，所谓“天地所生货财百物，止有此数，不在民间则在公家”，国家要理财，只能不断取之于民，就是要与民争利。

为了阻止新法推行，司马光一连给王安石写了三封信，长达数千字，他放不下十多年的交情，依旧认为王安石是位贤臣，可“独负天下大名三十余年”，只是缺点在于性情执拗，听不进批评意见，“用心太过，自信太厚”，才招致天下非议。

王安石给司马光写了几封回信，其中就有著名的《答司马谏议书》，对司马光给自己加上的“侵官、生事、征利、拒谏、怨谤”等罪名一一进行反驳。

二人针对新法展开了多次辩论。

王安石说，解决财政困难就是要找到善于理财的人。

司马光却反驳道，你只是说得好听，历朝历代所谓理财，就是巧立名目、横征暴敛，民众最终不堪盘剥，只能流离失所，这难道是国家的幸事？

王安石变法的措施中，比较有代表性的是青苗法。

在王安石的构想中，青苗法实施后，官府借出余粮，可解百姓燃眉之急，而秋后收回利息，也可增加国库的收入，这是一项利国利民的举措。但这一举措有很大风险，如果遇到灾害，粮食没有收成，农民就无力偿还青苗钱。

司马光敏锐地察觉到，青苗法如果实施不当，很有可能成为地方政府榨取盘剥百姓的苛政。

面对执着的王安石，身在朝中的司马光不愿妥协，随着免役法、将兵法等相继出台，他们之间的关系更加恶化，“犹冰炭之不可共器，若寒暑之不可同时”。

司马光只好辞职，自请出走京城，到地方为官。这一年是熙宁三年（1070），此后十五年，司马光远离庙堂，成了帝国官场的边缘人。

宋神宗想过挽留司马光。他说，爱卿就不能留在京城吗？你与老王是好友，何必闹到这地步？

司马光婉拒了皇帝的好意，说，臣不敢留，陛下看看吕公著的遭遇就知道了。

吕公著与司马光、王安石同为“嘉祐四友”，在司马光辞官的同一年，他因反对变法派的吕惠卿任职，被王安石弹劾，贬为颍州知州。

宋神宗又说：“青苗法已经有显著的成果。”

司马光却说：“天下皆知此事的坏处，只有王安石一党认为他们是对的。”

不过，他或许也想亲眼看看，友人的变法到底对不对。

4

司马光并没有直接到洛阳过半退休生活，他离开京城后，最初是到陕西任职，以端明殿学士出知永兴军（治京兆府，今陕西西安市）。

到任后，司马光发现新法实际执行后的弊端，比在京城听到的更加严重。他在如此压抑的环境下感到无比郁闷，写下了《登长安见山楼》一诗：

到官今十日，才得一朝闲。
岁晚愁云合，登楼不见山。

司马光在永兴军任职时间只有几个月，正逢关中饥馑，盗贼四起。可即便如此，陕西提举常平司仍通过青苗法加重对农民的盘剥，使农民借陈米一斗，到期就要缴纳小麦一斗八升七合五勺或粟三斗，收取的利息已经超过了民间富户之家。

司马光认为，地方官员强行让百姓向官府借贷，而且随意提高利息，这会迫使农民无论在丰年还是灾年，都常受饥寒，青苗法将危害民生。更有甚者，有地方官为了追求政绩而额外勒索。

因此，司马光上书朝廷，请求让第四等以下农民借贷青苗钱不取利息，或只纳一斗二升。同时，他还请求暂时免除连续受灾两次的地区所欠的青苗钱，并指示其下属官员，不得执行朝廷文件，不许再催促农民缴纳青苗钱。

然而，这一切都被朝廷否决，因变法操作不当而受苦的关中百姓生活困顿，十室九空。

司马光心灰意冷，他再次辞官，决定到洛阳担任闲职，宋神宗又一次挽留，希望他继续到地方做些实事，经过 70 多天的僵持，才同意他到西京留台养老。

启程前往洛阳时，司马光唯一的牵挂是关中的父老乡亲，他为自己在任时未能给当地带来惠民之政感到惭愧，在《到任明年二月罢官有作》中写道：

恬然如一梦，分竹守长安。
去日冰犹壮，归时花未阑。
风光经目少，惠爱及民难。
可惜终南色，临行仔细看。

此后在洛阳的十五年，是司马光的失意岁月，也是他一生创作力最旺盛的时期。他在刘攽、刘恕和范祖禹等人的协助下专心编撰《资治通鉴》，完成了这部 294 卷的巨著，为此熬到了花甲之年。

他以修书的方式默默履行职责，践行一个文人的使命，在《进资治通鉴表》中，司马光对宋神宗说："虽身处于外，区区之心，朝夕寤寐，何尝不在陛下之左右。"

在洛阳担任闲职，司马光远离了政事的纷扰，心情却十分复杂。

他一方面感到为官多年来前所未有的闲适。司马光在西京留台衙署东边的一座小园中搭起木架，种植牵牛、蔷薇、扁豆等植物，称之为"花庵"。闲暇之余，他就在花庵小憩，对着满园的花花草草赋诗。

另一方面，他仍然无法摆脱政治，反对王安石变法的人将司马光当作了一面旗帜。

熙宁四年（1071），司马光志同道合的好友御史中丞吕诲因反对变法被罢官，不久后郁郁而终。

司马光还在朝中时，吕诲就经常公开唱反调，弹劾王安石。两个朋友干架，司马光没有偏袒，只是对吕诲说，王安石现在众望所归，你弹劾他干吗？

吕诲惊讶地说：“君实（司马光字）也是这种看法吗？王安石名气虽大，却固执己见，喜欢听小人的吹捧，这样的人如果成为宰辅，一定会天下大乱啊。”

司马光说，你说的可能属实，但目前没有明显迹象，为何不再等等？

吕诲自以为大义凛然，说：“今上年富力强，平时与他日夜谋划的不过大臣二三人，如果用人不当，后患无穷，这是心腹之疾，不能再等了。”说罢，他再次进宫上奏。

司马光默然不语。

吕诲当然斗不过王安石，他最终生了一场大病，提前退休回家。吕诲在病重弥留之际，对前来探望的司马光说：“君实啊，你要再努力，不能放弃！”

司马光记着这句话。

5

宋神宗去世后，新君赵煦（宋哲宗）年仅9岁，由宋神宗之母高太后临朝听政。

这位被誉为“女中尧舜”的太皇太后重新调整中央领导班子，将年迈多病的司马光请回朝中为相，此时，多年来遭受无数打击的改革家王安石已经被罢相。

高太后恨透了新法，她支持司马光全面推翻王安石变法。有人担心这会违背“三年无改于父之道”的儒家伦理，司马光却说，这是太皇太后做主，母改子政，有什么好忌惮的？因此，便开始大刀阔斧地废除新法。

起初，司马光明白，否定新法首先在于广开言路，当年神宗推行新法时，为了压制不同意见而严禁“诽谤”，导致新法实际执行的弊端无人上报。司马光递上《乞开言路状》，请高太后下诏放开舆论，结果，诏书一下，“四方吏民言新法不便者数千人”。

司马光原本提出的是“择新法之便民益国者存之，病民伤国者去之”，这是说新法中有用的留下来，恶法才废除。可当真正大权独揽时，司马光却犯错误了。当年他指责王安石的那些话，如今像是在说自己。

范仲淹之子范纯仁，被任命为给事中，辅佐司马光推行改革。他劝说司马光三思而行，即便是废除新法也要循序渐进。司马光却不听。范纯仁不禁感慨，这又来了一个王安石。

权力，让司马光迷失在无端的怨恨中。

同为旧党的邢恕劝说司马光：“今日废除新法，虽是太皇太后的主意，却是子改父之法令，皇帝成年后会怎么想，相公不为日后考虑考虑吗？”

司马光却答道：“他日之事，我岂会不知？我是为赵氏考虑，就应当如此。”

邢恕还是担忧上司，说：“赵氏安矣，司马氏岂不危乎？”

司马光毅然决然地说：“为了赵氏天下，司马氏何足道哉！”

在重回朝堂的十六个月间，司马光写出了百余篇奏疏，先后废除了保甲法、免役法等新法，贬黜宋神宗与王安石留下的新党重臣，一切推翻重来。

这场政治运动一直持续到高太后去世，史称“元祐更化”。

元祐元年（1086），王安石在悲愤中去世。司马光在给吕公著的信中说：“介甫（王安石字）文章、节义过人处甚多，但性不晓事……光意以谓朝廷特宜优加厚礼。”

司马光可能从没恨过王安石，他要推翻的只是新法，因为他亲眼见过，百姓因新法而受苦。

他们二人都自以为占据了道德的高地，也许，王安石只在意新法的好，而司马光只看到新法的恶，他们各自执意改革，都是为了大宋。当年王安石宁可与亲朋好友为敌，也要推行新法，而司马光在为相的最后岁月，也几乎是拼了命地推翻新法，他自称“桃李都无日，梧桐半死身”，已经是一个行将就木的人了。

在司马光最后一次上朝的6天前，他强支病体，废除了深深痛恨的青苗法。对此，司马光原本还很犹豫，尽管他在关中看到百姓深受其害，但也怀疑只是这一政策在执行中出了差错。可当听到范纯仁奏请继续发放青苗贷款时，司马光气得从病床上爬起来，跑到宫中问高太后，是哪个奸贼又在蛊惑陛下发青苗钱？

当初年轻的改革者，彻底沦为疯狂的守旧派。

王安石去世5个月后，68岁的司马光也撒手人寰。

司马光一直工作到最后一刻，他一生清贫，食不敢常有肉，衣不敢有纯帛。家人整理其遗物时，发现床上空荡荡，唯有《役书》一卷，还有8页来不及上奏的手稿。他的死讯传开后，京城上万人罢市前去祭奠，沿途护送其丧车返乡的有数万人之多。

那时，新党与旧党关于变法的争斗远远没有结束，甚至渐渐演变成了互相倾轧的党争。

绍圣元年（1094），变法派重新上台后，司马光被剥夺名誉，险些被开棺曝尸。到了宋徽宗即位后，奸臣蔡京大行党禁，厉行思想禁锢，将司马光列入元祐党籍碑。

蔡京将元祐党籍碑立在全国各地。长安有个叫常安民的石匠得到官府命令，却不愿刻碑，说："我不是读书人，不懂朝廷立碑的意思，但天下人都认为司马光大人正直，今天反而说他是奸邪，我不忍心镌刻。"官府听说后，要治石匠的罪。他说："我不敢再推辞，但请不要刻'安民'二字于碑上，我不想为后世所指责。"

若以现在的观点来看，司马光的做法也许不全是正确的，但一个官员在百姓心中至高的地位，就是他为官生涯最好的勋章，这无法轻易篡改。

司马光的改革与守旧，从来就不是为了自己。

她被捧为“女中尧舜”，却把大宋带入深渊

宋朝是一个“阴气”比较重的朝代。

两宋300多年，18位皇帝，一半曾经历过皇太后（妃）垂帘听政。后妃参与政治的频率，堪称历朝历代之最。

但有意思的是，宋代士大夫对后妃干政似乎并不嫌恶。

除了极个别权力欲旺盛的后妃曾遭到士大夫阶层的污名化处理，比如宋真宗皇后刘娥，绝大部分垂帘听政的皇太后（妃）均在历史上赢得了美名。官修史书《宋史》对宋代后妃这一群体给予了极高的评价：“宋三百余年，外无汉王氏之患，内无唐武、韦之祸，岂不卓然而可尚哉！”

9名垂帘听政的皇太后（妃），摄政时间基本上都少于一年，仅有两人属于“超长待机”：一个是上面提到的刘娥，在宋仁宗朝以皇太后身份摄政长达11年；另一个则是宋英宗皇后高滔滔，在宋哲宗朝以太皇太后身份摄政9年。

也正是这两名皇太后，在宋朝垂帘听政者中留下了两极化的口碑：刘娥被认为口碑最坏，史书说她差点就成为第二个武则天；而高滔滔的口碑最好，被誉为“女中尧舜”——翻阅史书，恐怕找不出第二个女人有此殊荣。

那么，问题来了：高滔滔被捧得这么高，是因为她真的很有作

为，还是另有隐情呢？

1

高滔滔是那种赢在起跑线上的人。

她出生在刘娥去世的前一年，1032 年。大名高正仪，小名高滔滔。与刘娥出身极其寒微截然相反，高滔滔出身显贵，父母两边都是当朝的名门望族。她的曾祖父是名将高琼，曾在澶渊之役中立下战功；祖父是高继勋，被时人称为“神将”；父亲高遵甫，是高继勋的第三子。她的母系更显赫，其母是大宋第一开国功臣曹彬的孙女，宋仁宗皇后曹氏的亲姐姐。

这么说吧，高滔滔的人生起点就是刘娥奋斗了一辈子的终点。

宋真宗当年要立刘娥为皇后，被朝臣喷得满脸唾沫，所有人都讥讽她“出身寒微，不可母仪天下”。但高滔滔绝无此种烦恼。她自小跟随姨妈曹皇后，在宫中长大，与宋仁宗和曹皇后的养子赵曙青梅竹马。两个小孩子刚好同岁，宋仁宗见他们天生一对，曾对曹皇后说：“异日当以婚配。”后来，宋仁宗和曹皇后果然为两人主持婚礼，当时有“天子娶媳，皇后嫁女”的说法。

1063 年，赵曙即位为宋朝第五位皇帝，即宋英宗。高滔滔则被立为皇后。

高滔滔先后为宋英宗诞下四子四女，而这也是宋英宗全部的子女。宋英宗一向多病，正史中没有他晋封嫔妃的记载，宋代私人笔记则曾提及宋英宗“左右无一侍御者”。一种可能的解释是，高滔滔在夫妻关系中确实比较强悍，限制宋英宗靠近其他女人。

然而，宋英宗在位不到 4 年，便于 1067 年病逝了。他与高滔滔的长子赵顼，随后继位，是为宋神宗。

36 岁的高皇后，变成了高太后。

宋神宗是个热血青年，即位时 20 岁，不久就大胆起用王安石，推行变法。变法取得一定成效，但阻力重重，最典型的表现是朝中士大夫因立场和站队开始出现撕裂。

此时，以太皇太后曹氏、皇太后高滔滔、皇后向氏为核心的后宫，分别凭借祖母、母亲、妻子的特殊身份，向宋神宗施压，反对变法。在她们的影响下，宋神宗压力巨大，一度向王安石诉苦："自近臣以至后族，无不言其害，两宫泣下，忧京师乱起，以为天旱更失人心。"王安石说，后宫有异议，一定是向经（向皇后之父）、曹佾（曹太后胞弟）怂恿的结果。

变法派认为，新法损害了豪商巨贾的既得利益，所以他们千方百计利用手里的政治资源和人脉，企图使新法流产。外戚家族是阻挠变法的一股强大力量，而后宫成为他们施加影响的切入口。

不过，从王安石点名的外戚来看，并没有高滔滔的娘家人，可见高滔滔虽然站在反对变法的政治立场上，但她的私德确实不错，至少抑制了自己的娘家人进行政治关说活动。这是她生前死后获得好评的原因之一。

1085 年，年仅 38 岁的宋神宗带着未竟的雄心壮志，忧郁而逝。

大宋政局站在了一个分岔口上，在这个关键节点，54 岁的高滔滔正式开启了她的政治生涯。

2

在宋神宗病情恶化之时，谁来接任皇帝，朝中各派开始了秘密酝酿。

由于宋神宗先前的几个儿子均早夭，眼下年纪最大的儿子是皇六子赵煦，但也只有9岁。假如由赵煦继位为幼主，则势必回到宋仁宗年幼继位后由皇太后刘娥摄政的“故事”，那么，此时升级为太皇太后的高滔滔无疑是临朝听政的自然人选。

然而，高滔滔对新法的敌意，让宰相蔡确不得不谋取另一种可能性。蔡确是王安石去位后，新法最有力的支持者之一。他和变法派颇为顾虑，一旦高滔滔真的开启垂帘听政，势必罢除新法，引起他们个人命运的转折。

蔡确于是希望援引大宋的另一种继位模式，来排除这种最坏的结果。除了“父死子继”，宋朝还出现过“兄终弟及”的皇位继承先例。宋神宗临死时，他的两个弟弟——雍王赵颢和曹王赵頵，都是30来岁，年富力强，按先例也有做皇帝的资格。蔡确联合另一个大臣邢恕，密谋选立其中一人为帝。

与此同时，宰相王珪在问疾时，抢先请宋神宗早日立赵煦为皇太子。宋神宗已不能说话，只是点头同意。

在这场皇位之争中，高滔滔的态度就显得尤其重要：立自己的儿子，还是立自己的孙子，手心手背都是肉。

不过，关于高滔滔最初的立场，史书的记载已经模糊不清了。因为记载这场皇位之争的第一手史料《哲宗实录》，在宋徽宗朝以后经过了数次重修，随着朝中政治斗争形势的转换而出现截然相反的书写。

最早的版本，说高滔滔欲“立弟（神宗弟赵颢）不立子（神宗子赵煦）”，因为她一直宠爱儿子、雍王赵颢，而赵颢也有野心，在宋神宗病重时频繁出入禁中，提出皇帝病重“当请皇太后（高滔滔）垂帘”。在这个版本中，蔡确属意立幼主赵煦，而高滔滔与王珪“谋废立”。

到了南宋，《哲宗实录》经过大改，专门为高滔滔辩诬。大改后的版本，增加了高太后在宋神宗弥留之际秘密请宫人缝制小孩子可穿的黄袍的细节，说明高滔滔一开始就遵从宋神宗的意愿决定立赵煦为帝。同时记载说，高滔滔勒令自己的两个儿子（神宗的两个弟弟）不得再来探问宋神宗的病情，免得生出是非。在这个版本中，蔡确和邢恕以观花之名，邀请高滔滔的侄子参与谋废立遭拒后，遂使了一记毒招——造谣和诬蔑高滔滔与宰相王珪有废立赵煦的意思，而他蔡确才是赵煦继位的真正支持者。

对于卷入这场皇位之争的当事人而言，真相已不重要，重要的是如何制造真相，来达到自己的政治目的。

最终，在宋神宗病逝前四天，高滔滔开始垂帘听政。四天后，宋神宗驾崩，宰相王珪宣读遗诏，9 岁的赵煦继位，是为宋哲宗。

皇位之争，暂时尘埃落定。但在多年后，当宋哲宗开始亲政时，围绕当初到底谁才是自己继承帝位的支持者，又在朝中掀起了一场风波。

3

没有迹象表明高滔滔有主动谋取摄政地位的意愿。幼主继位，按照历史惯例，得有皇太后或太皇太后垂帘辅政，此时后宫之中属她辈分最高，所以，她没得选。

本朝第一个摄政太后刘娥，早在其夫宋真宗生病的两三年间就深度参与处理政事。到宋真宗病逝、幼主宋仁宗即位时，刘娥已有足够的政治经验，顺利进入摄政太后的权术生涯。

但与刘娥不同的是，高滔滔在开始正式摄政之前，毫无政治经验。无论是英宗朝还是神宗朝，她都是一个谨守后妃之道的女人，没兴趣也没机会参与朝廷政治。唯一的政治态度流露，是在王安石变法后，跟随当时尚在世的姨妈曹太后，劝谏宋神宗废除新法。仅此而已。

当她开启垂帘听政之后，必须面对的抉择，就是如何处理宋神宗留下来的政治遗产——新法以及一批支持新法的朝臣。很明显，这些政治遗产，与她本人的政治倾向是相悖的。

为了快速上手，掌控国家事务，建立自身权威，她开启了路径依赖模式，在熟悉的人和事之间寻求支持。人是“老人”，她选中的人，基本都是其丈夫宋英宗时期的重臣，比如司马光、文彦博、吕公著等；事也是“旧事”，就是要废除神宗朝以来施行的新法，恢复到神宗朝以前那个她所熟悉的祖宗旧制时代。

最关键的是，她期待中的人和事竟然也如此匹配——她熟悉和信任的老臣，个个都是新法的反对者、祖宗旧制的拥护者。那么，新法的废除，拥护新法的朝臣的清洗，就只是时间问题而已。

根据记载，高滔滔摄政后的第一件大事，竟然是抛开正常的政治途径，私下派太监到洛阳向司马光问政。因反对王安石变法而在洛阳隐居著书 15 年的司马光，估计做梦都想不到，自己会在生命的最后一年重返政治核心，并成功反扑新法，得偿夙愿。

洛阳问政后不久，司马光入朝拜相，并进一步援引反对变法的吕公著、文彦博等人入朝。朝中出现了蔡确、章惇等变法派与保守派对峙的局面，双方势同水火。

为了控制舆论、打击变法派，司马光等人又私下推荐了苏辙、朱光庭等保守派给高滔滔，请求授予谏官之职。随后，王岩叟、刘挚也被引入朝廷，充当御史，专门攻击变法派。

司马光还建议高滔滔，设置看详诉理所，替宋神宗时期反对新法的官员平反昭雪，恢复名誉和官职，重新安排进朝廷的各级部门。

政治斗争的本质都是人事安排。哪一方占据了朝中职权的优势，在接下来的政策变动和清理异己中，必将稳赢。

人事安排到位后，谏官们对变法派发起了猛烈攻击，蔡确、章惇先后离开京城，支持变法的其他官员也陆续被贬出朝廷。在不到一年的时间里，方田均税、市易、保甲、青苗、免役等变法的成果被尽行废弃，国家制度似乎一夜回到了 18 年前。

1086 年，农历九月，司马光在重新出山一年后病逝，太皇太后高滔滔大声恸哭。3 年后，吕公著去世，高滔滔再次哀恸不止，流着泪对朝臣们说："邦国之不幸，司马相公已故，吕司空又逝。"在她摄政的时间里，她的权威先后成为司马光和吕公著两任保守派领袖压制新法的工具。如今，工具的使用者离开了，工具似乎失去了方向。

实际上，在司马光死后，保守派内部逐渐分裂为三派，即后世所称的"蜀洛朔党争"。而高滔滔并无任何强势干预的姿态，只是任其党争环境恶化下去，直至像黑洞一样吞噬了这个国家。

4

高滔滔的私德其实很好。她崇尚节俭，以朴实著称，虽然出身贵族，但对民间疾苦有恻隐之心。她对待外戚——自己的娘家人，态度十分严苛，不徇私情。

但更多时候，她的美德仅限于她能感知的范畴。一旦进入治国领域，需要她站在更高的立场去权衡利弊，施行利国利民的美德，她就变得茫然无措，甚至成为政治上的"失德者"。

必须承认，一个政治家的美德，跟作为个体的美德，还是有很大差别的。从王安石变法开始以后的北宋政坛，几乎很少人意识到这一点，每个人仍然习惯用个体的美德去衡量政治家的美德，结果都陷入了偏执的境地。而高滔滔显然不具备改善纷乱朝局的思想与能力，这已经超越了她的日常经验。她只能作为一面旗帜被一帮老臣扛着，宣传她的私德，进而美化她作为政治家的道德。

但实际上，被史书美化为“元祐治世”的高滔滔摄政时期，却是北宋走向亡国深渊的前奏。致使北宋亡国的各种伏笔，此时已经埋下了。

高滔滔摄政时期，给北宋种下了三大恶果：第一，对宋神宗时期变法内容的全盘否定，将北宋经济推向了崩坏的边缘；第二，对西夏的割土示弱，不仅未能换得边境和平，反而刺激了其得陇望蜀的野心；第三，党同伐异的政治迫害，拉开了北宋末年翻来覆去的党争序幕。

尤其第三点，是北宋末年政局一个挥之不去的梦魇，朝局的重心不再是研究如何富国强民，而是研究如何打倒对手，彻底演化为一派打击另一派的斗争。

变法派中有真心实意希望国家变好变强的人，有想借变法攀龙附凤谋求高升的人。正如保守派中同样有为国谋不为己谋的人，也有借废除新法维持官僚贵族既得利益的人。假如高滔滔有识人的本事，那么，她应该采取的治国原则是就事论事，而不是就人论事。

可惜，在实际操作中，朝局中人都被站队和标签划成新旧两党，而新法也遭到不分良莠的整体废除，毫无回旋的余地。

在被史书称为“元祐更化”的这场废除新法运动中，高滔滔表现出了对保守派老臣的绝对依赖性。作为国家事实上的最高统治者，她未能展现出超脱于党派之上的态度，也未能施展更具智慧的权谋，而仅仅沦为保守派全面废除新法、打击变法派的一个工具。

宋神宗时期党争的历史，在高滔滔摄政时期又重演了一遍，而且是变本加厉地重演了一遍。

变法派领袖蔡确被贬出朝廷后，曾游安州（今湖北安陆）车盖亭，并作了一组绝句抒发个人感情。不料，保守派抓住机会，曲解诗意，上奏称其诗中影射高太皇太后为武则天，由此制造了“车盖亭诗案”。高滔滔下令蔡确自辩，却不接受他的自辩之辞，还坚持认为朝中有蔡确党，将打击面扩大到整个变法派。

高滔滔的做法，引起保守派内部一些人的反对。范纯仁提醒说，“不可以语言文字之间暧昧不明之过，诛窜大臣”，文字狱这个头不能开呀。吃过“乌台诗案”苦头的苏轼也认为要从轻发落，不可株连他人。但高滔滔仍然利用手中的权力，制造了北宋开国以来打击面最广、打击力度最大的文字狱案。

蔡确后来死于贬所，变法派也遭到斩草除根式的清算，连范纯仁都被扣上袒护蔡确的罪名贬出朝廷。

当年，针对苏轼的“乌台诗案”爆发时，高滔滔跟随曹太后向皇帝求情，而现在，她发起针对变法派的文字狱，终于活成了自己曾经最讨厌的样子。

这起牵连甚广的“车盖亭诗案”，影响比“乌台诗案”还要恶劣。它挑起了新、旧两党在此后的斗争中务求赶尽杀绝的政治报复情绪。日后，新党掌权，同样不遗余力地打击旧党，立“奸党碑”。

自此以后直至北宋灭亡，朝局就在新旧党争之中反复重演了四五次，帝国掉入了权斗的黑洞。

5

在激烈的权力斗争中，所有人都忽视了一个人的存在——宋哲宗赵煦，他才是大宋名义上的最高统治者。

高滔滔摄政 9 年，宋哲宗从一个 9 岁的小孩，成长为一个 19 岁的青年。然而，军国大事仍然由高太皇太后和几位大臣拍板，皇帝始终没有发言权。

朝中大臣无一例外，都忽视了宋哲宗的年龄增长。他们习惯地认为皇帝还小，告诫他凡事要听命于太皇太后。朝堂之上，皇帝御座与太皇太后座位左右相对，根据礼数，大臣应面对宋哲宗奏事，然而大臣都反过来，面对太皇太后，背对宋哲宗。

宋哲宗亲政后，曾提及当年太皇太后垂帘听政的场景，说自己个子小，只能看见朝臣的屁股和腰部。

有时候，高滔滔会问宋哲宗，你为什么一直沉默，不发表你的看法呢？

宋哲宗回答："娘娘已处分，还要我说什么？"

有一次，高滔滔命人将宋哲宗用了很久的一张旧桌子抬走换掉，但宋哲宗很快自己派人又把旧桌子搬回来。高太后大惑不解。

宋哲宗回答："这是先帝用过的。"

高滔滔心中一惊，这才意识到，自己在年轻的皇帝心中种下了怨恨的种子。

垂帘太后与年轻皇帝的对立，在历史上并不罕见，可以称为"垂帘听政后遗症"。皇帝一旦成年亲政，轻则一反前政，消除摄政太后的影响，比如宋仁宗；重则必下狠手，要把摄政太后搞臭，比如宋哲宗。

高滔滔病重之时，已经意识到宋哲宗对她的极度不满。她似乎看出了一些不祥的征兆，特意将吕大防、范纯仁召来，进行临终嘱托："老身受神宗顾托，同官家御殿听断，公等试言，九年间曾施私恩与高氏否？"

吕大防奉承说："陛下以至公御天下，何尝以私恩及外家。"

一直到临死，高滔滔最得意的事情，仍然是她的私德无亏，不曾利用权力额外照顾娘家人。但她并不知道，这一点，对于长期被无视的皇帝来说，重要吗？

高滔滔接着叮嘱范纯仁："卿父仲淹，可谓忠臣。在明肃皇后垂帘时，唯劝明肃尽母道；明肃上宾，唯劝仁宗尽子道。卿当似之。"意思是要范纯仁学习他的父亲范仲淹，当年刘太后刘娥死后，宋仁宗一度要报复刘娥，范仲淹劝说宋仁宗要尽儿子的责任。

最后，高滔滔还告诫吕大防和范纯仁说，我死之后，皇帝是不会重用你们的，你们应主动退避，免得遭祸。在生命的最后时日，高滔滔对宋哲宗亲政后可能采取的举动，已经预见得清清楚楚。

1093年的秋天，62岁的高滔滔病逝，谥号为"宣仁圣烈皇后"。

宋哲宗终于开始了反扑式的亲政。对于高滔滔摄政期间任用的人、制定的政策，他一概不认，通通反着来。他把章惇、蔡卞等变法派首脑重新召回朝堂，而保守派官员则陆续被贬到岭南一带。朝廷党争，权势转移，一个新的轮回又启动了。

这时候，朝廷上已经有人斥骂高滔滔为"老奸擅国"。或许是出于宋哲宗的授意，章惇和蔡卞打算追废高滔滔，并拟好了诏书。在向太后和宋哲宗生母朱太妃的苦苦相劝后，宋哲宗骂了章惇和蔡卞一场，此事翻篇。

国号	在位皇帝	大事件	事件相关人物
北宋（960—1127）	**宋神宗**（1067—1085在位）	**熙宁变法**：由王安石发动的社会改革运动，旨在富国强兵，变法内容以增加税收和提高国防力量为主。	**宋神宗**（1048—1085）：一位有进取心的皇帝，即位不久，就支持王安石变法。初有成效，后因守旧势力的反对，神宗摇摆于新旧两党之间，最终忧郁而逝。
			王安石（1021—1086）：熙宁三年（1070），王安石开始在全国范围内推行新法。
			曾巩（1019—1083）：唐宋八大家之一，王安石好友，两人虽政见不同，但终生维持着深厚友谊。
		乌台诗案：苏轼被弹劾在奏表中讽刺变法，并牵连出大量苏轼诗文为证，因而被逮捕，后交御史台审讯。 乌台，即御史台，因其上植柏树，终年栖息乌鸦，故称乌台。	**苏轼**（1037—1101）：因为涉嫌卷入讽刺变法的乌台诗案，被贬黜黄州。
			黄庭坚（1045—1105）：乌台诗案中，敢于为苏轼说话，后来拜入苏轼门下，在诗歌、书法上都有很高造诣。
	宋哲宗（1085—1100在位）	**元祐更化**：以司马光为首的旧党，在元祐年间（1086—1093）推翻王安石变法的事件。	**太皇太后高滔滔**（1032—1093）：摄政后，大力启用反对新法的老臣。
			司马光（1019—1086）：闲居洛阳15年后，在太皇太后的支持下，司马光重返朝堂出任宰相，将新法尽数废改。

国号	在位皇帝	大事件	事件相关人物
北宋（960—1127）	宋徽宗（1100—1126在位） 宋钦宗（1126—1127在位）	**靖康之难**：靖康二年（1127）金军南下攻取北宋首都东京，掳走徽、钦二帝，导致北宋灭亡的历史事件。	**李纲**（1083—1140）：主战派人士，金兵来犯时，李纲勇担保卫京城的重任。
			宗泽（1060—1128）：主战派人士，临终前，大呼三声“渡河”，悲愤去世。
南宋（1127—1279）	宋高宗（1127—1162在位）	**绍兴和议**：宋高宗一心想建立自己的朝代，而不是北上夺回失地，为了与金国签订合约，不惜冤杀岳飞。	**宋高宗**（1107—1187）：南宋开国皇帝，一生活在靖康之难的阴影下。
			岳飞（1103—1142）：被冤杀的民族英雄。
			秦桧（1090—1155）：一个摇尾乞怜的主和派。
		采石之战：南宋军民在虞允文的指挥下，力挫南侵的金军主力，打破了金军渡江灭亡宋廷的计划，使宋军在宋、金战争中处于极为有利的地位。	**虞允文**（1110—1174）：坚定的主战派，身为文臣，却有勇有谋，领兵上阵，挫败金军兵锋，扭转了战局。
	宋孝宗（1162—1189在位）	**隆兴北伐**：宋孝宗即位后，为收复北方失地，以张浚为主帅所进行的北伐军事行动。	**宋孝宗**（1127—1194）：南宋最有作为的皇帝，一心想收复中原，苦于无人可用。
			张浚（1097—1164）：66岁的主战派老将，因战事失利被贬，悲愤离世。
			陆游（1125—1210）：爱国诗人，坚定的主战人士。

国号	在位皇帝	大事件	事件相关人物
南宋（1127—1279）	**宋光宗**（1189—1194 在位）	**绍熙内禅**：宋光宗患有“心疾”，绍熙五年（1194），被迫禅位给儿子赵扩，史称绍熙内禅。	**赵汝愚**（1140—1196）：宗室大臣，与韩侂胄联合推动了绍熙内禅。
	宋宁宗（1194—1224 在位）	**庆元党禁**：一场学术之争演变成了残酷的政治斗争。	**韩侂胄**（1152—1207）：铁血宰相，被自己人槌杀。
	宋理宗（1224—1264 在位）	**联蒙灭金**：端平元年（1234）正月十日，宋蒙联军攻陷蔡州，金末帝完颜承麟死于乱军之中，金朝灭亡。	**孟珙**（1195—1246）：一位高瞻远瞩的防御大师，为南宋续命40年。
	宋度宗（1264—1274 在位）	**襄阳之战**：宋元封建王朝更迭的关键一战，历时6年，以南宋失襄阳结束。此后，南宋再难组织起抵抗蒙古的军队。	**贾似道**（1213—1275）：南宋最后的权相，勇于改革，坚定抗蒙。
	宋恭帝（1274—1276 在位）	**遁入佛门**：宋恭帝赵㬎被元军俘虏后，出家为僧。	**宋恭帝**（1271—1323）：在萨迦寺出家后，赵㬎苦修佛法，还担任过萨迦寺总持，成为藏传佛教史上有名的大师。
	宋端宗（1276—1278 在位） **宋末帝**（1278—1279 在位）	**崖山海战**：宋元之间的决战，最终，元军以少胜多，南宋灭亡。	**陆秀夫**（1238—1279）：崖山海战，不愿投降的陆秀夫，毅然背着8岁的宋末帝赵昺投海自尽。 **文天祥**（1236—1283）：民族英雄。

两宋大事记

亲政4年后，当年高滔滔倚重的已故老臣，一个个被追贬和剥夺恩封。宋哲宗还打算开掘司马光等人的坟墓，被朝臣苦谏之后才作罢。

从高滔滔摄政起，一直到宋哲宗亲政后，整个大宋充斥着怨恨与报复的情绪，以及在此情绪控制下的国家治理方式，国事是好不了了。

6

可是，尽管国家和朝政都向坏的方向发展，而高滔滔却在北宋灭亡后，迎来了个人口碑的彻底逆转。

从高滔滔摄政的整个过程来看，宋哲宗的权力是被完全架空的，难怪后者亲政后对其抱有如此深的恨意。

从实际采取的垂帘制度来看，高滔滔也比刘娥更大胆。刘娥当年只在后殿听政，不接受百官朝拜；而高滔滔摄政时期，官员需要先参拜高太后，然后才拜宋哲宗。

然而，与刘娥摄政时期建纲立制、兴利除弊的社会改革相比，高滔滔的执政却是一种顽固保守、路径依赖的姿态，加剧了北宋末年的衰亡。

虽然权力大、作为小，高滔滔却被捧为“女中尧舜”，她摄政的那几年，也被史书粉饰为“朝廷清明，华夏绥定”，甚至“我朝之治，元祐为甚，母后之贤，宣仁为最”，这已经把高滔滔捧上天了。

为什么会出现如此背离事实的历史定论呢？

从根本上讲，高滔滔摄政时虽然权力大，但她显然更懂得如何配合复兴祖宗成法，不去挑战男权社会的准则，因而在长期以来偏保守的皇权时代，她更容易得到写史者的肯定。

特别是，北宋灭亡以后，南宋政局基本是由保守派掌控。宋高宗时，曾对高滔滔摄政时期的历史记录进行修订改写，突出以高滔滔为代表的保守派与变法派的政争，是忠党与奸党两条线的斗争。以简单的忠奸论，模糊了宋神宗、宋哲宗两朝复杂的历史真相。

后来的史书，包括元代官修《宋史》，均在仓促间修撰，而以南宋的史书为底本，导致这段被模糊、被改写的历史一直得不到正确的审视。

高滔滔是“女中尧舜”的既定说法，就这样被《宋史》继承下来，代代流传。

后世不断地重复书写，事实上塑造并强化了所谓的历史真相。尽管这种历史真相，与历史事实可能是全然相反的，但没关系，重要的是历史书写的权力掌握在谁手里。保守派在政治斗争中有起有落，但他们最终占据了历史书写权，于是，后人看到的历史就变成了这样——凡是支持新法的，都被打成奸臣；凡是反对新法的，都被塑造成忠臣。而反对新法的总舵主高滔滔，则是历代贤德女主第一人，这都不带谦虚的，就得这么写。

从来都是人，而不仅仅是事实，在构建历史。

可以确定，不是高滔滔利用了保守派，而是保守派利用了她，利用她被建构起来的地位和口碑，为他们心中的理想人格和事业进行扶持，使其具备合法性和权威性。

作为历史上男权社会的一个女人，她有没有作为，在他们看来并不重要。重要的是，她对他们有没有用。

仅此而已。

章惇：史上最该平反的奸臣

宋朝出“奸臣”。但有的是“真奸臣”，有的是“被奸臣”。

官修正史《宋史》中，《奸臣传》4卷共21人，蔡确、邢恕、吕惠卿、章惇、曾布、安惇等人榜上有名。

针对这份奸臣名单，历史学者喻朝刚曾撰文发出三个疑问：第一，在蔡确之前的100余年中，宋朝统治集团内部难道就没有一个奸臣吗？第二，两宋300多年，一共出了21个奸臣，而王安石的支持者和追随者竟然占了三分之一，《宋史》的编撰者究竟企图说明什么问题？第三，这几个人，果真都是奸臣吗？

其他人暂且不论，本文专门来说一说章惇，一个最该获得平反的“奸臣”。

1

福建人章惇有个好友，名叫苏轼。

两人是嘉祐二年（1057）科举同榜进士，这一榜后来被认为是光耀千古的“龙虎榜”。除了苏轼、章惇，还有苏辙、曾巩、张载、程颢、曾布、吕惠卿，等等。有意思的是，这一榜的状元叫章衡，是章惇的侄子。章惇“因耻出侄章衡下，委敕而出”。这是一个极其好胜的人，觉得名次在侄子后面是一种耻辱，所以扔掉录取通知书走了。

两年后，25 岁的章惇再考进士，又考中了。有才而好胜的个性，伴随了章惇一生，是福是祸，难以定论。

年轻的苏轼与章惇，彼此惺惺相惜，相得甚欢，成为莫逆之交。苏轼后来在给章惇的信中回忆说，我第一次见到你就惊呆了，逢人便说“子厚（章惇字）奇伟绝世，自是一代异人，至于功名将相乃其余事”。

两人在陕西做官的时候，曾多次互访，相约出游。迄今仍有关于他们交往的许多段子流传，真真假假，但都能窥见他们的性情差异。

有一次，两人在山寺中饮酒，刚好附近有老虎出没。二人酒狂，骑马同往观之。离老虎数十步，马惊不敢前。苏轼说：“马犹如此，著甚来由？”于是掉头离去。章惇独鞭马向前去，说：“我自有道理。”靠近老虎后，取铜沙锣于石上攧响，老虎惊窜而去。回来后，章惇对苏轼说：“子定不如我。”

章惇的好胜和勇谋，由此可见一斑。

后来，两人因为政见不同，各自的命运和共同的友谊都经受了考验，在时代党争的风浪中沉浮。

宋神宗熙宁、元丰时期，变法派得势，苏轼遭外放、贬谪，而章惇出将入相，仕途相对顺遂。

这一时期，“乌台诗案”爆发，章惇不仅不畏闲言冷语，写信抚慰苏轼，还给予苏轼诸多帮助，解其困急。章惇的表现，绝对对得起他们的友谊。

宰相王珪多次拿苏轼诗中的“蛰龙”二字出来，挑唆宋神宗治苏轼“不臣”之罪。章惇据理力争，指责王珪：“你是想使别人整个家族倾覆吗？”王珪辩称：“我不过是转述舒亶的话罢了。”章惇讥讽：

"舒亶的唾沫你也吃？"

在流放的日子里，苏轼给章惇写信，感慨世态炎凉：那些当年追捧我的人，"一旦有患难，无复有相哀者"，只有你章惇，"平居遗我以药石，及困急又有以收恤之，真与世俗异矣"。从苏轼的话可以看出，章惇当时虽已高居参知政事职位，但为人处世仍是世俗中的一股清流，十分难得。

宋哲宗元祐时期，太皇太后高滔滔摄政，变法派遭到全面清洗。苏轼"三入承明，四至九卿"，章惇则处于贬谪、闲置状态。

从现有史料看，在章惇遭贬黜的过程中，苏轼的弟弟苏辙上了《乞罢章惇知枢密院状》，充当保守派攻击章惇的炮弹，而苏轼没有弹劾或营救章惇的文字留下来，我们无法确知这一时期他本人对待章惇的态度。

章惇最初被罢黜到汝州，身心备受打击，他一再乞求到扬州，方便就近照顾人在杭州的 87 岁老父，但均遭到拒绝。9 个月后，元祐元年（1086）十一月，章惇终于可以回杭州，苏轼这时给他写了一封信："归安丘园，早岁共有此意，公独先获其渐，岂胜企羡。但恐世缘已深，未知果脱否耳？无缘一见，少道宿昔为恨……"

苏轼在信中提起他们早年一起归隐田园的约定，然而，"但恐世缘已深，未知果脱否耳"一语，表明在苏轼看来，章惇追求变法，是汲汲于功名的表现，"世缘已深"，希望章惇能够超脱功名。

由于章惇后来被打成"奸臣"，他的文字被保留下来的极少。我们无从知道，对于苏轼的"指控"，章惇本人作何回应。但两人仍有书信往来，至少说明，虽然他们的政见分歧很深，但友情还在，并未完全破裂。

不久，章惇又被弹劾，重回汝州。两年后，他等到离杭州颇近的知苏州任命时，父亲已经去世。他辞去苏州知府之职，在不尽的弹劾中沉默。

等到宋哲宗亲政的绍圣、元符时期，章惇独相，达到个人仕途的最高峰，而苏轼则远谪岭南。这时的章惇，原本有足够的权力去营救苏轼，修复两人的友情，但他没有这个肚量。元祐年间苏轼兄弟对自己的指摘和见死不救，一定在章惇的心中留下了很深的印痕。

此时的他对苏轼，应该是有怨恨的。

但后来的史书笔记说，章惇是远谪苏轼的幕后黑手，这就言过其实了。包括苏轼在内的元祐党人在宋哲宗亲政后，均遭到连续贬谪，是宋哲宗为了尽反高滔滔之政，实施了发泄式的报复行动。当时有大臣询问宋哲宗，能否将元祐党人从岭南调到稍微好一点的地方，宋哲宗明确表示，绝不可以。

章惇对不起苏轼，仅仅因为他没有出手营救苏轼，而这，就像苏轼在元祐期间也未出手营救自己一样。他们彼此或许还有友情，但政治的介入，已让他们越走越远了。

宋徽宗时期，两人的遭遇更加耐人寻味。

建中靖国元年（1101），苏轼劫后余生，获准北归，这次轮到章惇被贬到岭南。章惇的儿子章援向苏轼写信求助，此时距离苏轼病逝仅一个半月。苏轼收到章援的信“大喜”，抱病写长文作答。他虽然对章惇的被贬无能为力，但让章援转告其父要保重身体。

苏轼说，他与章惇定交四十年，“虽中间出处稍异，交情固无所增损也”。他至死都承认并怀念他与章惇的友情。至于两人的政见分歧，曾经的党争倾轧，通通轻描淡写。这些和他们的交情比起来，都不重要。

相逢一笑泯恩仇，只是他们没有机会再相逢了。章惇被贬雷州大约半年后，苏轼在常州去世。

吊诡的是，崇宁三年（1104），他们殊途同归，一起被徽宗朝权相蔡京列入“元祐党籍”，成了所谓的“元祐奸党”。

第二年，71 岁的章惇在贬所病逝。章惇死后数年，他才得到朝廷追认，被追封为魏国公，而苏轼则被打入另册。

但北宋灭亡后，两人身后的命运再次反转。章惇被当成了奸臣，宋高宗追贬章惇为“昭化军节度副使，子孙不得仕于朝”。苏轼则成了宋高宗、宋孝宗十分喜爱的“苏文忠公”。这种历史定位一直延续到现在。

2

章惇和苏轼都是一代奇才，两人操守和才情相似，但对政治的理解有差异，导致他们的政见和立场不同。

苏轼更注重人文情怀和精神层面。他对王安石变法不热衷，是因为相信儒家传统的治理方式，认为君王只要做好表率，加强修养，就可以解决一切现实问题，迎来治世。这在北宋中期的统治困境面前，显然过于理想主义了。

而章惇则是一个现实主义者，事情总得有人去做才会好，国家必须有针对性地制定政策进行治理，才不会乱。他服膺王安石变法，本质上是推崇王安石的“三不足”——“天变不足畏，祖宗不足法，人言不足恤”。改变，才能让国家更好。

思想根基，决定了两人的成就各有侧重。苏轼在地方治理上有政绩，但在朝廷治国方面有不足，他的名声主要来源于他的诗词文章和道德人格。章惇则擅长治国用兵，一生虽然坎坷，但仍出将入相，是北宋政坛上举足轻重的人物之一。

章惇的政治才干是反对他的人都无法否认的，所以反对者只能在他的品行上做文章。但他究竟有什么品行上的问题，史书上也没有记载。只是一出场，就给他一个定语——“有才无行”。

南宋人李焘《续资治通鉴长编》记载，宋神宗熙宁年间，有人向王安石推荐了在政坛上刚崭露头角的章惇，王安石说：“听说章惇极其无行。”推荐者说：“我推荐的是他的才，只要他有才可用，品行又算什么呢？您可以跟他见见面，一定会喜欢他的。”

《续资治通鉴长编》接着写，“安石见惇，惇素辩，又善迎合，安石大喜，恨得之晚”。

这就是宋代史学家的笔法，写章惇被王安石看中，并加入变法派的队伍，但从头到尾却一直强调章惇品行不好，“素辩”“善迎合”，都指向章惇是一个小人。由此，进一步说明王安石变法的队伍里都是些小人，借以贬低 11 世纪的那场改革。

事实上，王安石后来也看出，章惇不过是被世俗之人中伤诋毁而已。

从章惇一生的行迹来看，他不仅不是小人，还是一个无私无畏、坚持立场、忠于职守，并时常发出不合时宜之论的孤胆英雄。

熙宁五年（1072），章惇被任命为荆湖北路察访使，经制梅山蛮夷。这是一次重要的任命，梅山开边是熙宁年间的三次战争活动之一，章惇也凭借此次经略拿到了进入朝廷中枢部门的敲门砖。

章惇制定了怀柔与强硬的双重政策，最终当地蛮夷首领“相继纳土，愿为王民”。

后来，在章惇被贬湖州之后，荆南发生叛乱，朝廷能想起的最佳平叛人选还是章惇。章惇受命，二话不说，“疾赴荆南，道中坠马伤足”。真是一个不要命的“拼命三郎”。

然而，历史的不公在于，后来的史书提起章惇经略荆湖北路的事迹，刻意删去了他要求怀柔和宽大处理的言论，却把别人诬蔑他在梅山大肆杀戮，“以至浮尸蔽江，下流之人不敢食鱼者数月”的谣言大书特书。

这就是反对者的手段——你做得不好，我可以指摘你；你做得好，我依然能够诋毁你。

由于章惇治理荆湖北路有功，后被提拔为判军器监。一天，北宋财政部三司发生大火，章惇率领军器监众人救火，奋不顾身，刚好被站在御楼上的宋神宗看到。第二天，宋神宗直接提拔章惇为三司使。

尽职、拼命的章惇“阴差阳错”成为北宋的“计相”“财爷”，这算是命运对他的一丝眷顾吧。但章惇在三司使任上大刀阔斧进行改革，整理账目，设会计司，重新登记天下的户口、人口、租额、年课等，把账本做得清清楚楚。就算是上天眷顾来的职位，他依然凭借才干和务实精神，把工作做到极致。

几年后，元丰三年（1080），章惇已升任参知政事，成为朝廷重臣。

元丰八年（1085）后，宋神宗病逝，年幼的宋哲宗继位，由太皇太后高滔滔摄政，保守派领袖司马光、吕公著等相继拜相。此时，朝廷风向骤转，原本依附变法派的一些人，出于自保，开始重新站队。

但章惇不为所动，他仍然在朝堂上与保守派据理力争，指责司马光引进官员破坏程序正当性，与司马光就免役法当不当废的问题展开辩论。他最终像坚守变法的蔡确等人一样，被贬出朝廷，在元祐八年间，无缘重返朝廷。

宋哲宗亲政后，绍圣元年（1094）四月，召章惇为相。重返朝廷核心的章惇，第一件事就是追究已故的司马光、文彦博等人向西夏割地求和的罪责，同时停掉每年给西夏的岁赐，命章楶修筑城寨，加固边防。5 年后，章楶在平夏城大败西夏人，使得西夏“不复能军，屡请命求和”。

而此时，章惇主要的任务是，恢复了被司马光废除的熙宁、元丰新法，重新举起了王安石变法富国强兵的旗帜。虽然最终不能救大宋于危亡，但他的努力，让北宋有了一次炫目的回光返照。

自始至终，章惇都是变法革新的坚定人物，不改初衷，得失坦然，在北宋摇摆和纷乱的政局中显得尤其可贵。

更为难能可贵的是，在章惇为相的 7 年间，他没有像司马光当年对新法赶尽杀绝一样，对元祐时期的做法进行一刀切的否定。相反，他能够稍微放下党争和报复的不理性，实事求是地保留了元祐时期一些切实可行的法令。

当时，章惇向宋哲宗进呈新修订的法令。宋哲宗听到有些法令是元祐时期颁布的，大惑不解：“难道元祐敕令也有可取的吗？”

章惇回答说：“取其善者。”

这一刻，章惇显示了一个大政治家的格局。

3

很多人知道，苏轼有一肚子的“不合时宜”。其实，作为苏轼的好友，章惇同样以“不合时宜”出名。

章惇在世时，无论是反对他的人，还是支持他的人，都承认他是一个敢言、直率、绝不见风使舵的人。

宋神宗元丰五年，1082 年。

一日，宋神宗盛怒，批令斩杀一名漕官。

第二天上朝，宋神宗问宰相蔡确："昨日朕批示要杀的人，已经执行了吗？"

蔡确回奏："臣等正准备报告此事。"

宋神宗追问："杀个人难道还有什么疑问吗？"

蔡确于是说，自宋太祖开国以来，我朝不曾杀过士人，臣等不愿看到陛下破例。

宋神宗沉吟许久才说："那就将他刺面发配吧。"

这时，门下侍郎章惇忽然站出来，说："陛下，这样还不如把他杀掉算了。"

宋神宗反问："这是何故？"

章惇上前回奏："古人言，士可杀不可辱。依臣看，杀头比刺面流放要好受得多。"

宋神宗一听，火冒三丈："朕乃天子，难道连一件快意的事都做不成？"

章惇连忙对宋神宗说："陛下，像这种快意的事，臣以为还是做不成的好。"

宋神宗默然不语，冷静后，怒气渐消，对蔡确、章惇等人说："这件事就由你们酌情处理吧。"

从来奸臣只有溜须拍马、逢迎皇帝作恶的，哪有如章惇、蔡确这般，当面顶撞，给皇帝制造不痛快的奸臣？

宋哲宗元祐元年，1086年。

高滔滔临朝，司马光拜相，新法陆续被废，但此时免疫、青苗等法尚存，司马光抱病上疏，请求5日之内罢除免役法，否则"死不瞑目"。

对此，章惇针锋相对地反驳说："今日更张政事，所系生民利害，免役、差役之法最大，极须详审，不可轻易。”若真在5日内改免役法为差役法，“更张草草，反更为害”。

免役法的推行，使得百姓不需要向朝廷服役，只要交免役钱，由朝廷雇人服役就行了。这项制度顺应了商品经济发展的趋势，虽然在执行中出现了一些弊端，但如果因噎废食，彻底否定，开倒车返回差役法，则显然是不理智的。所以，不仅章惇，连保守派阵营内的人，都劝司马光要慎重。

但司马光一意孤行，为了反对而反对，此事做得不像一个理智的政治家。

章惇清楚地知道时移势易，保守派要干的事容不得他一个变法派的人说三道四。他若保持沉默，或许还能保住自己的位子。但他不管不顾，就是要捍卫王安石变法的心血。保守派轮番弹劾他，他却“不贬不去”，不顾名声和安危，宁愿被贬也不自请外放，要换取时间来捍卫王安石最为看重的免役法。

史书说，章惇在高太后帘前与保守派争论，多有不逊之词，“太皇太后怒其无礼，乃黜之”。

罪名的认定大有学问，高太后等人当然不能以坚守新法的理由罢黜章惇，尽管这是根本原因。于是，章惇便被加上“轻薄无礼”之类的罪名，被轰出了朝廷。

从来奸臣只有审时度势、迎风而上的，哪有如章惇这般，逆势而行，给自己制造麻烦的奸臣？

宋哲宗元符三年，1100年。

宋哲宗去世，向太后在事先选定端王赵佶为皇位继承人的情况下，假意征求宰执的意见。章惇又不合时宜地站出来，说按照程序应当立谁谁谁。向太后反对。章惇还是不知迎合，又说那应该立谁谁谁。向太后又反对。

见章惇两次都不上路子，向太后只好以先帝宋神宗的名义说，端王赵佶“有福寿，且仁孝”，可以立为君。

说得这么明显了，章惇依然执拗地坦言：“端王轻佻，不可以君天下。”

话没说完，与章惇同朝的曾布怕受牵连，对着章惇吼了一句：“章惇听太后处分！”端王赵佶由此继位为宋徽宗。

其他大臣揣摩上意，一味附和，章惇却一再力争，不管不顾。要知道，这时候的章惇可不是一个政坛愣头青，而是一个曾掌朝政七八年、富有政治经验的66岁老臣啊，他不可能不知道直言的后果会危及自身的地位。但他知道赵佶轻佻，“不可以君天下”，为天下社稷苍生计，他不能不力争。

可悲的是，这次力争的失败，最终造成了北宋的沦亡，证明了章惇的远见卓识，而章惇和他的家族则彻底葬送了政治前程。

从来奸臣只有攀龙附凤、投机取巧的，哪有如章惇这般，不识好歹，押上个人和家族前程尽说大实话的奸臣？

尽管传统的正史把章惇诋毁成一个奸臣，但在历史的叙事中，仍然掩不住他作为一个直臣的光辉品格。

由元祐党人后人执写的史书，因为反对变法派而抹黑章惇的人品，但他们除了空口无凭说他“有才无行”，却举不出具体的例子来论证他们的判断。恰恰相反，他们写下来的关于章惇的事迹，反过来证明了章惇是一个做事有原则、做人有底线的人：

他曾大权独揽七八年，却“不肯以官爵私所亲”，四个儿子都考上进士，但除了一个入朝当校书郎的低级官员，其他三子都在州县为官，没有一个显达。若他是奸臣，请问有不徇私的奸臣吗？

他终生信奉、发扬和改良王安石变法的内容，却在另一名变法派领袖蔡卞极力推行王安石个人崇拜的时候，头脑清醒地站出来反对搞偶像崇拜，说自己不曾唤王安石作“真人、至人、圣人”。若他是奸臣，请问有不谄媚的奸臣吗？

他为官清廉，据说死后家贫难以下葬，手指都被老鼠啃掉一个。连诬陷他的人，都不敢说他贪污受贿。若他是奸臣，请问有不贪污的奸臣吗？

他坚守国土，寸土不让，在司马光等人提议向西夏割地换和平的时候，他怒不可遏，说提议的人“可斩”。在他掌握朝政后，他强势地断绝了给西夏的岁赐，并积极发起收复失地运动。若他是奸臣，请问有不卖国的奸臣吗？

不徇私，不谄媚，不贪污，不卖国，作为一个奸臣，他章惇到底图什么？

难道，作为一个奸臣，他图的是有原则、有底线、有良知和有胆气吗？

4

如上所述，正史中关于章惇是奸臣的指控，可以断定通通不成立。

按照宋朝的历史现实，《宋史》（虽是元朝官修，但采用的底本均为宋人所作）将章惇列入《奸臣传》，基本理由跟蔡确、吕惠卿这些人入《奸臣传》一样，都是基于他们是王安石变法的支持者和继承者。

史书写得很明白，章惇的罪证之一，就是“绍圣而后，章惇倡绍述之谋，秕政复作”。所谓“秕政”，是写史者对王安石新法的蔑称。

近代以后，王安石变法，以及历史上著名的改革变法，才得到了较为公平的评价。但在此之前的漫长时间里，王安石变法因为变乱祖宗家法、着重理财而一直受到社会主流思想的鄙夷。宋代以后占据主流的程朱理学，讲求“道德治国”，而鄙薄“技术治国”，对于强调法律、财务、经济等实操的王安石新法，自然没有好感。在理学思想指导下的传统史书，于是更容易将王朝的衰亡归咎于变法，归咎于主张和支持变法之人。

靖康之变后，宋室南渡，面对国破家亡的政治危机，朝廷需要做的事情，就是检讨北宋灭亡的原因，并确定由谁来承担历史罪责。

宋高宗替父兄开脱历史罪责，将国事危亡由蔡京祸国，上推至王安石变法，让一群推行变法的“误国奸臣”来承担骂名。这样，赵家人是没有过错的，有过错的是底下的奸臣。

时人杨时说，“蔡京用事二十余年，蠹国害民，几危宗社，人所切齿，而论其罪者莫知其所本也。蔡京以继述神宗为名，实挟王安石以图身利”，“今日之祸，实安石有以启之”。这说明，南宋人批评蔡京误国，将矛头指向王安石变法，认为变法乱了祖宗家法终酿靖康之难，已成为一种政治正确。

历史学者方志远曾指出，自从在正史中立《奸臣传》，中国历史上便大抵只有奸臣而无昏君、暴君。

所谓的“奸臣”，成了昏君、暴君的替罪羊。

王安石未被正史列入《奸臣传》，或许仅仅是因为他的名声太大，做派太正，写史者也怕引起非议。但王安石以下，蔡确、吕惠卿、章惇等人，要么做派有问题，要么名声不太显，拿来欺负一下，让他们为北宋亡国顶罪，那是最好不过了。

有奸必有忠，正史否定变法派的连带结果，就是肯定了以高太后、司马光等人为首的保守派。北宋政坛上基于变法与反变法的政见之争，因此被史书描述成忠奸对立的道德之争。

当道德凌驾于政治之上，历史事实便进一步被遮蔽和扭曲。

元祐时期，高太后、司马光等人对变法派的清洗和贬谪，从本质上来说，跟后来宋哲宗亲政时期，宋哲宗、章惇等人对元祐党人的清洗和贬谪是一模一样的，是权力斗争的血腥和无情。在这场轮回反复的斗争中，双方都犯了错误，应该受到同等的批判和谴责。

正如梁启超所说："至窜逐元祐诸臣，则亦还以元祐所以待熙丰者待彼而已。元祐诸臣是，则惇亦是也；惇非，则元祐诸臣亦非也。"若要赞美，双方应一起赞美；若要谴责，双方应一起谴责。这是对等的。

可是，在经过忠奸对立的道德书写之后，司马光的冥顽不化，被美化成了忠臣对奸臣的零容忍，而章惇的同样做法，却被当成了奸臣对忠臣的谗害。

我不想美化北宋政坛的党同伐异，但也反对将司马光与章惇的同类做法区别对待，至少，他们都不是完人，在报复政敌方面应各打五十大板。

更为悲剧的是，无论身前死后，在争夺道德高地的斗争中，向来耿介、从不投机的章惇始终处于下风。他不仅被元祐党人当作"奸臣"，还被以新党自居的徽宗朝权相蔡京当作"奸臣"，名字被刻入《元祐党籍碑》。最后，更被《宋史》写入了《奸臣传》。一个两面都不讨好的人物，在历史的迷雾中，彻底模糊了身影。

在历史上，一个人物的真实状况与身后评价存在巨大反差的现象并不罕见。但像章惇这样，一直被误解、从未获理解的人，确实是悲剧中的悲剧。因此，有历史学者将这种现象称为"章惇现象"。

说起来，作为章惇的老朋友，苏轼算是非常幸运的了，生前虽然也是两边不讨好，人生不如意，但死后他得到了绝高的评价。而章惇，或许不敢奢求什么，只想求取历史的公正一笔。

本章参考文献

[宋]欧阳修:《欧阳修诗文集校笺》，上海：上海古籍出版社，2009年

[宋]苏轼:《苏轼文集》，孔凡礼校注，北京：中华书局，2004年

[宋]司马光:《传家集》，长春：吉林出版集团，2005年

[宋]王安石:《临川文集》，长春：吉林出版集团，2005年

[宋]邵伯温:《邵氏闻见录》，北京：中华书局，1983年

[宋]李焘:《续资治通鉴长编》，北京：中华书局，2004年

[元]脱脱:《宋史》，北京：中华书局，1985年

[清]毕沅:《续资治通鉴》，北京：中华书局，1999年

顾宏义等编:《宋代日记丛编》，上海：上海书店出版社，2013年

邓广铭:《宋史十讲》，北京：中华书局，2015年

黄进德:《欧阳修评传》，南京：南京大学出版社，2003年

梁启超:《王安石传》，西安：陕西师范大学出版社，2010年

张祥浩、魏福明:《王安石评传》，南京：南京大学出版社，2011年

易中天:《王安石变法》，杭州：浙江文艺出版社，2017年

游彪:《宋史十五讲》，南京：凤凰出版社，2011年

李昌宪:《司马光评传》，南京：南京大学出版社，1998年

漆侠:《王安石变法》，保定：河北大学出版社，2001年

方诚峰:《北宋晚期的政治体制与政治文化》，北京：北京大学出版社，2015年

[韩]朴志焄:《北宋时期宣仁太后的摄政》，《宋史研究论丛》(第七辑)，保定：河北大学出版社，2006年

黄锦君:《章惇传论——从章惇的宦海沉浮看北宋中后期政治风云》，《宋

代文化研究》(第九辑),成都:巴蜀书社,2000年

李昌舒:《濮议之争与欧阳修之死》,《东南大学学报》(哲学社会科学版)2018年第6期

谢谦:《欧阳修艳词绯闻辨疑》,《四川大学学报》(哲学社会科学版)2006年第4期

刘广丰:《宋代后妃与帝位传承》,《武汉大学学报》(人文科学版)2009年第4期

张明华:《北宋宣仁太后垂帘时期的心理分析》,《洛阳师范学院学报》2004年第1期

喻朝刚:《章惇论》,《史学集刊》1997年第1期

方志远:《历史上的奸臣与"奸臣传"》,《文史知识》1998年第12期

北宋篇

第五章

靖康耻

北宋末年两根硬骨头

靖康元年（1126）正月，金兵长驱直入，攻占相州（今河南安阳），距离开封不过咫尺之遥。

宋徽宗内禅后，从小不爱嬉戏游玩、才能平平的老实人宋钦宗，从他老爸手中接过了皇位这个烫手山芋，终日惶恐，无法安心过新年。

宰相李纲给了他安全感。

1

城外战况紧急，李纲招募敢死之士2000人，身先士卒，与金人鏖战于京城西北。之后，刺血上书劝说宋徽宗退位的李纲，又担负起保卫京城的重任，还把打算弃城而逃的宋钦宗拉了回来。

宋钦宗听说金兵渡河，本来撒腿就要跑，禁军将士都备好鞍马，甚至把太庙供奉的皇帝牌位也请了出来，一行人在清晨时偷偷摸摸地整装待发。

李纲进宫见此情景，对将士们厉声说道："尔等愿以死守宗庙乎？"

将士们不愿当逃兵，高喊："我等愿意死守！不在此，将去何处？"

这仗不好打，却还有得打。

李纲入殿，对宋钦宗说："陛下昨天跟臣说要留下，今天又要跑路，这是为何？六军将士的父母妻儿都在京城，不愿离去，万一中途失散，谁来保卫您？况且敌人的骑兵已经逼近，若他们知道陛下车驾出城未远，快马加鞭前去追赶，该如何抵挡？”

宋钦宗听到出城更危险，小心脏有点受不了，只好留在城中。但朝中主和派依旧畏金如虎，处处对李纲形成掣肘，还派人出使金营，以纳币、割地、送人质为条件，请金人退兵。

李纲身陷主和派围攻时，另一个主战派大臣宗泽也来到了开封。

不久后，在主和派的举荐下，宗泽被任命为“和议使”。临行前他对小伙伴们说：“我这一去，就不能活着回来了。”

众人感到诧异，问他这是为何。

宗泽正气凛然地回答道：“敌人若知悔改，带兵撤离自然是好事。否则，我怎么可能向金人卑躬屈膝，有辱使命呢！”

有人将此事报告给宋钦宗，主和派才知，这个使者根本就没想替朝廷议和，而是铁了心要和金人搏命，这不得谈崩了。趁着车马还没出发，宋钦宗赶紧把宗泽撤下来，改派他出知磁州（今河北磁县）。

李纲与宗泽，这两位铁骨铮铮的主战派，在国家危难之际同时赶赴前线。

他们的命运从此与大宋一落千丈的国运交织在一起，余生陷入有心报国、无力回天的无尽愁苦之中。

2

金人兵临开封城下，李纲将城中兵力重新布防，等待各路勤王军队陆续到来。城外，各路宋军集结，号称二十万。城中军民士气大振，同仇敌忾，还有李纲主持大局。可北宋还是没有逃过灭亡的命运，甚至遭受了前所未有的耻辱。

南宋的朱熹评价靖康年间朝政时，用了这四个字——“无一是处”。

很多人常认为，宋钦宗就是个背黑锅的，如果没有他爹宋徽宗把国家折腾得乌烟瘴气，北宋朝廷也不会迅速崩溃。实际上，宋钦宗这个亡国之君，对北宋覆灭也有不少责任，是他自己把取胜的筹码全给赔进去了。

曾经有一个李纲在宋钦宗面前，他没有好好珍惜。

在指挥开封保卫战短短不到一年的时间里，李纲两度被贬，他提出的计策，宋钦宗不愿采纳，失利后却还要追究他的责任。

起初，李纲认为金人贪得无厌，战斗力极强，宋军应该坚壁固守，等到金人食尽力疲时，再出兵收复失地。“纵其北归，半渡而击之”，这就是必胜之道。但是，宋钦宗却一心想用二十万大军速战速决，执意命各路军队出战，偷袭金营。结果，宋军劫寨失败，主和派把出师败绩的罪名推到李纲等主战派身上，李纲因此被罢免官职。

李纲指挥作战时，金人不敢贸然出击，听说李纲被罢官，他们当天就派出一支骑兵到城下耀武扬威，气焰嚣张。

城中宋朝臣民的表现比金人还要激烈，太学生陈东叫来上百名同学伏阙上书，掀起一场大规模抗议运动。闻风而来的军民多达十余万人，集结于宫门外为李纲伸冤，直言李纲是唯一能承担天下重任的人，主和派大臣尽是“庸缪不才，忌疾贤能”之辈。

愤怒的群众毁坏了宫门外的栏杆，甚至朝主和派大臣投掷瓦砾，之后还打死了几个宦官。当有人指责他们要挟天子时，太学生们高声答道：“以忠义胁天子，不逾于奸佞胁之乎？”

之后，宋钦宗急命李纲官复原职，并一起登上高楼与百姓见面，才渐渐平息众怒。

在这场北宋灭亡前夕的爱国请愿运动中，抗议者的思想高度可谓超前，他们不顾所谓的君臣大义，宁死也要支持忠心报国的李纲复职。这是一种真正的爱国精神。

但身处旋涡中心的李纲，也因此引起宋朝皇帝忌惮。

在李纲复职次日，宋钦宗颁布命令，说："士庶有以伏阙上书为名者，意在做乱，今后如更有似此之人，即与收捉，并从军法斩讫奏闻。"这是说，今后再有群众抗议，直接处死。

李纲复出后，再次整军备战，痛击金兵，形势对城外的金人越发不利。胜利的天平一度向宋军倾斜，进退失据的金兵，终于在次月解围而去。

宋钦宗看金人走了，有点儿飘，主和派大臣趁机散布流言，说李纲这次复职是早就有意鼓动太学生，威胁皇帝重用自己。在朝中奸佞小人的打压下，正义的声音再度被淹没。

当时开封流传着这样一句民谣："城门闭，言路开；城门开，言路闭。"

北宋朝廷一片混乱，仅仅过了几个月，金兵就卷土重来，于靖康元年秋攻陷了坚守八个多月的军事重镇太原，又一次剑指汴京，阴霾笼罩在黄河两岸。

此时，李纲却已被贬出朝。他被宋钦宗派往河北、河东解围，实际上无兵无钱，战败后被贬到南方。李纲离京前为朝廷筹划的抗金之策，也被主和派全盘否定。

李纲前脚刚走，宋钦宗受投降派蛊惑，将他所征调的军队罢去一半，尤其是罢四川、福建、广东、荆湖诸路正规军与京西诸州的非正规军，取消钱粮犒赏的费用，完全就是"送人头"行为。

离京不过几天的李纲得知后大惊，连忙上书反对。其中说到，主和派认为四川等地路途遥远，但征发之诏四月就已下达，现在远方之兵都在路上，如果以寸纸之书让他们回去，朝廷如何取信于天下？臣担心日后再有号召，天下无应者矣！

果不其然，金兵再次兵临开封城下，偏远之地响应朝廷号召的勤王之兵寥寥无几。

3

宋廷不断派出使者求和，却无法抵挡金兵进军的步伐。金人根本没把屈辱求和的北宋君臣放在眼里，说："待汝家议论定时，我已过河矣。"

另一边，早已看出议和并非救国之策的宗泽，正带领十几个老弱士卒前往磁州任职，那是抗金的第一线。一路上，临危不惧的宗泽写下了《早发》一诗：

伞幄垂垂马踏沙，水长山远路多花。
眼中形势胸中策，缓步徐行静不哗。

这一年，宗泽已年近七旬，他招募义勇，发动民众修缮城墙，制造兵器。磁州一带抗金形势一片大好，宗泽为此上书道："邢、洺、磁、赵、相五州，各蓄精兵二万，敌攻一郡，则四郡皆应，是一郡之兵，常有十万人也。"

但朝廷仍然是主和派占了上风，宋钦宗派出宋徽宗第九子、康王赵构再度出使金营议和。

赵构路过磁州时，宗泽叩拜迎接，劝谏道："金人不过是用花言巧语诱骗我们前去议和，他们的军队已经打过来了，再去金营还有什么可谈的，请康王不要去了！”

赵构很聪明，他也听说金兵已经渡河，不愿自投罗网，于是掉了个头，后来一边受宋钦宗册封，打着兵马大元帅的旗号聚集溃军，一边跑到济州（今山东巨野）安顿下来，不敢与金兵正面交锋。宗泽多次苦劝他直趋澶渊，收复失地，解京城之围，赵构却无动于衷。

宗泽只好孤军奋战，向开封进军。宗泽率军出征后，一路和金兵打了十三场仗，全部获胜，将士们毫不畏惧金兵强悍的战斗力。

国难当头，宗泽一面写信请赵构会师京城，一面联络其他宋军，继续向开封挺进。他鼓舞手下将士，说：“现在进退都是死，我们必须死里求生！”

李纲与宗泽的奋战，还是无法阻止汴京陷落。

宋钦宗向金人递上降书后，满城君臣百姓如羊入虎口，尽是悲泣之声。

靖康二年（1127），金人纵火焚城，烧杀掳掠，挟持徽钦二帝、宗室、妃嫔、大臣等三千多人北归。

宗泽得知这一消息，立即率领大军抄近路赶到大名（今河北大名县），想联合各军过河堵住金兵的归路，将二帝抢回来。可当他到达时，各路军队竟然没有一支前来勤王，宗泽孤掌难鸣，只好望河兴叹，眼见金人带着“战利品”远去。北宋俘虏到了北方苦寒之地，“男十存四，女十存七”，无数人惨遭蹂躏侮辱，倒毙路旁。

这，就是靖康之变。北宋，灭亡。

老当益壮的宗泽，深深感受到一种无力感，而这种不甘与悲愤，成为其短暂的抗金生涯中唯一的基调。

4

在济州吃瓜看戏的赵构成了大赢家。

21 岁的赵构，从孟太后（北宋哲宗皇后）派出的使者手中接过刻有篆文“大宋受命之宝”的玉玺，即位称帝，改元建炎，重建政权，史称南宋。

宋高宗赵构为了树立威望，即位后不得不起用主战派的李纲为相。他还写了封信给受命回朝的李纲：“方今天下生民遭此劫难，只有阁下这样学穷天人、忠贯金石的大臣辅佐朕，才能符合苍生的期望。”

赵构的亲信黄潜善、汪伯彦对这一安排极为不满，这两位都是“无进攻之志”的主和派，且自以为对宋高宗有“攀附之劳”，怎么说也得讨个宰相当当。黄、汪二人，成了李纲、宗泽抗金的阻碍，而他们背后的老板赵构，也是一个耳根子软的懦弱之徒。

建炎元年（1127），李纲出任宰相后，为赵构呈上“议国是”等十事，认为当务之急是防御金人再次南侵。他与主和派势不两立，敢于当面与皇帝的宠臣黄、汪抬杠，这股忠直耿介的气度让他与宋高宗渐行渐远。

李纲前来行在拜见高宗时，赵构知道他跟主和派闹矛盾，就让黄潜善负责设宴款待，并由汪伯彦等人陪同，希望他们尽释前嫌，修复一下关系。没有什么是一顿饭不能解决的，如果有，那就两顿。

可是李纲不按套路出牌，他见过赵构后，上奏请辞此宴，直接回家，把黄潜善等朝中大臣直接晾在大门外，也不打声招呼。汪、黄早已备好筵席，等了大半天也没见着李纲人影，得知真相后怒不可遏，从此玩了命整李纲。

赵构一即位，之前担任其副元帅的宗泽也前往拜见，向高宗陈述抗金大计，说到激动时不禁老泪纵横，在一旁的李纲也为之动容。

一天，李纲在朝见时与宗泽偶遇，有过一番谈话，他们谈及国事，为之心痛不已，也为抗金大业慷慨激昂。当时，开封府缺一名独当一面的大臣驻守，李纲就向高宗极力推荐宗泽："绥复旧都，非宗泽不可。"

赵构早想着重用宗泽，李纲也欲留他共同主持大局，但是以黄潜善、汪伯彦为首的主和派大臣屡屡从中作梗。最后，高宗只是授宗泽以龙图阁学士、知襄阳府，让他去建设大后方。

李纲立马察觉此事不对劲，便一再奏请擢宗泽为开封府尹、东京留守，大力支持其对京城的防御。

这些"糟老头子"犟得很，赵构自知拗不过，只好同意。

孤独的宗泽，在主和派轻蔑的眼光中，来到那座已经没有皇帝的都城。

开封不久前惨遭金兵劫掠，盗贼蜂起，人心惶惶，城中残破不堪，"冻馁死者十五六"，早已看不出一丝《清明上河图》中那盛世繁荣的气象。

同样孤立的李纲，在朝中不断受到黄、汪等党羽的攻击。有人说李纲"名浮于实，而有震主之威，不可以相"。还有人老调重弹，用之前北宋大臣的言论抨击他"为金人所恶，不宜为相"。

5

李纲与宗泽有共同主张，他们一人在朝，一人在汴，艰难支撑起抗金的大旗。

他们都善于利用河北、河东等地民兵。当时，各地义兵兴起，打着勤王的旗号，却各怀心思，难以统一调度。但朝廷眼中的这些“匪”“寇”兵力雄厚，是李纲与宗泽一心争取的对象。

淮南的杜用、山东的李昱、襄阳的李孝忠，都被李纲调兵遣将一一讨平，降者多达十余万，归于诸将帐下，听候调遣，构成一道横跨数州的防线，只待渡河讨伐金兵。京西、淮南、两河一带的“草头王”们也在宗泽爱国精神的感召下，纷纷加入匡扶宋室的队伍。

濮州义军的首领王善，自称手下有数十万之众，兵车万乘，本来不给宗泽好脸色看，还想出兵占领汴京。

宗泽听闻此事，亲自前去劝降，单骑入营与王善相见，请他加入抗金大军，说：“朝廷正当危难之时，如果有一两位如你这样的人，岂还会有敌患？今日就是立功的好时机，机不可失啊。”王善一看，宗泽年近七旬，还一心为国为民，极富诚意，对他佩服不已，二话不说，解甲归降。

寿春人丁进，江湖人称“丁一箭”，聚众数万人，听闻宗泽的威名，带兵前往京城近郊求见。宗泽的部下都担心有诈，宗泽却说：“精诚所至，金石为开，何况是人呢？”

丁进到后，宗泽亲自接见，像对待老部下一样与他亲切交谈。丁进十分感动，当即请宗泽前去视察他的部队。宗泽毫不怀疑，第二天就去慰问了丁进的军队。从此，丁进所部归入宗泽麾下，成为保卫汴京的一支生力军。如果发现队伍中有人怀有二心，丁进会果断地将其斩杀。

除此之外，还有外号“没角牛”的杨进，和李贵、王大郎、王再兴等各自拥兵割据一方，宗泽晓以大义，将他们一一招降。

李、宗二人对主战派的同志，也都是知人善任。

李纲举荐了张所、傅亮等主战派，此二人分别被任命为河北路招抚使与河东路招抚使。

张所在北宋当过御史，宋朝向金朝割地求和时，他主张招募河北民兵救援京城，后来黄潜善被高宗重用后，他又上疏直言黄潜善奸邪误国，因此被贬到江州。这些主战派一个个都脾气火暴。

得到李纲提拔后，张所来到河北招揽豪杰，整顿军备。一个因越职言事而被逐出军营的青年，在此时来到河北投奔张所，后来归于宗泽帐下。

他，就是岳飞。

岳飞只是一个低级军官，敢于说真话，此前上书论事，惹祸上身。他竟然谴责“黄潜善、汪伯彦辈不能承圣意恢复，奉车驾日益南，恐不足系中原之望”，还义正词严地请高宗“亲率六军北渡，则将士作气，中原可复”。

这样一个刺儿头，深得宗泽器重。

有一次，岳飞触犯了军法，本来要严加处置，但宗泽一见到他，交谈之后，发现他是一名不可多得的将才。正值金人入侵汜水，宗泽给了岳飞将功补过的机会，让他带五百名骑兵作为先锋部队出战。

岳飞初出茅庐，就尽显军事奇才，在这次遭遇战中痛击金军。岳飞凯旋后，宗泽赦免了他的罪，并升他为统制，年轻的岳飞由此成名。

然而，李纲与宗泽，这两位最有威望的抗金大佬之间，却出现了一些裂痕。

宗泽抗金的思想，是主动进攻。南宋一建立，他就向宋高宗“乞兵十万往收复河北”。他招揽各地民兵，也是“用之以转战，而不用之以固守”。

李纲的计划却是以守为主，在坚守中原的同时，也要保护宋高宗安全，他建议高宗巡幸襄阳等地，而不要急着北上。所谓“待其来寇，则严守御以备之”。（李纲《奏议·议国是》）

宗泽与李纲在抗金计划上的分歧，似乎动摇了他们共同的主战立场。

君子和而不同，小人却寡廉鲜耻。李纲与宗泽的政敌——主和派的黄潜善、汪伯彦合作默契，在反对主战派的行动上保持高度一致。

6

黄潜善、汪伯彦的首要目标，就是扳倒李纲，进而把持朝政。

因为选择“巡幸”之地一事，宋高宗与李纲的君臣关系闹崩了。

赵构在战乱中即位，即便宗泽已经过去把他老家开封府“打扫”了一遍，他也迟迟不敢回家。李纲的战略是以守为攻，官家不敢回老家就不回了，那就去河南、荆襄之地巡幸，以表示不放弃中原之志。

李纲的主张已经算是妥协，宋高宗却还不愿接受，没有最㞞，只有更㞞，想要继续南逃避难，更不可能北伐，迎回二帝。于是黄潜善、汪伯彦都出来拍马屁，提出巡幸东南以避敌的意见。

从此，宋高宗更加依赖黄、汪二人，有意疏远李纲。年轻气盛的他对执拗的李纲越发不满，说：“李纲这个家伙，竟然把朕当小孩子看待！”

李纲不愿认输，坚称不可放弃中原，跑去东南躲避，上疏道：

> 自古中兴之主，起于西北，则足以据中原而有东南，起于东南，则不能以复中原而有西北。盖天下精兵健马皆在西

北，一旦委中原而弃之，岂惟金人将乘间以扰内地；盗贼亦将蜂起为乱，跨州连邑，陛下虽欲还阙，不可得矣，况欲治兵胜敌以归二圣哉？

抗击金人，光复中原，迎回二圣，李纲的每一句话都踩中了赵构心中的雷。

到了建炎元年（1127）八月，在汪、黄等人的攻讦下，李纲以“狂诞刚愎”“设心为何，专制若此”等罪被罢相，前后上任仅 75 天，其规划的军政也几乎被废除。黄、汪一党穷追不舍，接连上书弹劾，一直把李纲贬到了南方瘴疠之地——海南岛。

李纲罢相后，之前在靖康围城时帮助过他的太学生陈东再次出面力挺，三次上书，请求宋高宗不要罢免李纲，指出黄、汪不可信，还要高宗“还汴、治兵、亲征、迎请二帝”。

这一次，皇权露出了尖锐的獠牙，宋高宗听到陈东等人为李纲求情，还敢教训自己，甚至质疑自己皇位的合法性，他果断下令，将陈东等上书言事的太学生处死。有学者认为，陈东直到死，也未与李纲有一面之交。

李纲罢相，意味着主战派在朝中失去话语权。主和派汪、黄屡屡从中阻挠抗金，宋高宗也不再受制于人，彻底放飞自我，在罢免李纲不久后就逃到了扬州。

如此一来，最难熬的，就是宗泽。

7

建炎二年（1128）春，留守东京的宗泽已经招抚各地义军百万之众，且积蓄了半年军粮，他多次上书痛斥黄、汪一党懦弱无能，请皇帝还京掌国，却一次次石沉大海。

宗泽知道赵构“恐金症”晚期，可能不相信他的话，还在奏疏中诚恳地说：“臣若有毫发误国大计，臣有一子五孙，甘被诛戮。”

在一次与金兵的交战中，宗泽擒获了辽国旧将王策，亲自为其松绑，请他坐于堂上。

两人都与金人有国仇，宗泽对他说：“契丹本来是我大宋兄弟之国，如今女真辱我主，又将你们灭国，我们应当同心协力，一雪前耻啊！”王策听宗泽这么说，感动得稀里哗啦，也不计较北宋之前背信弃义，就将金人的虚实全部告知宗泽，进一步坚定了宗泽抗金的决心。

宗泽打听到两河州县金军兵力空虚，前后上疏二十多次，恳请赵构“早还华阙”，发兵北伐。宗泽的文书如雪片般飞来，可赵构都不为所动。

一直拖到当年七月，宋高宗仍然没有表态，宗泽的部队迟迟无法进军。宗泽望眼欲穿，期盼着皇帝移驾开封，可希望却无比渺茫。

他病倒了。年迈的宗泽忧愤成疾，背上生疽，从此一病不起。

当将领们在榻前问候时，他支撑着坐起来，说：“我本来没病，只因二帝蒙尘，心生忧愤。希望诸位能够奋力歼敌，那样我就死而无憾了。”众将听罢，泪流不止，表示一定不会辜负宗泽的嘱托。

在生命的最后时光里，宗泽反复悲吟杜甫写诸葛亮的诗句“出师未捷身先死，长使英雄泪满襟”，没有一句话谈及家事。

临终前，他大呼三声“渡河”，悲愤去世。

宗泽的儿子宗颖，将其遗表上呈高宗，表中最后几句写道：“属臣之子，记臣之言，力请銮舆，亟还京阙，大震雷霆之怒，出民水火之中。夙荷君恩，敢忘尸谏！”

不知宋高宗读罢，心中是何感受。

宗泽的理想，随他消逝在东京梦华之中。李纲却在失意的烦恼之中，又艰难地活了 13 年。每次宋金议和，这个老愤青都要上书把主和派痛骂一顿。

绍兴八年（1138），主和派的秦桧入朝执政，南宋再一次与金朝议和。早已远离中枢的李纲虽然失去存在感，但还是投了反对票，上书高宗，言辞激烈，其中说到，金人毁我宗庙，迫害二帝，他们是我们的仇敌，我们是他们的心腹大患，岂有讲和的道理？

李纲直接怼宋高宗，责问他：“何况现在还有半壁天下，臣民都拥戴大宋，如果陛下与有识之士一起谋划，还能有所作为。怎可忘记祖宗的基业和百姓的期望，不加考虑就急于向金人屈服，希望苟延性命于旦夕之间呢？”

天底下也没几个人敢这么跟皇帝说话了。当时主和的大臣认为李纲忤逆，请求将其治罪。高宗却为李纲开脱，说：“大臣当如此矣。”

次年，赵构想再次起用李纲，任命他为荆湖南路安抚大使。抱病的李纲对朝廷早已失望，极力推辞。他告诉皇帝，老臣迂腐，不善于明哲保身，总是上书烦扰陛下，这几年，臣频繁反复地受提拔、贬斥，不仅有损于陛下知人善任的英明，也有损于国体。这番话，好像还有几分讽刺的意思。

高宗看罢，也不愿强求。

又过了一年，58 岁的李纲也走到了生命的尽头。

李纲一生六起六落，自罢相后漂泊四方，壮志难酬。晚年的他屡遭贬谪，身体日衰，以“病牛”自喻，曾在谪居鄂州期间，写了一首《病牛》诗：

耕犁千亩实千箱，力尽筋疲谁复伤？

但得众生皆得饱，不辞羸病卧残阳。

任何一个时代，都不缺李纲、宗泽这样的硬骨头。

可又有多少时代，容得下这样的硬骨头？

被遗忘的种家将

《水浒传》中，东京禁军教头王进得罪高俅，受到迫害后跑到延安投奔老种经略相公以求庇护，路过史家庄收了史进为徒。史进大闹少华山后，西去渭州打听“师父去哪儿”，路上偶遇鲁达。鲁提辖告诉史进：“洒家听得说他（王进）在延安府老种经略相公处勾当，俺这渭州，却是小种经略相公镇守。”后来，鲁达三两下打死了恶人郑屠，地方官员要捉拿凶手，发现鲁达上司来头不小，还得去经略府请示。那时，鲁达早就跑路了。

《水浒传》绝大部分情节是虚构的，鲁智深口中所说的“老种”和“小种”，却是真实的历史人物。

经略相公，是时人对经略安抚使的尊称，这一职务掌一路军政之事，类似于现在的军区司令。“老种”指的是镇守西北、抵御西夏的北宋名将种师道，“小种”是他的弟弟种师中。种师道兄弟是种家将的第三代，从仁宗朝戍守西北到靖康之变，种家将守护了大宋近一个世纪。

时至今日，种家将的知名度已比不上杨家将、岳家军等宋代大IP，但在宋代，种家将却天下闻名，甚至有机会挽救北宋王朝的倾颓，他们在开封围城时千里勤王，在靖康危局中奋力一搏，化作北宋覆灭前夕一曲悲壮的绝响。

1

种家将的第一代领袖，是种师道的祖父种世衡。

种世衡成名于宋仁宗时的宋夏战争，与同时代的大咖狄青齐名，也是得到范仲淹提拔的人才。

当时，范仲淹受命主管西北军务，时任鄜州（今陕西富县）判官种世衡给这位新来的领导准备了一份项目计划书，说："延安东北二百里的唐代宽州故地，为战略要地，可以在这里筑城固守。"

范仲淹本来就主张以守为攻的积极防御战略，种世衡的计划很对他胃口，于是上报朝廷，让种世衡在宋夏边境建一座新城——青涧城。

种世衡率领这支一穷二白的创业团队且耕且战，凿地挖泉，在抵御西夏军的同时修筑新城。由于朝廷拨的经费不足，种世衡只好四处拉投资，招募商人从各地运送建城所需的货物，来了就是青涧人。

种世衡治军深得人心，每次军中有人生病，他会派自己的儿子专门负责病人的饮食医药。为了补充兵源，他鼓励所有当地吏民参与军事训练，不管是敲钟念佛的僧人，还是跳广场舞的大妈，都被拉来练习弓箭（"僧道妇人习之"）。

有人饱受徭役之苦，或者犯了法，种世衡就让他们到军营学射箭，射中者可以得到减免。因此，鄜延路一带的男女老少战斗力倍增，一个个拉起弓就能上前线。

种世衡不仅能带兵，还能用谋略。

西夏李元昊手下有一对兄弟大将——野利旺荣与野利遇乞。此二人是西夏皇后的叔父（一说兄长），位高权重，以善战著称，让宋军吃了不少苦头。

《梦溪笔谈》记载，种世衡为了除掉这两个对手，用了一招借刀杀人的离间计。

先是野利旺荣听说种世衡不好对付，派了浪埋等三人前往宋军营中诈降。种世衡知道这三个西夏人是卧底，就将计就计，“与其杀之，不如且款待之”，暂且给三位新同志安排工作。

之后，种世衡让一个叫王嵩的和尚带上亲笔信，打着大宋朝廷的旗号跟野利旺荣说：“浪埋等已至，朝廷知王有向汉心，命为夏州节度使，奉钱月万缗，旌节已至，趣其归附。”种世衡还玩起文字游戏，在包裹里塞了枣和龟，暗示“早归”的意思。

野利旺荣一看这封信就慌了，赶紧押着王嵩去见李元昊。此时，李元昊已对野利家族心生猜忌，他把野利旺荣撇到一边，让亲信李文贵假装成旺荣的使者去见种世衡，看看究竟是怎么一回事。

李文贵到宋营后，种世衡当着他的面把李元昊祖宗十八代差不多都骂了一遍，却夸野利旺荣是个明白人，之后赐予厚礼，并对这位使者嘱咐道：“回去告诉你的主子野利旺荣，快点儿来投，不要迟疑。”

李元昊听完李文贵的报告，二话不说就下令诛杀了野利旺荣。之后，野利遇乞也身陷种世衡的离间计，被李元昊赐死，这哥俩都悲剧了。

种世衡的离间计能够成功，一大原因其实是李元昊有意削弱功高震主的野利家族。在野利兄弟死后不久，野利皇后就被废。更让人大跌眼镜的是，野利遇乞的遗孀没藏氏竟因容貌出众，被李元昊收入宫中，成为新任皇后。这不是李元昊第一次为美色所惑，也不是最后一次。

野利兄弟丧命后，西夏军一时大乱，甚至到了“不能军”的尴尬境地，花了些时间才缓过来。《梦溪笔谈》作者沈括对此评价道：“平夏之功，世衡计谋居多。”

2

屡立战功的种世衡，于 1045 年病死在边地。

临终前，种世衡还抱病带兵昼夜施工，在西夏和北宋环庆路（治所在今甘肃庆阳县）之间修筑细腰城。史载，“城成而世衡卒”，短短六字，无限感伤，种家将为大宋尽忠至死的宿命，似乎已在此时埋下了隐秘的伏笔。

种世衡病逝后，范仲淹感慨“国之劳臣也，不幸云亡”，并为他撰写墓志铭，称其“在边数年，积谷通货，所至不烦县官，益兵增饷，善抚士卒，能得人死力”。镇守西北数年间，种世衡寸土必争、筑城固守的战略被范仲淹推广到西北各城。

种世衡半生戎马，他一生最闪耀的一点，是得民心，就连宋夏边境的羌人部落也受其安抚笼络，深深怀念他。得知种世衡去世后，羌人酋长连续数日早晚哀悼，当地百姓纷纷画种世衡之像，为其立祠祭祀。

种家将的传奇，至此揭开序幕。

有道是“虎父无犬子”，种世衡留给大宋的宝贵遗产不只有西北的防线，还有一帮能打仗的好儿子。种世衡一家被宋人称为“山西名将”，他的八个儿了俱有将才。

其中，长子种诂、二子种诊、五子种谔在关中号称“三种”，历任宋夏边境各地知州、团练使等职，一生战功赫赫，威震羌、夏。

种世衡幼子种谊，年纪虽小，却比哥哥们都能打，带兵未尝有败绩，为人倜傥有气节，喜爱读书。当时的延安人说，得种谊一人，胜得精兵二十万。他是种家将中当之无愧的实力偶像派。

一个人成为国之栋梁已足以名垂青史，但种氏一族几代人从军，都有为国为民的情怀和戎马倥偬的经历，甚至战死沙场，更是令人钦佩。

在《宋史》等史书中，种家将无论是影响力之大，还是家族兴盛之久，都不亚于杨家将。

杨家将由于后世文人墨客的创作，可谓妇孺皆知。这些文学艺术作品却没有花太多笔墨为种家将的故事润色，种氏一族的名气也就随着时光流逝而归于沉寂，逐渐鲜为人知。看《水浒传》的读者，也很少会注意到种家将这个埋在故事中的“彩蛋”。

种家将传到第三代，种世衡的孙子种师道接过父辈、祖辈的旗帜，继续在西北边疆发光发热，在与西夏、辽国交战中建功，就这样度过了风云激荡的大半生，成为种家的又一位名将。

北宋末年，随着年龄渐长，德高望重的种师道被天下人尊称为“老种”，这才有了《水浒传》中隐藏的大神级人物“老种经略相公”。

然而，天下大势的惊天变局并没有发生在西北，而是出现在大宋的心脏。

种师道 76 岁那年，收到了金人南下围攻京师的震惊消息，开始他人生中最苦涩的一战。

3

靖康元年（1126），金人南侵，进犯东京，年过七旬、原本在终南山豹林谷隐居的种师道东山再起，出任检校少保、静难军节度使、京畿河北制置使，率领陕西兵勤王。

种家将几乎全程参与了这场惊险的开封保卫战，种师道堪称大宋朝廷的救命稻草，在这危急关头，他至少给了宋钦宗三次死里求生的机会。

但是，宋钦宗都没有好好珍惜。

第一次机会，金兵围城之时，种师道审时度势，献破敌之策。

靖康元年正月下旬，种师道军直抵开封城下，宋朝诸路勤王军队陆续赶到，大张旗鼓，号称二十万。临危即位的宋钦宗畏金如虎，此前已接受了朝中主和派宰相李邦彦的求和建议，遣使到金营议和。

宋使见到金兵的阵仗，吓得心惊胆战，回去逢人就说："彼金人之兵如虎，马如龙，上山如猿，入水如獭，其势如泰山，中国如累卵，不可敌也，宜速与和。"宋钦宗一听，以为对面清一色的高科技特种兵。

气焰嚣张的金人接见如"妇人女子"一般的宋使后，更是狮子大开口，要求宋朝输金五百万两、银五千万两、牛马万头、表缎百万匹，尊金为伯父，以宰相、亲王为人质，并归还在宋朝境内的燕、云之人，割中山、太原、河间三镇。宋朝主和派劝说宋钦宗一口答应了金人纳币割地等苛刻条件。

主和派的李邦彦听说种师道到来，不与他商议退敌之策，反而下了一道宰相敕令吓唬他："金人和议已定，敢言战者族。"

种师道当年连宋徽宗的宠臣童贯都敢怼，什么场面没见过，对此只是一笑置之。幸好，朝中还有主战派宰相李纲与种师道站在同一阵线，他们一起反对议和，给宋钦宗吃下"定心丸"。

宋钦宗召见种师道，问，老种啊，现在咱们该咋办啊？

种师道正色道："臣以为绝对不能议和，三镇之地不可割让。女真人不懂军事，他们孤军深入，还想全身而退？臣看京城周围八十里，如何可围？京师城高数十丈，粮食可支数年，敌不可攻。请陛下于城内扎营，派兵驻守城上，继续等待勤王之师，不出数月，金人自困于此，到时他们退兵，即刻与之交战。”

为了打听消息，种师道派骁勇之士出城抓金兵回来审问。

宋军俘虏了三名金兵，种师道命他们如实说出金营情况，前两人不肯说，被斩了，第三个吓得直哆嗦，将金军虚实一五一十地说出来。之后，种师道命人将金兵剖腹，发现腹中只有黑豆而已。这再次印证了种师道的判断。

种师道宣示诸军，贼粮已匮，待其撤兵，诸路勤王之师再合兵与金军决战，可以将其消灭。

李纲也向宋钦宗献策，等到金人食尽力疲，纵其北归，半渡而击之，此必胜之道。

宋钦宗总算淡定了一些，想跟金人掰掰手腕，可他不听种师道、李纲之言，而是继承了宋朝皇帝将从中御的“光荣传统”，由畏战倒向了另一个极端——急战，于是有了姚平仲劫营之败。

姚平仲出自另一个将门世家，与种家同为河东大族。他担心战功归种师道一人所有，于是极力主张速战速决，跟宋钦宗说：“士兵不得速战，有怨言。”宋钦宗听信了姚平仲的鬼话，命他率步骑万人偷袭金营，这比种师道春分日出兵的计划提前了整整 8 天。

为什么提前 8 天？这事儿有点黑色幽默。

这个日子，是皇帝请道士占卜算出来的，朝廷为此还在城中四处修路，竖立三面大旗，上书“御前报捷”四字，城门摆设天子御座，静候姚平仲劫营凯旋的捷报，好像唯恐金人不知此事。

结果，姚平仲的军队惨遭大败，主将遁逃，不知去向。

宋军劫营失败的消息传回城中，主和派再度叫嚷着议和。李纲、种师道成了替罪羊，背负出师败绩的罪名而被撤职，主和派还想把李纲等人缚送金营，以平息金人之怒。幸亏城中军民数万人为李纲、种师道伸冤，在宫门外抗议，这才迫使宋钦宗将李、种二人官复原职。

老百姓强烈要求见种师道一面，如此才肯散去。宋钦宗为了稳定民心，只好让种师道坐车进城。示威群众掀开车帘，看到车中英武不凡的老将，欢呼道："果我公也！"这场请愿运动才渐渐平息。

4

第二次机会，金兵北撤后，种师道主张召集山东、陕西戍兵以防金兵秋后南下。

二月起，金人疲惫不堪，解围北归，沿途大行劫掠。种师道终于等来了日夜盼望的出兵时机，他向宋钦宗建议，乘金人北渡黄河之时发起猛攻，"若纵之去，他日祸不可测"。

宋钦宗这会儿却㞞了，不敢再出兵，生怕惹恼了金人，金兵因此顺利渡河。宋钦宗还下了一道诏令："朝廷既与金人议和，官民昔尝附金而后复归本朝者，所在发遣令还其乡国。"这也就是说，宋朝将燕云地区降宋的汉人全部送还给金人，宋廷不仅放弃了祖宗之地，连自己的子民都不敢要了。

皇帝没把种师道的话放在心上，还把他撤职了。金人撤走不到十天，种师道被调任中太一宫使这一闲职，丢了兵权。

宋钦宗说，种师道老了，不中用了。

直到有人上疏力争，说种师道"智虑未衰，尚可用"，宋钦宗才改命老种屯驻滑州，身兼河北、河东宣抚使。实际上，种师道只是个光杆司令，朝廷不再调拨军队归他指挥。

宋钦宗不过是个色厉内荏的胆小鬼，种师道无可奈何，但还可以抢救一下，比如提前做好御敌工作，防止金人秋冬再至，这总行了吧。

种师道主张召集山东、陕西兵屯驻于黄河南北的沧（今河北沧州）、卫（今河南汲县）、孟（今河南孟县）、滑（今河南滑县）诸州，控守险要之地，形成一道绵延黄河两岸的钢铁防线。

宋钦宗却以为，敌军刚退，不宜劳师动众，若敌兵不来，不就白白浪费钱了。大宋有这样一个昏君和一群懦弱的大臣，种师道只能悲叹道："异日必为国患。"

另一边，军事重镇太原仍未解围。

尽管宋廷欲割河北三镇之地求和，中山、太原、河间三地的军民却不肯出迎割地诏书，一心血战到底，宁死不降。此时，种师道的弟弟种师中，奉诏驰援太原。

种师中以老成持重著称，与其兄种师道一样是久经沙场的老将，在进军途中接连收复失地。太原之围关乎宋金战争大局，种师中要求朝中全面筹划此役，不要仓促行事。

兵马未动，粮草先行。朝中连粮饷都没给种师中准备好，却反复督促其速战，一天发出的命令多达七道，指责他有"逗挠玩寇"（贻误战机）之罪。种师中叹息道："逗挠，这是兵家的大罪。我自少年结发从军，如今老了，怎么可以忍受这样的罪名？"

由于缺乏粮草，宋军每天口粮只剩下黑豆一勺，脸上皆有饥色，种师中知道此战难以取胜，还是接受了朝廷的命令，决定与另外两路宋军会师于太原城下，鏖战金兵。临行前，种师中与亲友告别，说："事之不成，天也。吾何爱一死，不以报国耶！"

太原城外，宋军被金军各个击破，种师中所部遭到围攻，他命手下将士以神臂弓迎击金兵。最后一战，种师中亲率百余人与金兵死战，身受四处重伤，在混战时中箭阵亡，时年 68 岁。

种师中灵柩运回开封后，宋钦宗亲制祭文，哭吊祭奠：“嗟乎虎臣，公而忘身。”但这一位虎将，就是被朝廷活活害死的。

靖康元年（1126）九月，被围250多天的太原，最终还是失守了。与此同时，金人再次来到汴京城下，大宋朝廷处于崩溃的边缘。

5

第三次机会，靖康之难前夕，种师道劝说宋钦宗避祸陕西。

金人大军压境，再次围攻开封，种师道却已重病缠身。

短短数月间，弟弟种师中战死沙场，自己病重体弱、身无兵马，这让在郑州养病的种师道悲愤不已。此时他再次接到了宋钦宗的诏令：起用他以同枢密院事，出任河北巡边使，带兵勤王。

诏书到达后，种师道因病痛几度昏迷。部下都劝他不要再上战场了，种师道却坚持扶病上阵，毅然决然地说：“国事如此，我岂能忍心不去前线。”

南宋朱熹在评述靖康之变时说，种师道是当时抗金主帅，甚至是宰相的唯一人选，只有他，能担负起北宋最后的希望。

种师道深知太原等重镇失守，精锐之师大多溃败，京师已无险可守，这一形势比年初时金兵围城更为严峻。他向皇帝提出最后一个建议：“臣此前献计沿黄河一带驻军拱卫京师，未被采纳。如今金兵大举进犯，锐不可当，与其困守开封，不如请陛下到长安以避锋芒，再作打算。守御攻战，是武将的责任，请陛下将守卫京城的职责全权委托给将帅。”

种师道请宋钦宗西入陕西的策略十分大胆，尤其是为将领争取兵权的做法，更是犯了宋朝的大忌，但这至少能为御敌争取时机，为开封围城挽回一线生机。

然而，宋钦宗否决了这一建议，他指责种师道年老胆怯，以议事为由将他召回京城。种师道抱病前往开封，犹如身陷囹圄，疾病让他寸步难行，再也无法为国请命。回到京城不久后，76 岁的种师道在遗恨之中病逝。

老将之死，使本已动荡的士气与民心雪上加霜。靖康之变，已经无法避免。

靖康元年（1126）十一月，即种师道死后一个月，金人攻下了东京。北宋面临着亡国的命运，宋钦宗捶胸大哭："我没有采纳种师道的意见，才有今日之辱啊！"

历史的车轮滚滚向前，种师道的悲剧却不断上演，腐朽无能的朝堂似乎与壮志难酬的名将成为标配。

这难道是历史的一条"潜规则"吗？

本章参考文献

[宋]沈括:《梦溪笔谈》，上海：上海书店出版社，2003年

[宋]李心传:《建炎以来系年要录》，上海：上海古籍出版社，2008年

[宋]徐梦莘:《三朝北盟会编》，上海：上海古籍出版社，2008年

[宋]李焘:《续资治通鉴长编》，北京：中华书局，2004年

[元]脱脱等:《宋史》，北京：中华书局，1985年

[清]毕沅:《续资治通鉴》，北京：中华书局，1999年

何忠礼:《南宋全史》，上海：上海古籍出版社，2011年

顾宏义:《天裂：十二世纪宋金和战实录》，上海：上海书店出版社，2012年

[日]寺地遵:《南宋初期政治史研究》，刘静贞，李今芸译，上海：复旦大学出版社，2016年

白晓霞:《南渡三宰相研究（1127—1138）》，博士学位论文，暨南大学中国古代史专业，2006年

高锦花、白晶丽:《种世衡及种家将西北事迹考略》,《延安大学学报》(社会科学版)2014年第6期

南宋篇

第六章

南渡偏安：北人归北，南人归南

南宋病人赵构

宋高宗赵构（1107—1187）一生笼罩在靖康恐惧症中无法自拔。

1127 年的这个春天，不但是宋氏王朝的分水岭，从族裔影响嬗变来讲，也是整个古代中国的分水岭。

这年，也是赵构人生的分水岭。

明星皇帝、父亲宋徽宗，带着耻辱的印记北上。赵构则带着他的小朝廷南下。两人都离黄河越来越远。从文明的承接来说，两人都离中原文化中心越来越远。

与父亲不同，赵构被历史牢记，除了在危难中承接大器，成为南宋的开国皇帝外，还因为他的武将，比如岳飞、宗泽。宗泽死前的三声“渡河”，成为赵构苟且一生的背景板之一。

金国的上京囚禁着宋徽宗。而赵构逃到了反方向的临安。

开封的记忆已经被尘封。

1

赵构，还是康王时并非一个模板化的庸碌亲王。

皇族教育除了给他一个诗人的内核外，还赋予他超群武功。博闻强记，天生神力，这些用来描述雄才大略之人的词汇，在赵构身上均有体现。

北宋末年，一只狐狸坐在了皇位上。这个正史中记录的诡异事件，被当时的人看作一个不祥之兆。金兵的频繁入侵更是宋人头顶挥之不去的阴云。赵构就是在这种环境中度过了他的青年时代。

在与金朝的冲突中，孱弱的宋朝为了达成议和，往往满足金朝要求，遣送亲王、宰相级别的人物去当人质。赵构就自告奋勇当了一回人质。当时，皇帝是赵构的哥哥宋钦宗。

赵构亲身体验了金朝的傲慢。在金朝营寨，他们一行面对的是对方不逊的言语和倨傲的礼节。人质其实就是软禁。近一个月的软禁在赵构脑海中留下了深刻印记。但文辞干瘪的《宋史》在记录赵构这段经历时一再美化赵构，烘托他在敌营的勇敢，其实有些言过其实。他有其镇定的一面，但也有惊慌失措的时候。

开封被围困时，赵构在东北方的相州担任兵马大元帅，手握重兵。宋钦宗派人送信求救，赵构边读信，边痛哭流涕。但他并未出兵，而是行军到了大名府。他一路经历了住茅舍的生活，但比起当了亡国奴的父辈兄辈，可以说幸福太多了。他仍然有逃跑的自由，但他们没有了。

开封失守当然不能归因于赵构。金朝的兵锋造成的恐怖气息，事实上影响了几代人。避难、逃荒才是那几代人的常态。这是一支低级文明的部队，对发展程度更高的文明的入侵。双方的文明发展程度，相差何止一个量级。

当宋徽宗把艺术的多个门类发展到史无前例的高度时，金朝还实行大范围的奴隶制度。他们通过战争掠夺的人口，拿到西夏的市场上去交易。但战争就是战争。金军狂暴的战斗力，往往让宋朝的斯文扫地。或者往更极端说，让斯文死无葬身之地。

北宋亡国更严重的后果，并非一个王朝的湮没，而是靖康恐惧症。

两代皇帝成为亡国奴，一万多俘虏漫长残酷的战俘行军，大量男人被虐杀，大量女人被奸杀。这是靖康之年的奇耻大辱。它像寒气一样渗入赵构的心里，影响了他的大半生。由此不难解释，当他听到父兄成为阶下囚时，方寸大乱。

赵构不是特别眷恋皇权。甚至说服他登上大位也花费了大臣们很大的心力。根本原因是，大位在那时并不是特别大的诱惑，相反还是一个烫手山芋。

21 岁就登基为帝的康王赵构，接手的是一个山河破碎、四分五裂的国家。当时，宋朝在北方的主力军被金兵大量歼灭，南北方在乱世中又都滋生了大量流贼和乱匪，而在听说赵构称帝后，金兵也立即掉转南下，试图将赵构也一并解决。

在躲避金兵南下逃亡的生涯中，建炎三年（1129），逃亡到临安（今杭州）的宋高宗又遭遇苗刘兵变。当时，禁军将领苗傅和刘正彦发动兵变，一度废掉了宋高宗，改立赵构 3 岁的皇子赵旉为帝，幸亏韩世忠等大将领兵回救，赵构才转危为安。但在此次事变中，赵构唯一的儿子赵旉受到惊吓而死，赵构本人则被吓得失去了生育能力，这也为后来宋孝宗的上位、宋朝皇位回归赵匡胤一系埋下了伏笔。

北方的宋徽宗得知赵构登基的消息后，当即寻来往日的嫔妃庆祝，极为高兴。从中不难想象一个亡国之君的心态。

宋徽宗在金朝让人偷偷带回一件背心，写着“来救父母”。赵构的母亲韦氏也带信回来说，“深致我血泪之痛”。赵构面对这些生死之语，也曾公开号召臣民“为朕报北辕之耻”。但表态只是表态。骨子里靖康恐惧症还在作祟。

后来赵构派使节和金国谈判许久，要求释放亲人，最后只要回来母亲韦氏一人。

当听说韦氏要南归时，宋钦宗拉着她的车轮哭泣，但无可奈何。后世有诸多言论，认为赵构不肯要回宋钦宗，因为他会威胁到自己的帝位，当属不公言论。金人始终不肯放回宋徽宗和宋钦宗，因为他们拥有宋家王朝的法统，而法统意味着文化感召力。两人甚至被耻辱地封为“昏德公”和“重昏侯”。

但韦氏的回归体现了赵构的孝道，也替他卸掉了心头一个包袱。

当宋徽宗在金朝去世的消息传到赵构那里时，他难过到几天吃不下饭。

2

赵构初临帝位，就经历了一次金人南侵，被迫在海上度过了一段逃亡岁月。

汲取靖康之耻的教训，赵构怎样也不想再被敌人活捉。在这种心态影响下，他变得过度警惕。其实，金人不习水战，在海上战场并不占优势。

赵构统治的大部分时间里，南宋和金朝打打停停，双方在中间地带呈现出拉锯战状态。

本质上，赵构是厌战的。战争给他的皇族带来了耻辱。从个人角度来说，战争压力让他得了不育症，这对皇族来讲是个大问题。官员张戒评价他“居危思安”，颇为切中实质。

出身官宦世家的秦桧，是赵构后半生主要的政治助手和盟友。毫不夸张地说，秦桧的作为、政策直接影响着后世对赵构的评价。但秦桧并非一开始就稳固了在赵构王朝的地位。

当初两人一见面，秦桧的施政纲领“南自南，北自北”深深打动了赵构。这个政策就是和金朝议和，双方南北分治，互不侵犯。这个政策击中了赵构的内心需求。他高度评价秦桧为“朴忠过人”。他甚至说自己得到秦桧，高兴得睡不着觉。

站在大的历史视野来看，秦桧的政策是有其积极意义的。因为金人频繁南侵，会扰乱南宋不稳定的政治经济结构。金人作战抓人当奴隶贩卖，也会影响人口结构。而且南宋内部农民起义不断，靠招安制度也解决不了。连年战乱，有的地区十室九空，形同鬼域。在这种惨状下，战争需要的兵饷也无法充分地筹措。

秦桧在后来能稳定地居于南宋权力的中枢，还在于他是个议和主义者，或者按照后世主流的评价，是个稳定的“投降派”。这种稳定性也满足了赵构的需要。因为这要好过一个主张时战时和的骑墙派。

但秦桧公开提出的“南人归南，北人归北”，还是惹怒了赵构。赵构说“朕北人，将安归”，他需要对天下臣民作出一个态度。

秦桧一时被罢相。等他再次复出时，就逐渐稳固了自己的地位。

让赵构维持历史知名度的，还有岳飞。

岳飞在前期是很受赵构赏识的，赋予了他很大兵权。朝中重臣张浚等人对岳飞不满，但这些不是岳飞后来引来杀身之祸的根本原因。岳飞之死是赵构最重要的历史公债之一。《宋史》竭力淡化赵构在岳飞遇害中扮演的角色。岳飞不满足赵构议和的大国策，以及赵构王朝对武将的天然不信任，才是他身死的根本政治背景。在求和背景下，赵构下旨让岳飞班师回朝，岳飞强烈反对。在一个内部政治经济形态极不稳定的王朝，一个手握重兵的武将是可以威胁到王朝生命的。

当然，岳飞之死的直接原因，是秦桧。

赵构对秦桧也不放心，甚至有些恐惧。在众多臣民反对议和的浪潮中，临安街头甚至出现了“秦相公是细作”的标语，可见秦桧名誉之差。在秦桧执政后期，他权倾一时，钳制舆论，打压异己。在很长时间内，赵构见秦桧，身上都带着一把匕首以防不测。但只要秦桧不政变，就不威胁赵构的皇位。当秦桧病危时，想推养子继任他的相位，赵构始终没有点头。

但秦桧执政时的不少重大冤狱，比如岳飞之死，赵构就坚决没有平反。

3

在赵构执政多年，金朝海陵王上台后，再启战端。海陵王派遣使者王全传达金朝索地的要求。王全见到这个老皇帝，竟然开口骂他。可见赵构执政多年，在金人眼里始终是摇尾乞怜的一个形象。

王全向赵构通报了宋钦宗的死讯。赵构听闻后是哭着离开的。

此前赵构在致金元帅府的国书中，自贬为“康王”。有次，金朝派使者南下，携带诏书，竟要赵构“奉表称臣”，跪在使者足下。这个明显的具有贬低意味的外交行动让南宋朝廷群情激愤。后来在外交斡旋下，南宋找人替代赵构下跪了事。

然而金朝兵力和作战能力并无压倒性优势，加上内部政局动荡，此次战争并未对南宋构成致命威胁。但靖康恐惧症始终折磨着赵构。他一面派兵北上作战，一面又准备好海上逃亡的船只。可见他惶恐的心态和对大局认识不清醒的状态。

时人将赵构的政策评价为一切取决于金朝，金朝要和就和，金朝要地就给地。

不过，在赵构与金朝的很多政治交易中，双方都取得了自己想要的东西。金朝是个落后的奴隶制王朝。他们要钱。而赵构要地，要农业生产。因此双方在谈判桌上容易达成一致。

但赵构无法挽回的，是金人加在自己头上的耻辱。除了家族的奇耻大辱，金人在外交场合也不忘时时羞辱这位占据半壁江山的皇帝。

当初他父亲宋徽宗被掳后，在一首词中哀叹："天遥地远，万水千山，知他故宫何处？"艺术家皇帝无法回到他的故宫了。赵构有这个条件，但他却没有动力去实现南宋众多臣民还都的愿望。尽管祖先的陵寝都在中原，但赵构显然已满足于临安建都的政治生活，无意北返。只是他后来得知祖坟被挖，潸然泪下。但他也只是泪下而已。泪干了，及时行乐的生活照旧。

赵构一生与水有关。渡过黄河是他的臣子们的心愿。留在河的南边成了他的耻辱。而他被金兵追逐时，经历了在汪洋大海中的逃亡岁月。但赵构本质上不是一个权力爱好者。和父亲一样，他信奉道教，艺术造诣颇深，也相对不嗜杀。他有众多减免税负、赦免罪人的敕令。

在他所作的《渔父词》中，水不再是苦难与失落的载体，而是幽隐与超脱之所。南方偏居变成了庄子所言的"南面王乐"：

水涵微雨湛虚明，小笠轻蓑未要晴。
明鉴里，縠纹生，白鹭飞来空外声。

1162年，赵构退位。他没有留恋皇权，而是评价自己"以澹泊为心，颐神养志，岂不乐哉"。他也坦承自己在位时"失德甚多"。

25年后，1187年，他以81岁高龄去世，这在古代皇帝中是罕见的高寿。

秦桧的真面目

宋高宗赵构，经常在靴筒里藏着一把匕首。

尽管杀死了岳飞，剥夺了韩世忠、张浚等大将的兵权，但宋高宗还是很没有安全感，他总觉得有人要害他。

他日夜提防的人，是秦桧。

1

其实在 37 岁以前，秦桧算是一个标准爱国青年。

假如不是靖康之变的来临，秦桧或许终其一生，都将只是一个普通的知识分子和北宋官员而已，然而南下的金兵，即将剧烈改写两宋之际每个人的命运。

虽然秦桧的父亲秦敏学做过玉山县令、静江府古县（今广西永福县）县令，但秦桧在年轻时候，生活并不容易。为了养家糊口，他一度做过私塾先生，面对吵吵嚷嚷的学生，他曾经写诗说“若得水田三百亩，这番不做猢狲王”，表达他对生活现状的不满。但那时候，他还没有远大的志向。

考上进士后，秦桧辗转担任太学学正（正九品）。在青年学生聚集、爱国情怀热烈的太学，北宋面临的危亡境地，时时警醒、激励着这些年轻人，这也影响着青年时期的秦桧。因此当靖康元年（1126）金军兵临汴京（开封）城下，提出要宋廷割让河北三镇时，宋廷明显分成了两派，以文官范宗尹等为首的 70 人强烈主张割地求和，已经升任左司谏的秦桧等 36 人则坚决反对，力主应该抗战到底。

到了靖康二年（1127），金兵攻破汴京，并将宋徽宗、宋钦宗废为庶人，还提出要立异姓为帝，好作为傀儡代表金人统治北宋的故土。于是，留守王时雍召集百官，商议决定立张邦昌为帝。在此存亡之际，监察御史马伸提出共进议状，尽量保存赵氏江山。仍然心存赵氏的秦桧此时已担任御史中丞，也参与进书金人，希望能在乱世中尽量保存赵氏。

1127 年，38 岁的秦桧，仍然为大宋尽心尽力。这年三月，张邦昌被立为伪楚皇帝，定都金陵。四月，秦桧随宋徽宗和宋钦宗等一万多人的宗室俘虏一起，被金兵押解前往北方。此后的三年，是秦桧人生剧烈转折的开始。

对靖康之变的恐惧，三年的俘虏生涯，让秦桧彻底转换了人生。他从一个力主抗金的主战派，变成了一个摇尾乞怜的主和派，且为此不惜迫害岳飞、赵鼎等武将文臣。

三年后，秦桧自称杀死了看守他的金兵，夺船南逃归顺南宋。对此，当时就有很多人颇为怀疑，在秦桧担任宰相期间，民间已有“秦桧是细作”的说法。

秦桧被金兵俘虏三年，为何能够顺利南归，以及如何南归的细节，一直是史学界的公案。后世普遍认为，秦桧应该不是像他自述的所谓杀死看守的金兵后南逃，而是金兵有意将其放归南宋的，否则他不可能带着妻子王氏和众多财物一起顺利南下。

秦桧在被金人俘虏的三年间究竟做了什么，对于这段只有他自己才知晓的经历，秦桧自然讳莫如深。后来，曾经出使金朝被囚禁达十五年之久的洪皓归来，秦桧很快就将他贬官外放，以防洪皓可能泄露对其不利的消息。

从后世流传的史料中，我们只大概知道，秦桧在被金兵俘虏的三年间，深得金人赏识。金军主将完颜宗翰甚至曾赐予他钱万贯、绢万匹，而另一位金军主将完颜宗弼（金兀术）也曾在金国宴请过秦桧，当时与会的也都是金朝显贵。此外，作为女真贵族的座上宾，秦桧在被俘虏期间，还曾经代替金人向被金兵围困的楚州（今江苏淮安）军民写过劝降书。

在靖康之变后绵延的战火中，当时楚州军民不愿投降，在城破后仍然与金兵进行巷战，连妇女都参与到战斗中，有的甚至拖住金兵投水而死。满城军民与金兵战斗到了最后一兵一卒。

但秦桧早已不是当初的秦桧，在靖康之变中他早已吓破了胆。就在楚州军民与金兵做殊死战斗之时，他对外宣称他杀死了看守他的金兵，然后夺船南逃，中途被南宋水兵所截。

在当时就有所质疑的南宋官兵，将这位自称是前朝御史中丞的男子送到了临安。一见到宋高宗，秦桧就迫不及待地提出，应该立即与金人讲和，“南自南，北自北”。在靖康之变中颠沛流离，同样被金兵吓破了胆的宋高宗赵构非常高兴，立即将秦桧任命为礼部尚书——因为秦桧的建议，正是他内心一直所想却不敢表明的。

君臣二人在议和一事上一拍即合，宋高宗非常高兴，说我不仅得到了父兄（宋徽宗和宋钦宗）和母后韦氏的消息，还得到了一位能臣。为此，他竟然欢喜得睡不着觉。

在一片力主恢复、北上抗敌的主战声中，赵构终于听到了他最想听到的声音：

停战议和。

2

在靖康之变继位后，历经金兵三年多的追杀，一直到建炎四年（1130）金兵北撤，宋高宗赵构才算稍稍喘了口气。所以，当秦桧来到他的面前，力主停战议和时，满心欢喜的赵构觉得，他的“知音”来了。

秦桧南归后的第二年，绍兴元年（1131）二月，深得宋高宗“心神”的秦桧被火速提拔为参知政事（副宰相）。在附和宋高宗挤走宰相范宗尹后，秦桧便大肆扬言说：“我有二策，可耸动天下。”有人问秦桧是什么高招，秦桧故意卖弄说：“现在没有宰相，我说了也没法执行。”心领神会的宋高宗于是将秦桧提拔为右仆射、同中书门下平章事，兼知枢密院事，这也是秦桧第一次拜相。

秦桧的“耸动天下”之计，其实就是向金人委曲求和。秦桧向宋高宗提出“南自南，北自北”的议和方针，内容就是让那些原籍在河北、河东、山东、陕西等地，为避战乱和不甘屈服金人南下的原北宋子民，必须返回原地（金人的控制区）；而在北方的南人则回到原籍。

对于自己提出的这一南北分治、委曲求和政策，秦桧颇为得意。为此，他不惜强行驱赶追随宋室南迁的子民。当时，郑著、赵彬和杨宪等三十多户大臣后裔追随宋室南下，但秦桧却残酷地驱赶他们回到沦陷区。郑著一行人不愿返北，边走边哭，连路人都为之动容。

为了回归祖国，当时金人所任命的宿州知州赵荣、寿州知州王威献城归宋，但秦桧不念两人献土回归祖国的忠义，相反还强行将两人遣返回金国送死。对此韩世忠极为气愤，写信责骂秦桧说，赵荣和王威为了归顺祖国，以致父母妻儿都遭到金人杀害，而秦桧竟然还忍心驱赶两位大宋的旧臣，实在让人寒心。

而对于秦桧一厢情愿地献媚求和，金人在当时也不领情。在金人看来，南宋唾手可得，因此他们的志向是彻底消灭南宋，而不是与南宋停战议和。面对不断南下的金兵，宋高宗内心焦虑，而此时不断结党营私的秦桧也引起了宋高宗的注意。为了均衡秦桧作为右相的势力，宋高宗又拜主张抗战的吕颐浩为左相。

由于议和一直没有进展，于是在秦桧拜相一年后，绍兴二年（1132）八月，当秦桧再次在宋高宗面前提出“南自南，北自北”的方针时，将秦桧拿来做议和棋子和挡箭牌的宋高宗终于发了火，他怒斥说：“朕是北人，将归哪儿？还有秦桧说为相数月，就可耸动天下（议和），朕至今也没看到。”

被金人吓破胆的宋高宗，最想要的就是议和，而第一次拜相的秦桧还无法做到这一点，不得不惶恐辞职，结束了自己历时仅仅一年的拜相生涯。

3

但宋高宗需要一枚议和的棋子。

绍兴五年（1135），在靖康之变中被金兵掳掠北上的宋徽宗，死在了五国城（今黑龙江省依兰县境内）。这个消息一直到两年后的1137年，才传到了临安城。

父亲宋徽宗虽然死了，但作为法统象征的哥哥宋钦宗还没死，宋高宗内心未免忐忑不安。起初，他最担心的就是主战派们声称的“迎回二圣”，现在父亲宋徽宗虽死，但如果哥哥宋钦宗突然哪天回来，那他赵构又将置身何处？从内心深处，赵构最忌讳的，就是主战派们“还我山河，迎回二圣”的北伐主张。

所以，他还是需要秦桧。

此时，宋朝仰赖着岳飞、韩世忠、吴玠、吴璘等诸多能臣名将，逐渐构建起一条抗御金人的稳固防线。有了军事局面的支撑，宋高宗也有了与金人谈判的底气。另外，当时完颜昌一派执掌金国政权，采用“以和议佐攻战”的政策进行诱降，遂开始同意议和。

在此情况下，绍兴八年（1138）三月，一直力主议和的秦桧被任命为右仆射、同中书门下平章事，第二次拜相。

此后，秦桧牢牢占据着宰相之位，并排挤掉了其他政治对手，以“独相”的身份，荼毒南宋政坛整整十八年时间。

虽然宋高宗和秦桧试图委曲求和，但金人并不客气。秦桧第二次拜相后几个月，绍兴八年十二月，金国使臣张通古抵达临安。趾高气扬的张通古将南宋贬称为“江南”，并要求宋高宗拜接金熙宗的谕旨。畏金如虎的宋高宗放不下脸面，又担心激起国内众怒，无奈之下，只得假称刚刚接到宋徽宗死讯，正在守孝，让秦桧出面代替自己拜接了金熙宗的谕旨。

根据这次宋金双方的议和条件，南宋向金朝称臣，并且每年要向金朝进贡银 50 万两、绢 50 万匹。作为交换，金朝则将自己扶持的伪齐政权原来治下的河南、陕西等地划还给南宋。

宋金议和的消息传出后，南宋举国哗动。枢密院编修胡铨不顾安危，直接上疏请求宋高宗下令处斩负责议和的秦桧、孙近等人以谢天下。由于胡铨不是主政官员和台谏官员，这种直接的上疏也将胡铨置于险地。为了光复大业，胡铨甚至冒着生命危险，将文章副本散发到民间，以博取广泛支持。

对于胡铨的勇敢，当时举朝为之震动，这不仅让宋高宗下不了台，也深深得罪了秦桧。碍于宋朝不杀文臣的祖训，秦桧以胡铨“狂妄凶悖，鼓众劫持”的罪名将其除名，并下令将胡铨贬黜押送到昭州（今广西平乐）管制。在户部尚书李弥逊、侍御史郑刚中等大臣的多方劝阻和营救下，秦桧迫于公论，不得已才将胡铨贬放到广州去监管盐仓。

由于对胡铨恨之入骨，此后，秦桧又下令将胡铨贬放到新州（今广东新兴），接着又贬放到儋州（今海南儋州）。即便如此，秦桧仍不解恨，他在家中的一德格天阁中，特地写上了赵鼎、李光、胡铨三名主战派官员的名字，必欲除之而后快。

但即使历经磨难，胡铨仍然不改初心。秦桧死后，胡铨有幸得到宋孝宗启用。临死前，他跟子孙们嘱咐说，抗金大业不可遗忘，他即使死了，也将化身“为厉鬼以杀贼，死亦不忘”！

与胡铨幸运善终相比，力主抗战、曾经担任宰相的赵鼎则被秦桧迫害致死。由于主张抗战，赵鼎先被秦桧下令贬放到福建漳州，然后再贬至广东潮州，最后又被贬到吉阳军（今海南三亚）。尽管屡遭贬黜，赵鼎还是向宋高宗上表说，自己光复故土的决心始终不改，“白首何归，怅余生之无几；丹心未泯，誓九死以不移”。秦桧看到后恨恨地说：“这老头还是这么倔强。”

为了不连累家人，赵鼎决定绝食，临终前他对家人说：“秦桧一定要杀我。我死了，你们没有忧患，不然，祸及一家。”最终绝食而死。

对于秦桧打击主战派的种种作为，宋高宗睁一只眼闭一只眼。因为议和，正是他所要的结果，在历经靖康之变后的颠沛流离，他内心怀着深深的恐惧，对于光复故土早已抛到脑后，只希望能早日议和安生、偷度余年。他需要秦桧这么一个打手和挡箭牌。

在此情况下，秦桧越发肆无忌惮，甚至不惜出卖忠臣良将以求讨好金人。

当时，南宋使节宇文虚中出使金国，试图请回宋徽宗和宋钦宗。金人当然不肯，宇文虚中说，自己奉命来迎回二圣，如今二帝既然不能南归，他也不能回去。金人于是将他扣留不回，此后，金人看重宇文虚中的气节和才华，将其升迁至礼部尚书、封河内郡开国公。但宇文虚中始终心怀故国，一直不断向南宋通风报信。

为了杜绝宇文虚中的念想，金人又向南宋提出索取宇文虚中的家属。宇文虚中于是托人转告秦桧，让他拒绝金人的要求，还说只要谎称自己全家在乱世中被贼人所掳就可以了。但秦桧为了不得罪金人，还是坚持将宇文虚中全家遣送到金国。当时，宇文虚中家人恳求秦桧允许为宇文家族在南宋留一个火种，让宇文虚中的儿子宇文师瑗留在南宋，秦桧都无情拒绝。

尽管如此，宇文虚中在金朝时，仍然时时以蜡丸向南宋密告金人的动向。为了报效祖国，宋高宗绍兴十六年（1146），他联合七十多名有志之士试图劫杀金熙宗，并在事前密书通告南宋朝廷，希望南宋进行策应。没想到秦桧不仅扣下密书不报，相反还向金人告密，以致宇文虚中全家一百多口人惨遭金人屠杀灭门。

为了维持议和局面，秦桧无所不用其极。而他和宋高宗接下来的目标，则是一干为大宋抛头颅洒热血的抗金名将。

4

尽管宋高宗和秦桧竭力讨好金人，但金人并不满足。

绍兴十年（1140）五月，金人撕毁和议再次南下，试图攻灭南宋。在宋将刘锜、岳飞、邵隆、王德等人的奋战下，宋军先后击败金军主力。其中刘锜、张浚、杨沂中在顺昌之战和柘皋之战中大破金军主力；岳飞则率军在郾城、颍昌大破金兀术主力，并进军至距离东京（开封）仅有四十五里远的朱仙镇，一时金人震动，甚至准备撤离开封，北方恢复形势一片大好。

前线战士抗金取得辉煌战绩，宋高宗和秦桧却忧虑不已，担心自己议和委曲求全的无耻心思，被将士们的抗金功绩所冲毁。

另一方面，鉴于宋朝开国是以赵匡胤作为武将政变所得，因此有宋一代，对于自从唐朝安史之乱后的武人专政局面一直非常忌讳。整个宋代，崇文抑武都是基本国策。而宋高宗自从南渡以来，更是一度遭遇苗刘兵变，以致自己唯一的儿子夭折，本人也被吓得失去了生育能力。

在靖康之变后，宋朝的北方主力军几乎被金兵打垮，在此情况下，成长起来的岳飞、韩世忠、张浚、刘光世、吴玠、吴璘等人迅速带出了自己的亲军，甚至还被民间冠以“岳家军”“张家军”“刘家军”等名号。面对军人私有化的可能性，以崇文抑武作为国策的宋高宗，在相继平定南方的乱匪和北方的金兵后，开始筹划剥夺各位统兵大将的兵权。

于是，为了苟且偷生、委曲求生，宋高宗和秦桧在北方抗金形势一片大好的情况下主动停战，并与金国媾和。而金国主政的金兀术提出的议和附带条件之一，就是必须杀死他的死敌、南宋名将岳飞，然后“和议乃成”。

为了屈从金人，宋高宗决定自毁长城，以十二道金牌下令岳飞从前线班师回朝。绍兴十一年（1141）十一月，宋金双方议和达成，宋向金称臣，“世世子孙，谨守臣节”；此后宋还向金每年进贡银二十五万两、绢二十五万匹；并将淮河和大散关以北的土地永久割让给予金国。

而作为议和的附带条件，绍兴十一年十二月二十九日（1142 年 1 月 27 日），岳飞被宋高宗和秦桧下令杀害于临安大理寺内。

岳飞遇害后，当时也已被革去兵权的大将韩世忠挺身而出，他当面质问秦桧，岳飞究竟何罪？秦桧不知如何回答，只好说："莫须有。"

韩世忠愤怒地说："'莫须有'三字，何以服天下？"

秦桧对韩世忠也是恨之入骨，但是由于韩世忠曾在苗刘兵变中奋不顾身营救过宋高宗，因此得保平安。此后，韩世忠奏请告老退休，并闭门谢客，口不言兵。临死前几年，他时常骑驴携酒，带一两名仆人游览西湖，即使是昔日的部下，他也经常故意推托不见，以免被猜疑见忌。

最终，通过杀岳飞，以及剥夺韩世忠、张浚等人的兵权，宋高宗自认为控制了军事，而秦桧则在宋高宗的默许和纵容支持下，势力一步步膨胀，甚至开始威胁到了宋高宗的个人安危。

5

自古以来，皇权和相权之争，一直是难以均衡的矛盾。宋高宗和秦桧，也不可避免地遇到了同样的问题。

起初，宋高宗原本是将秦桧作为自己的打手和棋子，但随着绍兴八年（1138）秦桧第二次拜相后不断结党营私，其在朝中的党羽不断增加，甚至到了尾大不掉的地步。

为了控制朝政，达到"专权"的目的，秦桧除了大量起用亲信分任要职外，还利用自己的亲信为言官，控制台谏。只要秦桧不满意的人，秦桧就会指使台谏官员交相攻击，一直到不听话的官员去职为止。

为了控制宋高宗，秦桧还竭力讨好、买通宋高宗身边的妃嫔和宠臣。此前，宋高宗的元配夫人邢氏在靖康之变中被掳后一直生死不明，因此宋高宗一直没有册立皇后。邢氏死于东北五国城的消息传来后，秦桧为了讨好宋高宗的宠妃吴氏，便多次上表请求册立吴氏为皇后。在秦桧的鼓动下，吴氏最终于绍兴十三年（1143）被立为皇后，这使得吴氏对秦桧充满了感激。此外，秦桧还将自己的孙女嫁给了吴皇后的弟弟吴益，在旧情和姻亲的加持下，吴皇后也成为秦桧在宫中的最佳眼线。

不仅如此，秦桧还极力拉拢宋高宗的宠臣、医官王继先。王继先本是个江湖郎中，靠卖黑虎丸之类的壮阳药为生。宋高宗在苗刘兵变后丧失了生育能力，多方寻医无果，没想到吃了王继先进献的黑虎丸以后竟然有所疗效，王继先由此受到宋高宗宠爱。尽管满朝文武都对王继先的发家感到不齿，但秦桧却竭力勾结王继先，并让妻子王氏与王继先认为兄妹，以此相互提携和打探宫中消息，监控宋高宗的动态。

在内外全是秦桧眼线，甚至连枕边人吴皇后都成为秦桧内应的情况下，宋高宗也感到了深深的威胁。他长期在靴筒内藏着匕首以防不测，从 1142 年岳飞遇害到 1155 年秦桧去世，十几年间，宋高宗一直过得提心吊胆。

鉴于自己的所作所为为时人所不齿，秦桧担心自己被载入历史的黑名册中。于是，他与儿子秦熺直接控制史馆，以防止史官留下对他们父子不利的材料。此外，秦桧还下令禁止民间记录修撰私史，并鼓励奸细互相举报告发，以此来防民之口。

但忠义之士并未屈服于秦桧的淫威。岳飞被害后八年，南宋绍兴二十年（1150）正月，秦桧在乘轿赶往上朝路上，途经临安城内众安桥时，突然，一名男子疾驰而出，手持利刃刺向秦桧所乘坐的轿子。可惜男子行刺不成，反被秦桧的手下擒获。

又惊又恼的秦桧亲自提审，获悉该名男子叫作施全，本是军队中的殿司小军官。因为愤慨秦桧议和反战、残害岳飞等忠臣良将，施全气愤难平，才独自策划行刺秦桧。在被提审过程中，施全始终大义凛然，并破口大骂秦桧："举天下皆欲杀虏人，汝独不肯，故我欲杀汝也！"

在秦桧的指令下，施全最终被斩于市。此后，秦桧出门必带侍卫。

宋高宗则在忐忑中，密切注视着民意的动向。

到了绍兴二十四年（1154），秦桧的孙子秦埙参加了这一年的科举考试，并进入了最后的殿试环节。当时，主考官是秦桧的亲信——御史中丞魏师逊和礼部侍郎兼大学士汤思退。由于秦桧多次暗示要让孙子考中状元，两人也非常识相，在呈送给宋高宗的名单中，将秦埙定为第一名，张孝祥定为第二名，秦桧门客曹冠定为第三名。

宋高宗自然清楚个中的猫腻，在取阅几个人的试卷后，宋高宗指出秦埙的考卷全是陈词滥调，并无过人之处，相反张孝祥却文笔极佳、议论正确，于是改而将张孝祥定为当年的状元，曹冠改为第二，秦埙则降为第三。

通过对科举前三甲的重新排序，宋高宗隐隐向朝野发出了信号——他，宋高宗赵构，才是大宋的最高话事人。

孙子秦埙落选状元的第二年，绍兴二十五年（1155），秦桧病入膏肓，但他仍然惦记着宰相的位置问题。他多次向宋高宗暗示让自己的儿子秦熺接班，但宋高宗就是不为所动，也不表态。

同年八月，66 岁的秦桧病重，连字也写不了。为了探清秦桧的虚实，宋高宗则假意上门探望病情。当看到秦桧已经无法开口说话，只是一直流眼泪时，宋高宗这才放下了心。

在陪着流了几滴眼泪后，宋高宗转身准备离开。秦桧的儿子秦熺以为父亲死后，相位一定非自己莫属，便猴急猴急地假意向宋高宗打听谁来接任宰相，没想到宋高宗却冷冷地回了一句："这不是你该参与的事！"

宋高宗随后拂袖离去。

隐忍多年的宋高宗，决定以迅雷不及掩耳之势发起进攻。第二天，他下令强迫秦桧、秦熺父子双双致仕（退休），并一起罢免了秦桧的孙子秦埙、秦堪的官职。

苦心经营十几年，祖孙四人却同日被皇帝免职。听闻消息后，忧愤交加的秦桧在当晚便一命呜呼。

在打击秦桧祖孙的嚣张气势后，宋高宗赵构又接着将秦桧的党羽或免官、或罢职、或外放，并起用一些曾经被秦桧打击的人来协助统治、树立权威。在逐渐掌控朝中局势后，宋高宗有一次才对自己的亲信杨存中说道："秦桧已死，朕终于不用在靴子里藏刀了。"

尽管迅速清除了秦桧的势力，但宋高宗仍然赐予了秦桧"忠献"的谥号，赠其为申王，以此表彰秦桧对于议和的"功绩"。不仅如此，他还为秦桧的神道碑写了"决策元功，精忠全德"的额名。

不管怎么说，在宋高宗眼里，他苟且偷安的半壁江山，似乎也有秦桧参与议和的很大功劳。

到了开禧二年（1206），宋宁宗下令追夺秦桧的王爵，并将秦桧改谥为"谬丑"。尽管两年后执政的史弥远又请求给秦桧恢复了王爵和谥号，但天下人心的忠义取向，已经昭然若揭。

到了明代时，人们又在西湖边为岳飞修建的岳王庙内，设置了秦桧及其妻王氏，以及参与陷害岳飞的万俟卨、张俊等四人的跪像。只是这里面，似乎还缺了一个人的跪像。

秦桧，或许也只是替身而已。

岳飞的特种部队：背嵬军

南宋绍兴十年，1140 年。

此时距离北宋灭亡刚刚过去十三年，经历北宋末、南宋初的一系列战争后，好不容易停战一会儿的宋金之间战事再起。当时，发动政变掌握金国政权的金兀术（完颜宗弼）废除金宋之间的和议，再次统率十多万大军南下，试图一举歼灭南宋。

作为金太祖完颜阿骨打的第四子，金兀术能征善战，在金国内部更是勇冠三军。由他统率的金国精英骑兵部队“铁浮屠”“拐子马”，在追击辽国天祚帝、灭亡北宋过程中立下赫赫战功。

眼下，金兀术对于灭亡南宋信心十足，志在必得。

1

金兀术没想到的是，此时，原本驻军鄂州（今湖北武昌）一带的岳飞部队，竟然在他南下之际向金国发起主动进攻，并且接连收复北宋故地颍昌（今河南许昌）、郑州、西京河南府（今洛阳）等地。

从靖康二年（1127）北宋被灭以来，南宋敢于大规模主动攻击金国军队并迅速取胜推进，这还是第一次。

金兀术怒了。

趁着岳飞分兵进攻中原各地，金兀术以为，岳飞驻扎在河南郾城的指挥中枢必定兵马空虚，如果给予致命一击，岳飞的北伐部队必定崩溃离散。因此，他亲率15000精英“铁浮屠”“拐子马”部队直扑郾城，试图将岳飞的指挥中枢予以歼灭。

然而，他没想到的是，驻扎在郾城的，是岳家军中的精英特种部队——背嵬军。

“背嵬”，是党项西夏语的音译，尽管有多种解释，但总意为亲军。

当初，南宋名将韩世忠的部队首创“背嵬军”。随后，岳飞也建立了自己的亲军部队。作为岳飞手下十几万军队中主力中的主力，“背嵬军”的军士全部都是从岳家军优胜劣汰、精中取锐之选。这支总人数约为16000人的部队，其中8000人为南宋军队中绝少拥有的骑兵部队，另外8000人则为精锐步兵，马步结合勇不可当，是岳家军中的突击队和敢死队。

眼下，金人再次来犯、大宋江山岌岌可危、国土沦陷多时，北伐反击的背嵬军将士们个个摩拳擦掌，誓要与金兵决一死战。

绍兴十年（1140）七月初八，郾城大战开始。金兀术命令正面用人马披甲的重装骑兵“铁浮屠”主力进攻，两侧则采用精英骑兵部队“拐子马”夹攻冲击，15000名骑兵气势汹涌而来，后面还跟着数万步兵，试图将岳飞主力全部击溃。

然而，面对金军重装骑兵，岳飞却派出背嵬军，以步兵当前，用麻扎刀、大斧等，上砍敌军、下砍马腿，先是大破“拐子马”，然后正面再出动背嵬军铁骑冲击敌阵，一举击破了金兀术赖以起家的精英“铁浮屠”“拐子马”部队，并在此后几日接连破阵，致使金兀术的“铁浮屠”“拐子马”部队几乎全军覆没。

对此，金兀术哀叹道：“自海上起兵，皆以此胜，今已（结束）矣！”

2

郾城大捷，背嵬军功不可没。

在岳飞历经多年整合、训练而成的岳家军中，含有十二统制“军”：背嵬军、前军、右军、中军、左军、后军、游奕军、踏白军、选锋军、胜捷军、破敌军以及水军。而背嵬军作为其中的特种部队，更是精锐勇悍。

作为岳飞的亲兵卫队和特种部队，背嵬军总统制是岳云，其中细分下来步兵由岳云统制，骑兵由王刚统制。以背嵬骑兵为例，他们主要装备有长、短刀，约十支短弩，二十支硬弓弓箭、围盔，铁叶片革甲等。

在战斗时，背嵬军战术多变，常常分成多个独立战斗小组紧密配合。与敌人作战时，他们往往在距离敌人一百多步时就放箭，然后用短弩射马，再用长刀对劈，迅速冲锋、集结、再冲锋，这种马步结合的战术，使得军队战术灵活，杀伤力巨大。

岳飞对于背嵬军的治理很是严酷。

岳飞的孙子岳珂在《鄂国金佗稡编》中记载，岳飞训练岳家军尤其是背嵬军，要求平时训练必须身着重铠，模仿实战冲击，苦练冲陡坡、跳壕沟等战斗动作。

有一次岳云驾战马在训练中跌倒，岳云解释说是因为很少练习，岳飞大怒，说如果是实战，也是这样吗？盛怒之下就要将岳云推出斩首，幸亏众将苦苦哀求，才改而重责一百军棍。

南宋初期，天下大乱，各路将领军队往往掳掠抢夺，但岳飞治军酷严。有一次，有个士兵因为拿了乡民一缕麻草绑草鞋，就被岳飞追查后斩首。在极端严格的军纪下，整个岳家军的军纪严明，对百姓秋毫无犯。岳家军有一个士兵去买柴，百姓主动少收了二文钱，这个士兵竟然坚决拒绝说："你是想用二文钱，买我的脑袋吗？"

由于训练严格、军纪严明，作为岳家军的特种部队，背嵬军勇不可当。南宋人赵彦卫在《云麓漫钞》中记载："韩（世忠）、岳（飞）兵尤精，常时于军中角其勇健者，别置亲随军，谓之背嵬，一入背嵬，诸军统制而下，与之亢礼，犒赏异常，勇健无比，凡有坚敌，遣背嵬军，无有不破者。"

意思是说，岳飞所精心挑选的背嵬军士，其士兵地位较高，犒赏也多，因而兵士"勇健无比"，加上岳飞的严酷训练和军纪管理，背嵬军几乎是"无坚不摧"。

3

尽管郾城惨败，但金兀术并不甘心。败给岳飞，他心里不服。

绍兴十年（1140）七月中下旬，金兀术再次组织十万步兵和三万骑兵，猛攻颍昌（今河南许昌）。在他看来，郾城战败只是一时倒霉。这一次，他集结更多兵马，势要在颍昌城下，将岳家军主力歼灭方休。

然而，他根本不知道的是，背嵬军已驰援颍昌，将再次给予金军迎头痛击。

颍昌之战开始后，岳飞的特种部队背嵬军再次作为前锋出击，岳飞长子、背嵬军统制岳云亲自率领八百背嵬骑兵正面冲击，背嵬步兵则从左右两翼同时出击。颍昌之战，背嵬军跟其他岳家军一起，"无一人肯回顾"，杀得"人为血人，马为血马"。

背嵬主将岳云在战斗中身受数十创，盔甲、衣裳全部被鲜血染红

（“甲裳尽赤”），仍然奋勇杀敌、不下火线。这场战斗，背嵬军跟其他岳家军一起，共斩杀金军五千多人，俘虏士卒二千余人、将官七十八人，获马三千多匹。金兀术的女婿夏金吾、金军副统军粘罕索孛堇也被背嵬军等所杀，金兀术仓皇逃窜。

随后，背嵬军作为前锋部队挺进距离北宋首都东京仅有二十多公里远的朱仙镇，并在朱仙镇再次大破金军，致使金军震怖，一度试图放弃开封北遁。金兀术哀叹道：“我起北方以来，未有如今日屡见挫衄！”

金兀术没有想到，岳飞的背嵬军竟然在一马平川的平原地带，以步兵多次大破他引以为傲的“铁浮屠”和“拐子马”。几十年来，金兵“满万不可敌”的神话，也被背嵬军一而再，再而三地无情击破，以至于金军内部竟然传出“撼山易，撼岳家军难”的哀叹。

4

然而，就在收复开封、光复故土指日可待之际，宋高宗催令退兵的十二道金牌接踵而至了。

想当初，宋高宗也曾对岳飞面授机宜说：“中兴之事，朕一以委卿。”然而就在北伐胜利在望之际，宋高宗却打起了小算盘，强令岳飞退兵，以致岳飞流泪扬天长啸：“十年之力，废于一旦！社稷江山，难以中兴！乾坤世界，无由再复！”

无奈回到临安后，有所感悟的岳飞提交辞呈，恳请朝廷解除他的军职，让他返乡务农。

宋高宗却说：“未有息戈之期。”

他厌恶岳飞的自主北伐，担心迎回宋钦宗后会使他的帝位动摇，但金兀术也有可能卷土重来，因此，他还需要利用岳飞和他的背嵬军、岳家军。

几个月后，绍兴十一年（1141）正月，金兀术果然再度领兵南下。二月，岳飞再次领兵驰援淮西前线。当听说背嵬军的8000骑兵主力再次前来时，金兀术识相得很，又且战且退了。

这也是岳飞和背嵬军最后一次的抗金之战。

想当初，在郾城大战之后、颍昌之战前，背嵬军悍将杨再兴率领300背嵬骑兵，在战争前线哨探，不料猝然遭遇数万金军主力。杨再兴率领300背嵬将士奋勇杀敌，誓死不退。当时箭如雨下，杨再兴每中一箭，都折断箭杆继续冲杀，最后不幸马陷小商河，被金军射成“刺猬”而亡。

杨再兴死后，岳家军追得他的尸体并将其火化。火化前，将士们从他身上拔下来的箭镞，竟然达“二升”之多。而与斯巴达300勇士力战波斯帝国十几万大军一样，杨再兴和他的300背嵬军勇士，也最终全部力战殉国。

杨再兴的死，也提前揭示了岳飞和背嵬军、岳家军的命运。

绍兴十一年十一月，宋金两国达成和议，两国以淮水－大散关为界。宋割让此前被岳飞收复的唐州、邓州以及商州、秦州的大半，每年向金进贡银25万两、绢25万匹。而金兀术则要求：“必杀岳飞，而后和可成。”

绍兴十一年十二月廿九日（1142年1月27日），宋高宗最终下令杀死岳飞。同时被处死的，还有背嵬军的领兵统制、岳飞长子岳云，以及岳飞的大将张宪。

临死前，岳飞在供状上只留下八个绝笔字：“天日昭昭，天日昭昭！”

此后，包括背嵬军在内的岳家军，被参与宋高宗、秦桧密谋的张俊，派遣心腹田师中接管，背嵬军等岳家军也被逐渐裁减、撤并，最终消失。

5

岳飞死后 19 年，南宋绍兴三十一年（1161），金主完颜亮再次统率数十万大军南下，试图征灭南宋。

而当时，岳飞、韩世忠等抗金名将已被杀的杀，死的死，宋高宗手下已无可用之兵、可用之将。就在这时，他才想起来岳飞和当年那勇悍无比的背嵬军来。

无比幸运的是，金军军心不一、战力衰弱，在采石（今安徽马鞍山）之战中，竟然被一个书生虞允文临时指挥一帮散军游勇击败。此后不久金军内讧，金主完颜亮被杀，金军主动退兵，才使得吓出一身冷汗的宋高宗得以续保了皇位。

但，南宋不过是苟延残喘。

1279 年，随着崖山之战的溃败，宋王朝最后的血脉宋帝赵昺，被陆秀夫背着一起跳海殉国。至此，南宋延续 152 年的江山也宣告结束。

只是不知道宋帝昺的在天之灵，是否会想起他的祖先在 1141 年，连下十二道金牌，迫令岳飞从朱仙镇退兵的那些往事？

本来，胜利的曙光在即。最终，却幻化成了一个王朝毁灭的悲叹。

没有这对兄弟，南宋或许早就亡了

王夫之《宋论》曰："当建炎之三年，宋之不亡如缕，民命之死生，人心之向背，岌岌乎求苟安而不得矣。"

建炎是宋高宗的第一个年号。可见靖康之变后，刚建立的南宋朝廷处境不容乐观，一个操作不当，土崩瓦解那是分分钟的事。

1

当时，宋金交战的主要战场是中原和陕西，西北战场对牵制东南战局起着至关重要的作用。陕西战场上，负责经营川陕的张浚就来了一波骚操作，他不顾部下反对，转守为攻，兵分五路发起了反攻金军的富平之战。

怕就怕长官瞎指挥。结果，宋军大败，丢失16州之地，陕西大部分地区为金军所占。

开战前，军中就有人针对金兵多为骑兵的特点，劝谏张浚不应该在富平一带的平原与金兵决战。他说："兵以利动。如今地势不利，不可交战。应该在高处布阵，避免敌军的冲锋，才可获胜。"

此人正是吴玠。

与岳飞、韩世忠一样，吴玠、吴璘兄弟起初也不过是无名小卒，后来才在川陕战场上崭露头角，南宋初年把守着四川大门，几度力挽狂澜。兄弟俩这一守，就是将近四十年。史称，“微玠身当其冲，无蜀久矣”。

吴玠年纪轻轻就在军中摸爬滚打，早年成名于西夏战场。有一次，宋军兵营被西夏军围困，吴玠亲自率领所辖的十几人作为先锋，发动奇袭，斩首 146 名敌兵，着实是个猛人。吴玠并非目不识丁的大老粗，粗通文墨的他时常给自己充电，每天必读《武经七书》，研习兵法。这一点在他此后的用兵中体现得淋漓尽致。

吴玠还以治军严明著称。宋金开战后，他来到饱受战火摧残的凤翔，一边安定民心，号召难民返乡，一边招兵买马，训练士卒。当两年前在青谿岭逃跑的牙兵也前来应招时，吴玠秉公执法，下令凡是前年当过逃兵的，全都拉出去处死。从此之后，其帐下将士都拼死作战，再也无人敢逃跑。

有道是打虎亲兄弟，吴玠的弟弟吴璘，少年时就追随哥哥的脚步，投身行伍。

兄弟俩出身卑微，他们的父亲吴扆很可能只是一个名不见经传的低级军官，在吴玠从军之前就已去世，以至于几十年后四川官员为吴玠撰写墓碑时，完全找不到溢美之词来吹嘘他的家世，只好一笔带过。后来，洪迈的《夷坚志》倒是有吴扆“立功至指挥使”“二子延恩得官”的事迹，但史学家认为这些记载荒诞不经，不过是后人编造。

主战派的张浚入陕主持大局后，经得力助手刘子羽引荐，重用才识过人的吴玠，又让吴璘担任自己的卫队队长。这个有志于收复失地的文臣，关键时刻却不听吴玠之言，铸成大错。富平之败后，张浚手足无措，几乎痛失全陕。

危难之际，吴玠受命担任陕西都统制，与弟弟吴璘带领残兵败将数千人，驻守在大散关以东的和尚原（位于陕西宝鸡市西南），一场大战一触即发。

2

吴玠不仅能打胜仗，还擅长打“漂亮仗”，其赖以成名的几场战役，无一不充满了战争的艺术。

秦岭山脉横贯东西，有几条连接巴蜀与关中的古道，其中又以陈仓道地势较为平缓，可为用兵之地，楚汉相争时，就有韩信“明修栈道，暗度陈仓”的历史故事。

陆游有诗曰：“楼船夜雪瓜洲渡，铁马秋风大散关。”陈仓道上的大散关堪称其第一险关，为秦、蜀往来要道，出可以攻，入可以守。关前的和尚原四面陡峭，顶上宽平，利于屯兵，与大散关形成一道易守难攻的防御工事。吴玠最先发现和尚原的军事价值，当有人提出退到汉中以捍蔽四川时，他辩驳道：“我保此，敌决不敢越我而进，坚壁临之，彼惧吾蹑其后，是所以保蜀也！”

绍兴元年（1131）三月，金军大举南下，从凤翔直扑和尚原。吴玠坚守和尚原，先是指挥若定，成功击退金军的两次进攻，一扫富平之战后宋军士气低落的阴霾。凤翔一带的百姓，出于民族大义，不顾金人制定的连坐法，冒着生命危险为镇守和尚原的吴玠军队运送粮草。金军将抓到的百姓处死，可运粮的人仍接连不断。

金军在和尚原占不到便宜，于是改派完颜宗弼的主力部队前往川陕战场，计划攻取四川。

吴玠的对手完颜宗弼是完颜阿骨打的第四子，也就是岳飞的故事中那位著名的金兀术，他是金军中一员杰出的猛将，善于用兵，作战勇猛，常在战场上脱去头盔，露出秃发长辫。但在历史上，最先让他吃了不少苦头的不是岳飞，而是吴玠。

金兀术率领数万大军来到和尚原后，吴玠和吴璘兄弟针对金军密集进攻的特点，以“驻队矢”战术御敌。他们精选强弓劲弩，将弓箭手分成三排，列队于阵地前沿，当金兵冲锋，第一队弓箭手瞄准放箭，随后迅速蹲下，第二队、第三队接连放箭，如此轮番射击，箭如雨下，击退了金兵多次猛攻，杀伤甚众。

金军大败而归，吴玠兄弟一鼓作气，不给对手喘息的机会。一天夜里，金军收兵回营，烧火做饭，吴玠命神射手持强弓对准火光射击，吓得金兵不敢点火，啃着干粮坐等天亮。夜半三更，吴玠组织奇袭，向金兀术的大营发起攻击，金军人困马乏，本来就经不起折腾，又是被痛打了一顿。

次日凌晨，金兀术下令向宝鸡北撤，意欲重整旗鼓。吴玠等的就是这个机会，他早已在沿途的山涧埋下伏兵，等到金军后撤，宋军迅速转守为攻，下令追击。宋军从和尚原到神岔峪一路掩杀，金军中了埋伏，沿途损失惨重，弃尸累累，粮草辎重为宋军所得，直到金人援兵赶到，才得以溃围而逃。

此战是宋金战争中金军遭遇的第一次惨败，20余名金军将领被生擒，数以千计的金兵被俘，就连金兀术自己也中箭负伤，死里逃生。

和尚原大捷的消息传到朝廷，就连热衷于逃跑的宋高宗也为之兴奋，遣使慰劳前线将士，任命吴玠为镇西军节度使，吴璘为康州团练使。吴玠也因此成为南宋第一个因军功而拜为节度使的大将。

3

和尚原之战虽然成就了吴玠的威名，但没有阻止金军大举进攻四川的步伐，宋军在宋金战争中仍然处于劣势。不久之后，金人卷土重来，派大军绕过和尚原，攻略防守较为薄弱的饶风关（今陕西石泉西北）。

饶风关之战时，吴玠已经转移到祁山道上的仙人关（今甘肃徽县东南）驻防，他得到金军进攻的情报后，迅速率领数千精锐疾驰300里，增援饶风关。

到了饶风关后，吴玠一边修筑防御工事，一边派人给金军大将撒离喝送去一个柑橘，并写上一张字条："大军远来，聊奉止渴。今日决战，各忠所事。"撒离喝接到这礼物，大惊失色。

撒离喝认为吴玠善用强弓硬弩，就不再采取此前密集进攻的战术，而是改派一批精心挑选的精兵，身披重铠，登山攻险。每名重甲金兵身后都有两名士兵助推登山，前面的士兵战死，后面的士兵就穿上重铠，前仆后继。

前文说到，吴玠最擅长打漂亮仗。他在战场上随机应变，一改之前的"驻队矢"战术，而是在山上滚落巨石碾轧金兵，用弓弩射杀助推重铠甲士的金兵，阻挡了对方的先锋部队。双方激战六昼夜，金兵死伤惨重，再加上陷入缺粮的危机，只好屯兵关下，杀马为食，战后在饶风关下遗弃的死马皮就多达17000余张。恼羞成怒的撒离喝亲自督战，还当场斩首了几个怯战的金军千户。

不过，撒离喝不是省油的灯，强攻不成，只能智取，之后还是以一场"皮洛士式的胜利"拿下了饶风关。吴玠退回仙人关，另一场大战即将到来。

4

李白《蜀道难》中有一句，“青泥何盘盘，百步九折萦岩峦”。宋人说，“大抵蜀道之难，自昔青泥岭称首”。这个青泥岭，就在吴玠兄弟镇守的仙人关以北，当时已为金军占据。从青泥岭上俯瞰，控扼陈仓道与祁山道的仙人关成为金军向南进军蜀道的必经之路。吴玠在仙人关东北修筑了“杀金坪”和一座关隘，组成两道防线，充分做好了战前准备。

绍兴四年（1134），伤愈复出的金兀术亲率10万精兵攻打仙人关。吴玠麾下的兵力不过才3万，而金军一旦击败吴氏兄弟，就可乘势攻入四川，顺流而下直逼江南。

金军气焰嚣张，先锋彀英不听命令，营寨还没搭好，就向杀金坪发起进攻，妄想立头功。金兀术得知后，追上前去，抽出佩刀，用刀背猛击彀英的头盔：那吴玠什么人啊，轮得到你带头冲锋。彀英见金兀术动怒，只好悻悻然退兵。面对吴玠，金兀术不敢轻敌。

双方剑拔弩张，可毕竟实力悬殊，起初宗弼还特意派人到阵前劝降吴玠：“赵氏已衰，吴公如能前来大金，我们会选一块方圆百里的富庶之地，为你加官晋爵。”

吴玠派人回话：“已奉事赵氏，怎敢有二心？”无论面对怎样的困境，都要拼死一战，这就是军人的骨气。

金兀术先礼后兵，休整数日后开始向杀金坪发起猛攻。

两军交战时，吴玠的弟弟吴璘身先士卒，带兵夺回丢失的营寨，向将士们高喊：“金人倾巢而出，正是我们杀敌报国的机会！”吴玠手握长刀，站在城头指挥作战，下令：“我等将士，死要死在城上！

后退者，立斩！”

金兀术的大军费尽心力，血战数日，才拿下了杀金坪。这个由吴玠修筑的第一道防线如同它的名字一般，让金兵付出了惨痛的代价，而宋军已经在吴氏兄弟的带领下有序地退至第二道防线。有人认为这道关隘不稳固，劝吴玠兄弟再往后撤，退守仙人关。吴璘当即反驳道：“刚一交兵就退走，是不战而退。我认为敌人损失惨重，不久就要撤退了。诸军还需继续忍耐。”

吴玠下令死守，还是用老办法，在第二道防线布置了熟悉的“驻队矢”，以神臂弓猛击金兵。神臂弓是北宋神宗年间发明的一种弓弩，射程可达 240 余步，可穿透榆木，射穿铠甲。

宋军箭如飞蝗，金兵身披重铠，以铁钩相连，鱼贯而上。双方死伤无数，阵地上尸体堆积如山，宋军人数虽少，却众志成城，当防线上的西北楼因不堪重负而倾斜时，宋军将士甚至用绢帛结成长绳，硬是将楼拽了回来。金兵一日三战，反复冲锋，都未能突破吴玠的防线，携带的军粮也所剩无几，许多士兵心生退意。

吴玠兄弟的反击此时才刚刚开始。宋军苦守数日后，一天夜里，吴玠派出一支奇兵，手持长刀、大斧，擂鼓呐喊，从左右两翼杀入金兵大营。仙人关久攻不下，金兵早已疲惫不堪，遭遇夜袭后更成了惊弓之鸟。顷刻之间，金兀术的营寨被攻破，金兵在大营丢失的连锁反应下全线溃败，丢盔弃甲逃回凤翔，历史再度重演。

“蜀道之难，难于上青天。”此战过后，宗弼或许对这首诗深有体会。仙人关大捷后，金兀术再也没有踏上蜀道，而此后宋金战争的重心也由川陕转移到了两淮。

吴玠兄弟牢牢守住四川大门，实际上为脆弱的南宋政权挽回了一线生机。学者王曾瑜认为：“自绍兴元年至四年三月，川陕战场是宋金战争的主要战场，甚至是唯一战场。吴玠军近乎独立地支撑南宋半壁江山，在此期间的抗金战功是独一无二的。”

5

吴玠善守，在发起大规模的进攻战役上，他或许不如岳飞，但在官场上他是一个深谙规则、城府很深的人，这也是吴氏兄弟能够躲过南宋朝廷屠刀的原因之一。

此前，张浚入陕时，吴玠与老上司曲端不和，经常闹矛盾。张浚也想除掉曲端，正好曲端写过一句诗，“不去关中兴帝业，却来江上泛扁舟”，被人诬陷为不敬皇帝的证据。最终，曲端被诬告谋反，冤死狱中。吴玠在其中起到推波助澜的作用，这成为他一生的污点，可也让他更为张浚所信任。

宋金绍兴议和期间，主战派遭到清洗，张浚失势下台，吴玠不忘昔日伯乐之恩，力保张浚一党，奏请辞去一切军务，赎减张浚、刘子羽的罪过。宋高宗尽管含蓄地斥责了吴玠，说：“你从小官做到大将，都是朝廷的恩典，不要自以为是张浚的提携。”之后也不允许吴玠辞官。

宋高宗需要吴玠主持川陕抗金，但更希望他是一只温顺的绵羊。吴玠深知君臣之道，作为一个领兵在外的武将，为了不让皇帝担忧自己犯上作乱，在为张浚等人求情的同时，他也向高宗请求在防秋之后入朝觐见，一睹天颜，第二年立马就派了儿子专程到临安，禀报边防要务。这些行为都是向宋高宗表示恭顺，减轻皇帝的猜疑。

宋高宗也很吃吴玠这一套，当着众臣的面夸奖他：“玠比尝请入觐，今又遣子来奏事，可谓得事君之体。玠握兵在外累年，乃能周慎委曲如此，良可嘉也。”

同为南宋大将，吴玠与岳飞也有一定交情。岳飞率军收复襄阳时，南宋朝廷命吴玠与其配合，牵制陕西的金军，为此，吴玠派了一个使者与岳飞商议军务。这个使者到了鄂州大营，发现岳飞生活简朴，身边也没人伺候，回去就跟自己老板吴玠汇报。

吴玠喜好美女，在渔猎美色方面很在行，于是花两千贯钱买了一个才貌双全的女子，送到鄂州给岳飞。岳飞没有接受吴玠的好意，“谢而不纳”。由此可见两位名将在为人处世上迥然不同的原则。

吴玠就是这样一个官僚气十足的将领，却偏偏爱兵爱民，无论驻守在哪里，他都致力于让百姓安居乐业，还为了减轻民众负担，多次裁汰冗员。

有一次，他到利州巡视，一群饥饿的老弱妇孺拥到他马前向他诉苦，说家中没有粮食可吃。吴玠得知后大怒，说：“我要先杀了钩光祖（利州路转运副使），然后自己去向朝廷请罪。”后来粮食问题在四川制置使胡世将的帮助下得到解决，吴玠还是不解恨，等胡世将离开利州后，就杀了那几个失职的漕运官吏。吴玠还在当地大兴屯田之政，每当军队缺粮时，他会拿出自己家中的钱向百姓买粮救急，却从不强取豪夺。

史书记载，戎马半生的吴玠因贪恋美色，又长期服食丹药，中年以后身体每况愈下，最终咳血而死，去世时年仅 47 岁。吴玠临终前，宋高宗还专门派了御医为他医病，可惜御医走到半路就得知了吴玠去世的消息。吴玠死后，宋高宗为他辍朝两日。

但从吴玠病逝时，绍兴和议即将签订的历史背景来看，他的死，或许也堪称一个主战派将领壮志难酬的谢幕。

6

吴玠英年早逝后，吴璘继承兄志，继续把守着四川大门，二十多年没让金兵插足蜀地一步。吴璘胆略不下其兄，又在“驻队矢”的基础上开创了“叠阵法”，在与金军的作战中不落下风。

吴璘还不忘收复失地的壮志，尽管这个机会一等就是二十多年。曾经的吴家小帅渐渐成了吴家老帅，他一生的军事才能最终还是被南宋王朝错误的军事路线辜负。

绍兴三十一年（1161），金主完颜亮率领六十万大军南下征宋，南宋朝廷再次陷入一片恐慌。东线战场上，幸亏文臣虞允文临危受命，指挥采石之战阻止了金兵的进攻。对完颜亮不满的女真贵族也在后方发动政变，推翻了这个野心家的统治，迫使金军退兵，南宋再次幸免于难。

西线战场上，年过花甲的吴璘率领宋军出征，疾病缠身的老将由士卒抬着上了前线，再次指挥仙人关的防御，来到了当年与金兀术鏖战的杀金坪。

值得一提的是，吴璘在西线战场上不仅击退了金兵，还乘胜追击，接连收复了秦州、陇州、洮州等十多个州。吴璘终于和将士们回到了自己的故乡，宋军入城后，市场井然有序，乡亲父老围住吴璘，迎拜不绝，都希望宋军借此机会收复失地。

可当西线宋军连战连捷时，主和派再次兴风作浪，朝廷下令吴璘班师。吴璘见北伐无望，只好无奈接受诏书，率领将士们撤退，放弃了新收复的十多个州。这一战，吴璘的军队牺牲了几十名部将，三万多名将士。撤兵时，不甘撤退的宋军将士连营痛哭，声音响彻原野。

几年后，66 岁的吴璘病逝，临终前他在遗表中只是劝南宋朝廷不要放弃四川，也不要轻易出兵。仅此两件事为吴璘心中挂念，他没有一句话提及私事。

南宋初年的大将中，像吴玠、吴璘这样镇守一方又能全身而退的名将少之又少。吴氏兄弟四十年如一日的守护，守住了巴蜀之地，也捍卫了风雨飘零的南宋。

本章参考文献

[宋]李心传:《建炎以来系年要录》，北京：中华书局，2013年

[元]脱脱等:《宋史》，北京：中华书局，1985年

[元]脱脱等:《金史》，北京：中华书局，1975年

[清]王夫之:《宋论》，北京：中华书局，2003年

[清]厉鹗:《宋诗纪事》，上海：上海古籍出版社，1983年

余蔚:《宋史》，上海：上海人民出版社，2015年

游彪:《宋史十五讲》，南京：凤凰出版社，2011年

游彪:《靖康之变：北宋衰亡记》，长沙：湖南人民出版社，2018年

王曾瑜:《宋高宗》，长春：吉林文史出版社，2004年

杨倩描:《吴家将：吴玠吴璘吴挺吴曦合传》，保定：河北大学出版社，1996年

[美]伊沛霞:《宋徽宗》，韩华译，桂林：广西师范大学出版社，2018年

潘耀:《背嵬军——一段被历史湮没的辉煌》,《黑龙江史志》2014年第3期

董春林:《南宋吴家将弓弩战术再探》,《河北大学学报》(哲学社会科学版)2020年第2期

南宋篇

第七章

再战中原，壮志难酬

宋孝宗：南宋最有作为的皇帝

宋高宗赵构决定选派20名美女，去测试自己的候选接班人。

这是南宋绍兴二十九年（1159），已经53岁的宋高宗赵构，此时仍然膝下无子。他唯一的亲生儿子赵旉在建炎三年（1129）的苗刘兵变中夭折，此后，在靖康之变中长期动荡逃亡的宋高宗，不知为何丧失了生育能力。

自己的亲生儿子早夭，而在靖康之变中，宋太宗赵光义一系的子孙，几乎被金兵掳掠扫荡一空。痛定思痛，于是，在唯一的儿子夭折三年后（1132），宋高宗赵构从民间先后选拔了宋太祖赵匡胤的两名七世孙赵瑗（初名赵伯琮，进入皇宫后改名赵瑗，后又改名赵玮、赵昚）和赵璩在宫中培养。赵瑗是赵匡胤的儿子秦王赵德芳的后代，赵璩则是赵匡胤的儿子燕王赵德昭的后代。

眼下，两名候选的接班人已经进入壮年，赵璩得到了宋高宗的亲生母亲、太后韦氏和宋高宗的妻子、皇后吴氏的支持，而赵瑗却先后遭到权臣秦桧，以及太后韦氏、皇后吴氏的反对。

毫无疑问，政治形势对赵璩更有利。

但宋高宗还想一试。于是，宋高宗指示，将经过他选拔的20名美女，10人选送服侍赵璩，10人选送服侍赵瑗。过了一段时间，宋高宗又将20名美女全部召回验身，结果显示，服侍赵璩的10名美女全部已非处女，而服侍赵瑗的10名美女却完璧如初。

尽管自己也颇为好色，但对于选拔谁为接班人，宋高宗心中已经有了答案。

绍兴三十年（1160）二月，在处理完母亲韦太后的丧事后，宋高宗正式宣布，将不近女色的养子、普安郡王赵瑗改名赵玮，并晋封为建王，立为皇子。而将10名美女全部临幸的养子、恩平郡王赵璩，则被确定为“皇侄”，打发到绍兴府安置。

历时近30年的选拔考察后，宋高宗赵构终于确定了自己的接班人。又两年后，绍兴三十二年（1162）五月，宋高宗又将赵玮立为皇太子，并改名赵昚。当年六月，一生在兵荒马乱中奔波惶恐的宋高宗赵构，以“倦勤”的名义宣布退位，赵昚即位，是为宋孝宗。

1

宋孝宗赵昚的亲生父亲，是赵匡胤的六世孙、小吏赵子偁。

早在公元976年的斧声烛影之变后，宋太祖赵匡胤离奇暴毙，此后，北宋皇位一直由赵匡胤的弟弟、宋太宗赵光义一系子孙继承。但1127年的靖康之变中，攻入开封的金兵几乎将宋太宗赵光义的子孙掳掠一空，侥幸逃脱的康王赵构登基开辟南宋王朝，是为宋高宗。

但亲生儿子早夭的宋高宗赵构，一方面迫于现实，另一方面或许是感受到了某种天意，于是决定抚养赵匡胤的子孙作为候选接班人。

在亲生儿子早夭三年后，绍兴二年（1132），作为宋太宗赵光义的六世孙，宋高宗赵构决定公开征选一位作为他侄子辈的宋太祖赵匡胤七世孙进行抚养。经过有关官员遴选，最终查明，当时南宋境内，宋太祖赵匡胤的七世孙共有1645人，而1645人中，10岁以下的男孩共有10人。最终，官员们在10人中选了2名男孩入宫，以供宋高宗定夺。

两个小男孩一胖一瘦，在面见两个小男孩后，宋高宗原本决定选拔胖男孩留在宫中抚养，瘦男孩则赐予300两银子准备打发回家。

此时，一只猫出现在两人面前。胖男孩童心顿起，一脚就踢得猫儿喵喵大叫，瘦男孩则安定自若。

宋高宗立马改了主意。觉得胖男孩"轻狂"的他，最终决定将瘦男孩留在宫中抚养。

这个6岁的瘦男孩，就是初名赵伯琮的赵昚，后来的宋孝宗。

尽管已经遴选了赵伯琮（赵昚）在宫中抚养，但皇宫中的政治，仍然波诡云谲。

赵伯琮（赵昚）入宫后，被交由婕妤张氏抚养。此时，宋高宗仍然年轻，仍然梦想着自己能再生育儿女，拥有自己亲生的接班人。但时间一年年过去，经历苗刘兵变，一度被软禁被逼退位的宋高宗，早已被金兵和自己人吓得失去了生育能力。

皇帝始终无子，那么，养子必然很有可能成为日后的接班人。

眼看张婕妤收养了赵伯琮（赵昚），明白个中利害的宋高宗的才人吴氏提出，自己也要抚养一位皇子。于是，宋高宗又从民间征选了另外一个宋太祖赵匡胤的七世孙，即当时年仅5岁的赵伯玖（赵璩），将他交由吴才人抚养。吴才人后来晋升为吴皇后，所以，吴皇后自然全力支持自己的养了赵璩。

但在最后一刻，面对宋高宗选送来服侍考察的10名美女，赵璩没有把持住。

赵昚则成功经受住了美人的诱惑。

事实即将证明，老到奸猾的宋高宗赵构，看人确实颇有眼力。

绍兴三十二年（1162）六月，56岁的宋高宗赵构正式禅位给皇太子赵昚，自己选择退位安度晚年。

在宋高宗赵构看来，从1127年的靖康之变到1142年，整整15年间，金兵不断南下，先是攻灭北宋，后又多次撕毁和议、不断南侵，逼得他一度乘船出海逃亡。到了绍兴十二年（1142），忍气吞声的宋高宗甚至在金人的威迫下，不惜自毁长城、杀害名将岳飞，以换取金人的和议。

在金人面前他一退再退，但金人还是得寸进尺一再撕毁和议南侵，做皇帝做到了这个份上，宋高宗觉得自己实在是够了。

于是，在采石之战虞允文指挥宋军击退金兵，完颜亮因为军变被杀后，自觉形势已有好转、面子上有点交代的宋高宗，决定禅位。

历时近三十年的考察，他相信，将皇位传给养子赵昚，不失为一个体面的选择。

赵昚是在一场瓢泼大雨中，即位登基的。

在行内禅大礼时，仪式刚刚结束，就下起了大雨。已经退位为太上皇的赵构起身回宫，但新晋皇帝的宋孝宗赵昚却坚持冒着大雨，亲自护送太上皇。

瓢泼大雨中，新皇帝、养子赵昚浑身湿透，赵构见了非常感动，不停地对身边的宫人说："付托得人，再无憾矣。"

宋高宗赵构确实没有看错人，他的这位养子确实是南宋最有孝心也最有进取心的皇帝。

历史，似乎将呈现另一种可能。

2

36岁的宋孝宗赵昚即位的第二个月，就布置为岳飞平反，着手北伐大业。

绍兴三十二年（1162）七月，宋孝宗顶着刚刚退位的太上皇赵构的压力，坚持为岳飞平反。为了顾及赵构的面子，宋孝宗以政治智慧下诏说："故岳飞起身行伍，不逾数年，位至将相……飞虽坐事以殁，而太上皇帝念之不忘，今可仰承圣意，与追复原官，以礼改葬，访求其后，特与录用。"

对于宋高宗指使秦桧杀害岳飞的事实，宋孝宗将其委婉地表述为岳飞"坐事以殁"，但在私下接见岳飞仍然幸存的三子岳霖时，宋孝宗则痛惜地说："卿家冤枉，朕悉知之，天下共知之。"

为了给太上皇宋高宗留足面子，使岳飞的平反工作顺利进行，在商议如何追谥岳飞时，朝臣们起初拟定为"忠愍"，但宋孝宗则认为，"使民悲伤曰'愍'"，这肯定会让太上皇心中恼怒，认为是在斥责他冤杀岳飞。最终，宋孝宗钦定，技术性地将岳飞追谥为"武穆"，如此既彰显了岳飞的功业，又保全了太上皇宋高宗的面子。

不能不说，意气风发的宋孝宗，在即位之初，就表现得既有雄心，又有政治智慧。

即位第二个月，宋孝宗又将当时已经66岁的主战派老将张浚（1097—1164）召入朝中，共商北伐大业，他对外声称："我家有不共戴天之仇，朕不及身图之，将谁任其责？"

金主完颜亮在1161年12月被杀，金兵开始北撤，而宋孝宗则是在完颜亮被杀后的第二年（1162）农历六月即位。在北方金国大乱的整整半年间，南宋都没有主动进取的态势。

宋孝宗上位后，立即开始着手北伐大业，但皇位的更替，显然让这位新皇帝需要更多时间去适应朝政和筹组自己的人马。宋孝宗每次面见太上皇宋高宗时，"必力陈恢复大计"，但宋高宗却畏敌如虎，每次都打断宋孝宗说："大哥，俟老者百岁后，尔却议之。"意思就是说，儿子，你等老头子我去世后，再讨论这件事吧。

宋高宗退位时，年仅 56 岁，但他显然已经在长期的动荡中，被金人吓得魂飞魄散，而 36 岁的宋孝宗却仍然锐意进取，他已经迫不及待要北伐金国，恢复河山。

而南宋建国初期的名将们，已经陆续凋零。

宋孝宗着手北伐的当年（1162），名将岳飞早已遇害 20 年，韩世忠已经去世 11 年，在顺昌之战中大破金兵"拐子马"的名将刘锜，也在宋孝宗即位前几个月去世，而在四川，名将吴玠已经去世 23 年，吴玠的弟弟、名将吴璘也已 61 岁垂垂老矣。整个大宋，名将陆续凋零，只剩下个 66 岁的老将张浚仍然雄心万丈。

在筹划近一年后，隆兴元年（1163）五月，宋孝宗赵昚以张浚为主帅，开始统兵北伐，史称"隆兴北伐"。宋军出兵一个月后，陆续收复灵璧、虹县和宿州等地，但仅仅一个月又被金兵所败。

当时，金国接替金主完颜亮的，是被金国称为"小尧舜"的金世宗完颜雍（1161—1189 年在位）。在金主完颜亮被杀后、金国大乱的背景下，金世宗逆势崛起，先是平定北方契丹的叛乱，又南下安抚各位兵将，挥兵击败了南宋的隆兴北伐大军。

内有太上皇宋高宗的掣肘，加上名将凋零指挥失当，外又碰上了金世宗这位难缠的对手，宋孝宗指挥的隆兴北伐仅仅一个月就失败停歇。但即使停止北伐，当时南宋仍然占领着趁金主完颜亮死后光复的商州、秦州、唐州、邓州等地，形势看起来仍然比宋高宗时期要好。

但掌权后站稳了脚跟的金世宗很快在击退南宋的隆兴北伐后，挥兵南下，迅速攻陷了长江以北、淮河以南的一半州县。无奈下，隆兴二年（1164）十二月，南宋最终与金国再次达成和议，史称

"隆兴和议"。

相比宋高宗绍兴十一年（1141）的绍兴和议，此次隆兴和议将宋朝皇帝与金朝皇帝的关系，从君臣关系改为叔侄关系，名义上好听了一点点。另外则将之前献给金国的战争赔款从"岁贡"改为"岁币"，玩弄了一下文字游戏，但相比以前，隆兴和议规定将之前每年南宋进贡给金国的赔款，银、绢从各二十五万减为各二十万两、二十万匹。南宋还将金主完颜亮死后光复的唐州、邓州、海州、泗州、商州、秦州六地割让给金国。

与绍兴和议后，宋金两国维持了二十年和平相比，隆兴和议后，宋金两国又维持了四十多年的和平。

隆兴和议达成前，面对金兵再次南侵的压力，在太上皇宋高宗的干预下，主战派代表、宰相张浚被罢免，改为任职福州。这位当时年已 68 岁的老将含恨南下，并在被贬途中病逝。临终前，籍贯四川的张浚留下遗嘱说："我曾任宰相，不能恢复中原，雪祖宗之耻，死后不配葬在祖宗墓侧，葬在衡山之下足矣。"

面对张浚病死途中的残酷现实，当时，宋孝宗手下已几乎无人可用，但宋孝宗并非宋高宗，他仍然不忘北伐大业。

于是，他起用在 1161 年的采石之战中仓促上阵、击败金兵的文臣虞允文，对其予以重任。对于上任宰相的虞允文，不甘心北伐失败的宋孝宗说："丙午（靖康）之耻，当与丞相共雪之！"

隆兴北伐失败后的宋金格局，已不同于岳飞刚刚遇害时。当时，金世宗在北方勤政节俭，选贤治吏，轻赋重农，尊崇儒学，这位女真人的皇帝十分朴素，甚至不愿意穿丝织的龙袍，北方金国在他的治理下，国库日益充盈，出现了所谓的"大定盛世"。

北方安定，一时无机可乘，虽然宋孝宗有恢复之志，但时代的格局，南宋与金国国力的均衡，加上南宋缺乏恢复之臣，都使得他难以打破这种均势。

南北一直对峙，这种长期没有战事的生活，也并不能泯灭宋孝宗的雄心壮志。

为此，宋孝宗在隆兴和议后仍然举行了三次大阅兵，并且亲自练习骑马射箭以保持体力，这在宋朝的皇帝中非常罕见。为了锻炼身体，宋孝宗暗中命人铸造了一根黑漆精铁拐杖手持锻炼。有一天，他到后花园忘了携带拐杖，就命小宦官回去寝殿取来，没想到过了很久，两个小宦官才抬着拐杖吭哧吭哧赶来，众人由此才知道，这根拐杖竟然如此之重，两人扛着都还嫌重，宋孝宗竟然举重若轻。

或许在宋孝宗看来，即使北伐已败，他心中仍然不忘光复，一直在锻炼身体，渴望像宋太祖赵匡胤和宋太宗赵光义一样，亲自带兵出师北伐。

3

但北方无隙可乘。

对于宋孝宗的立志北伐，北方金国的金世宗也始终保持着警惕。金世宗经常告诫臣子们说："我估计宋人的所谓和议，是不可靠的，他们一直在整军备战。"

面对堪称对手的金世宗，宋孝宗则在一年年的等待中熬白了头发。对此，后世人经常感慨地说，宋高宗朝是有恢复之臣而无恢复之君，宋孝宗朝是有恢复之君而无恢复之臣。在宋高宗残酷冤杀岳飞、葬送南宋初期北伐大好局势的局面后，宋孝宗再也找不到第二个岳飞了。

淳熙四年（1177），宋孝宗对大臣们说："大家都不愿意北伐。我真不明白，如果你家有一百亩田地被人强占了五十亩，难道你还会规规矩矩地写信请求他归还吗？大家遇到私人利益都是明白人，一旦碰到要为国事拼搏，就都不说话了。”

朝臣们默不作声，他们有的或许赞成北伐但却能力不足，有的则担心主张北伐最终落得像岳飞一样无辜惨死，而更多的臣子，则已经习惯了临安城和南方的安逸生活。对于是否北伐、如何北伐，朝臣们普遍已经意兴阑珊了。

而宋孝宗也并非单纯之辈。对于宋高宗时期出现秦桧专权，甚至一度君弱臣强，以致宋高宗要在靴筒中暗藏匕首防身的教训，宋孝宗一直引以为戒。为此，宋孝宗在执政的 27 年间，先后更换了 17 位宰相和 34 位副宰相（参知政事）。频繁更换宰相的目的，就是在于防止权臣专权，以加强皇权。

为了巩固皇权，宋孝宗在任内有两年多时间，甚至故意不设置宰相，而令副宰相参知政事暂时代理宰相行事。出于对宰相的不信任，宋孝宗甚至经常绕开三省和枢密院，直接以“密旨”办理大小政务。当文官集团进行反击质疑时，宋孝宗则回应说：“宫中一饮一食，如果都要走程序，那么事情何时才能办完？”

但他关注的，可不是什么“一饮一食”，而是人事、司法、行政等诸多大事。为了绕开朝臣，他开始起用还是建王时身边的侍从，使得朝政一度出现了“外廷事务内廷化”的局面。对此，文官集团发起反击，结果就是抗命的中书舍人张震、给事中金安节等人纷纷被贬，而跟随宋孝宗的侍从龙大渊等人则继续升官。

在士大夫们看来，无论北宋还是南宋，士大夫们一直秉承着“皇帝与士大夫共治天下”的原则，因此，士大夫群体普遍对皇权过度干涉政治，带着一种抵制态度。

一次宋孝宗想要过问户部的出纳细节，户部侍郎周葵就很不客气地说："这么小的事您也关心，真是出人意料！一定是龙大渊等人想从中图利谋私吧？"对此，宋孝宗"色为动"。

宋朝皇权与士大夫角力的结果，如果双方互为妥协，就是宋仁宗朝的和谐局面；如果皇权弱势，就是宋高宗朝一度出现的君弱臣强局面；如果士大夫过度强势，就有可能出现南宋后期的史弥远、贾似道等权臣执政局面。

宋孝宗一直不敢大意，谨慎维护皇权的权威。

皇帝强势，士大夫们吃多了苦头，敢说话的自然就少了，敢冒头的就更少了，这使得士大夫们对于北伐一直意兴阑珊。个中原因复杂，不是简单的忠勇或懦弱可以评判。

南北多年相安无事，使得宋孝宗更加关注内政、勤恳治国。宋孝宗下令将纸币"会子"作为法定意义的权威货币辅助流通，促进了纸币在南宋境内的流通和商品经济的发展。此外，宋孝宗大力兴修水利，减轻百姓的赋税徭役。为了裁撤冗官，宋孝宗仅在淳熙十三年（1186）一年，在临安府就裁撤近千人。

在这位经常穿着旧衣服上朝的皇帝带领下，南宋出现了"乾淳之治"的小康社会。当时南宋国库充盈，钱货堆积如山，以至于连穿钱的绳子都腐烂了。对此，元朝宰相脱脱在主持编撰《宋史》时，就赞誉宋孝宗"卓然为南渡诸帝之称首"。

4

北伐无望的痛苦，仅仅是宋孝宗生活的一部分，在日常生活里，他还要面对太上皇宋高宗和儿子赵惇的为难。

宋高宗赵构在 1162 年 56 岁时禅位，此后，他还继续活了 25 年，一直到 1187 年，才以 81 岁的高龄去世，这在古代皇帝中非常少有。

一位长寿的太上皇，自然对现任皇帝形成了诸多掣肘和干预。

尽管默许了养子宋孝宗对岳飞的平反，但一旦涉及北伐等根本大计，宋高宗经常出面阻拦。隆兴和议的达成虽是出于无奈，但宋高宗在背后的影响，也不能无视。

即使对于普通的人事，太上皇也经常发号施令。有一次，太上皇赵构到临安的灵隐寺喝茶，有个行者伺候得非常殷勤，后来赵构一问，此人便说自己是因为得罪上司被诬陷降罪。太上皇于是发话，说要让此人官复原职。但宋孝宗一查，该人原来是个贪赃枉法之徒，当然不能应允。当赵构再次在灵隐寺听到此人的诉苦后，勃然大怒，他生气的并不是此人是否清白，而是他作为太上皇的权威竟然得不到重视。他当面对宋孝宗赵昚发脾气说："我老了，没人听话了，行者的事你为何至今不办？"

宋孝宗无奈，只得让此人复职上任。

在宋孝宗看来，他从平民一跃而成为天子，养父宋高宗的恩情无以报答，唯有以孝道来回应养父太上皇的恩德。哪怕是涉及国家和民族大业的北伐，或是关涉政坛清白的人事任免，他都难以彻底摆脱那位养父太上皇的影子。

在王道与孝道之间，他谨慎小心地处理着与太上皇宋高宗的关系。有的时候，他宁愿用所谓孝道来违抗王道。

而太子赵惇和太子妃李凤娘，也没让他少省心。

宋孝宗共有 4 个儿子，长子庄文太子赵愭早逝，二子魏惠宪王赵恺为人仁弱、难堪大任。宋孝宗反复考虑，最终改立三子赵惇为太子。

赵惇在乾道七年（1171）25岁时被立为皇太子，当了整整18年太子，一直到淳熙十六年（1189）43岁时才即位。

在作为储君的漫长煎熬中，赵惇心情抑郁。有一次，他向父亲宋孝宗暗示说："儿臣的胡须已经开始变白了，前些天有人送来染胡须的药物给我，但儿臣没敢使用。"言下之意，儿子胡子都白了，你却还没禅位。

宋孝宗自然听出了言外之意，于是略带讥讽说："有白胡须正好向天下显示你的老成持重，何必要用药把它染黑呢？"

宋孝宗在36岁时接受宋高宗的禅位登基，但让他放心不下的，除了自己的北伐大业，还有儿子赵惇的惧内以及精神表现等问题。根据史料记载，赵惇的妻子李凤娘非常凶悍，他身边的女子只要敢靠近赵惇，就会遭到报复。有一次，赵惇无意中夸奖一位宫女的双手非常白皙，没想到第二天，李凤娘就给赵惇送去了一只食盒，里面装着的，正是那名宫女的双手。

对于自己这个儿子的不争气，宋孝宗看在眼里，因此他一直心存疑虑，甚至想过要废掉太子妃，但如此重大的决定，他又始终犹豫不定。

5

在这岁月的煎熬中，淳熙十四年（1187）十月，太上皇宋高宗赵构驾崩。尽管并非赵构亲生子，但秉持孝道的宋孝宗却非常痛苦，两日不能进食。为了服丧，宋孝宗甚至放弃以日代年的传统做法，提出要为太上皇赵构服丧三年。

在太上皇赵构去世两年后，宋孝宗决定效仿养父，向儿子赵惇禅位，淳熙十六年（1189）二月，赵惇即位，是为宋光宗。

等到自己也成了太上皇，宋孝宗赵昚才突然醒悟到，古往今来像他一样真心对待太上皇的皇帝，真的是太少了。

宋光宗即位后，成为皇后的李凤娘更加肆无忌惮。李凤娘甚至在绍熙二年（1191）十一月，趁着宋光宗离开皇宫举行祭天大礼时，下令杀害了宋光宗的宠妃黄氏。

由于祭祀当天风雨大作，宋光宗以为遭遇天谴，忧惧不安。此后，宋光宗的“心疾”越来越严重，加上宠妃黄氏之死的打击，根据史料的记载，宋光宗可能得了间歇性精神病，以致不能正常处理朝政。李凤娘因此得以把持朝政，“多取决于后”。

本来，宋光宗赵惇就对父亲宋孝宗迟迟不禅位感到不满，因此在自己即位后，对父亲宋孝宗多有不敬。宋光宗得病之后，举止失常，控制内政外务的李凤娘更加肆无忌惮，甚至不让宋光宗去问候父亲宋孝宗。

有一次，宋孝宗在临安城内游览东园，宋光宗不仅没去侍奉，还故意不参加家宴。不仅如此，不知道是宋光宗还是李凤娘，故意派出宦官前往捣乱，宦官们弄了一群鸡放到东园，然后一边抓一边喊道：“现在捉鸡不着！”当时，“捉鸡”意为向别人讨要酒食，宋光宗和李凤娘的用意，是以此讽刺作为太上皇的宋孝宗竟然不知趣。

禅位给这样的儿子，又有这样的儿媳妇，宋孝宗心中的痛苦可想而知。

从1189年宋孝宗禅位到1194年宋孝宗去世的五年间，宋光宗看望宋孝宗的次数一年比一年少。绍熙四年（1193）九月，宋光宗已有半年没有看望父亲宋孝宗，对此朝臣非常不满，坚请宋光宗“过宫”看望宋孝宗。

就在宋光宗犹豫不决时，皇后李凤娘出面要拉宋光宗回去，中书舍人陈傅良急忙拉住宋光宗的衣服不让走，李凤娘于是破口大骂，陈傅良痛哭流涕，宫中乱成一团。

到了绍熙五年（1194），从正月到六月，宋孝宗一直重病，但儿子宋光宗和儿媳皇后李凤娘就是故意不往探视。从宰相以下的文武百官纷纷上书“论谏”，仅仅兵部尚书罗点一个人就上了35封奏疏，整个朝廷内外对于宋光宗和皇后李凤娘的表现“人情汹然”“道路流言”。

一直到绍熙五年（1194）六月九日驾崩，一生以孝道闻名的宋孝宗赵昚，都没有等来儿子的探望。

太上皇宋孝宗去世后入殓出殡，宋光宗和皇后李凤娘还是故意不出面。皇帝不至，太上皇的丧礼无以成服。最终，群臣只有请出宋高宗仍在世的太皇太后吴氏来代替皇帝主持丧礼。

宋光宗失常至此，皇后李凤娘忤逆不道，整个南宋上至群臣，下至百姓，都被皇帝皇后的无礼所激怒。在宋孝宗去世后不到一个月，七月四日，以郭杲和韩侂胄等人为首，群臣们发起政变，并抬出太皇太后吴氏出面，废黜了宋光宗，改立宋光宗的儿子赵扩为帝，是为宋宁宗。

宋光宗对此毫不知情。一直到政变第二天，当韩侂胄陪同宋宁宗前往觐见父亲宋光宗时，宋光宗还不知道自己已经成了“太上皇”。

只是苦了志在恢复北方的宋孝宗，从王道而言他无法北伐收复故土，从孝道而言他一生恭谨，老来却被儿子儿媳所侮辱漠视。

倒是在他死后参与谋划政变的外戚韩侂胄，日后将发起一场遭遇失败的开禧北伐。

早在当初隆兴和议后，乾道八年（1172），宋孝宗赵昚就曾经做过一个梦，他梦见远处在风里飘荡的钟声将他惊醒，他不知道是庄周梦蝶，还是蝶梦庄周。于是，宋孝宗请来灵隐寺的慧远禅师解梦，慧远禅师告诉他说：“梦想就是现实，现实就是梦想。真亦是假，假亦是真。”

宋孝宗又接着追问说，那么钟声究竟是真是假？

慧远说：“你听到了即使没有人敲也是真。你听不到即使有人在耳边敲，也是无。”

人生恍如一梦，即使帝王大业，北伐成败，不也付诸真假一梦，是非成败转头空。

虞允文：一个书生拯救了南宋

在采石之战的前一年，虞允文与完颜亮有过一面之缘。

那是绍兴三十年（1160），南宋官员虞允文出使金国。金朝君臣以为虞允文不过一介书生，手无缚鸡之力，在接待时意欲以比箭当众羞辱他。没想到，虞允文竟张弓搭箭，一发破的，金人惊呆了。所以不要瞧不起书生，人家可能是穿衣显瘦、脱衣有肉的猛男。

虞允文对此次出使的小插曲并不介意，但当他亲眼看到金军正在造船运粮、加紧备战时，他意识到自己担忧许久的危机似乎将要爆发。辞行时，金主完颜亮更是当面狂妄地宣称："我将看花洛阳。"

虞允文带着深深的忧虑回到了南宋朝廷。

一年后，宋金再度开战。不可一世的完颜亮统率大军南下，声称"多则百日，少则一月"灭亡南宋。那时，为南宋力挽狂澜，给完颜亮当头棒喝的正是虞允文。而这位毫无实战经验的书生，会出现在战场上本身就是一场意外。

1

虞允文是坚定的主战派。

自从冤杀岳飞，签订绍兴和议后，宋高宗赵构就沉醉于和平的迷梦中，甚至下诏禁妄议边事，不许臣民挑拨宋金“友好”关系。虞允文却从不随波逐流，在奉诏使金前，他还上书：“金人必定会撕毁盟约，南侵我大宋，其进攻路线应该有 5 条，请陛下即刻下诏命大臣备战，做好防御准备。”

别人都在粉饰太平，就虞允文不识趣。秦桧为相时，虞允文一直不得重用，在四川当着寂寂无名的小官，直到秦桧死后他才得以入朝为官，却已年近半百。

智者的谋虑往往会被淹没在人云亦云的声音中。纵观虞允文的一生，他似乎总是格格不入，高宗时君臣未尝一日言战，他却未尝一日忘战，孝宗时有人鼓吹北伐，尽快收复失地，他却认为应该养精蓄锐，然后徐徐图之。

后来，完颜亮果然大举南侵，四路进军，仅比虞允文预测的少了一路军队。难道虞允文有未卜先知的才能？并不是，而是世人皆知完颜亮狼子野心。

海陵王完颜亮是一个特别能折腾的统治者。自从弑君篡位后，他就立下志向：“吾有三志：国家大事，皆我所出，一也；帅师伐远，执其君长而问罪于前，二也；无论亲疏，尽得天下绝色而妻之，三也。”

全天下的人都知道完颜亮有投鞭渡江之志，金人策划南侵的消息更是屡屡传来，只有宋高宗不信，呆萌地说：“朕待之甚厚，彼以何名为争端？”

完颜亮南下前夕，金使施宜生来到临安，不经意间为南宋带来了最后的警告。施宜生是汉人，南宋大臣以“首丘桑梓”的典故讥讽他，探他口风。

狐死归首丘。维桑与梓，必恭敬止。施宜生熟读儒家经典，被这番话深深打动，不禁心怀愧疚。他只好说：“今日北风甚劲。”之后又以笔扣桌道，“笔来，笔来！”这是用隐语泄露军机：金兵即将南下。

2

绍兴三十一年（1161）九月，完颜亮兵分四路，调集60万大军南下征宋，号称百万之众。一个月间，宋军全线溃败，完颜亮亲率主力越过淮河，到达长江沿岸的采石矶一带（今安徽马鞍山），不日就将兵临江南。

消息传到临安，最慌的是赵构。赵构本来想像年轻时一样浮海避敌，却被大臣一把拦了下来，这次您可就别逃了。赵构无奈地留在临安，命知枢密院事叶义问到建康（今南京）督视江淮军事，又给他安排了个助手，正是虞允文。

赵构并非没有识人之能，他知道虞允文是个人才，还说：“儒臣不应该上前线，但是卿洞达军事，请你勉为朕行。”

虞允文只说了六个字：“臣敢不尽死力！”

叶义问是个草包，出镇扬州的老将刘锜为他传来战报，信中说金军正源源不断地增援，写作“金兵又添生兵”。叶义问看不懂，环顾左右，问：“生兵是何物？”听说此事的人都笑他不习军务。这位大人看来是指望不上了。

此时，在采石作战的淮西主将王权已被金兵吓破了胆，临阵脱逃，获罪免职，由将领李显忠接管淮西军马。叶义问派虞允文奔赴采石慰劳前线将士。王权跑得比兔子还快，李显忠还在赴任途中，反而是奉命劳军的文官虞允文先赶到采石。

虞允文抵达采石，眼前场面实在让人绝望。他登高远眺，正所谓“黑云压城城欲摧”，江北岸的金兵已筑高台，旌旗蔽空，几十万大军连营三十余里。江南岸的宋军才一万八千人，马数百匹。由于王权逃走，无人指挥，将士们军心涣散，三五星散、解鞍束甲地坐在道路旁。

虞允文并没有对这支败军横加指责，而是先向将士们打听战况。将士们纷纷向他诉苦：“我辈昨随王统制，只闻金声不闻鼓声，盖未尝与贼交锋，惟是走耳。”仗都还没打，人倒是跑了不少。

战场上瞬息万变，金兵虎视眈眈，宋军士气低落，如果坐等李显忠前来就任，黄瓜菜都凉了。虞允文当机立断，决定集合部队，并亲自统领这支军队作战。

他发表战前演讲，鼓舞士气：“若金兵渡江，你们又能逃往哪里？朝廷养兵三十年，我等浴血奋战报效国家的时候到了！金帛与告命都在此。将士们，只待你们杀敌立功，论功行赏。”

虞允文的一番话唤醒了这支死气沉沉的军队。将士们慷慨激昂地表示：“既然有您做主，我们愿意拼死一战！”

一个随行官员认为，虞允文捅了大娄子，你说你一个文官，如何能号令三军，朝廷要是怪罪下来咋办。他劝虞允文说：“您受命劳军，又不受命督战。别人把事情搞砸了，您何必把责任往自己身上揽呢？”

虞允文反驳道：“危及社稷，吾将安避？”

采石之战就此拉开序幕。

3

虞允文匆匆整顿军队后，金军船队已从北岸出发，完颜亮亲执红旗，指挥数百艘船登陆南岸。虞允文深知敌众我寡，决定针对金兵不习水战的特点，以水师为主力沿江布阵，将战船分为五队，一队在江中，两队停泊在东西两侧岸边，另外两队藏于山后小港间，在南岸又部署强弩作为支援。

宋军的船只高大、结实、船速快，而金军水师“船底阔如箱，极不稳”。宋军的艨艟往来如飞，横突乱刺，将金军船队一分为二，又以霹雳炮轰击。霹雳炮是宋军抗金时发明的秘密武器，“其声如雷，纸裂而石灰散为烟雾”，堪称一大杀器。

宋军见漫江碧波浩荡，金军百舸争流，起初有些动摇。当一些金兵的先锋部队登陆南岸时，就连军中出了名的猛人时俊也不敢贸然出击。

虞允文此时也不再文绉绉，亲自到阵中训斥时俊：“你胆略过人，威震四方，怎么现在站在阵后像个小女人一样？”时俊勃然变色，大吼一声，手持双刀冲锋向前，宋军将士大受鼓舞，“士皆殊死战，无不一当百”。

对金军形成强烈心理冲击的，还有在采石矶周围登高观战的当地民众，无论战况如何激烈，他们都驻足不动，为宋军呐喊助威，形成壁立千仞之势，连绵十数里不断。天色渐暗时，虞允文又派出一支300人的疑兵，从山后摇旗击鼓杀出，金军以为宋军援兵已至，纷纷败逃。

这一日，虞允文指挥的宋军“歼敌四千余人、万户二人，俘生女真五百人、千户五人”。完颜亮恼羞成怒，将金兵“不死于江者悉敲杀之”。虞允文料定金军明日必会再来，决定一鼓作气，连夜派船队封锁金军船队唯一入江口杨林渡口，截断金军归路。次日，虞允文再挫金军，烧毁金军全部战船300余艘。

此战后，宋金两军形势逆转，完颜亮不得不撤出采石一带，转而向扬州进军。

正当完颜亮南征时，后方统治集团却进行了一场政变，女真贵族联合起来，将这位不得人心的海陵王赶下台。金东京留守完颜雍，在2万名女真将士的拥戴下即位称帝。正在南方作战的金兵纷纷倒戈投靠新皇帝，“将士自军中亡归者，相属于道”。

宋军士气正盛，金兵人人厌战，战争狂人完颜亮却不在乎后院起火，还醉心于对南宋的征服，甚至孤注一掷，在军中下令：“三日内若无法渡江，尽杀诸将。”十一月廿七日，一些心怀不满的金军将士发动兵变，将完颜亮缢杀。一场持续两个月的战争就此逐渐平息。

关于采石之战的真实规模，史学界多有争议。史书评论说：“昔赤壁一胜而三国势成，淮淝一胜而南北势定。允文采石之功，宋事转危为安，实系乎此。”也有人认为，采石之败并未对金朝造成致命影响，金军损失的兵力总共不超过4000人，因此宋军才会有之后的符离之败。

无论如何，虞允文指挥的关键一战确实拯救了南宋。一旦采石失守，长江防线崩溃，金军长驱直入江南，后果不堪设想。

带病上阵的将领刘锜，在见到虞允文后就自惭地说：“朝廷养兵三十年，我辈一技不施，今日大功乃出于一儒者，我辈愧死矣！”

4

正如何忠礼教授所说，虞允文以文官的身份仓促指挥此次战役，夺取的战绩却远远超过南宋的其他大将，也反映出了南宋绝大多数将领的腐败与无能。

虞允文和金军打过仗，最清楚宋军的劣势。采石大捷之后，虞允文在十余年间几度升任宰相，出任地方大员，针对军事弊政进行种种改革，可他将面对的，是另一个没有硝烟的“战场”。主战派与主和派之间，甚至主战派不同派系之间的争斗，将虞允文裹挟其中，让他心力交瘁。

采石之战后，虞允文任川陕宣谕使，与名将吴璘共谋经略中原之计，乘金国朝局不稳之际，收复了陕西部分失地。

宰相史浩等保守派却以“弃鸡肋之无多，免狼心之未已”为由，要求西线宋军放弃陕西之地，退出新收复的三路十三州。吴璘仓促撤退，被金军袭击，死伤惨重。虞允文前后上疏15道，反对弃地之说，认为坚持抗金、收复失地才是“天地之大经，《春秋》之大义”。

另一个宰相汤思退人如其名，也主张弃地求和，想要东线宋军放弃唐（今河南唐河）、邓（今河南邓州）、海（今江苏连云港）、泗（今江苏盱眙）四州。虞允文连连上疏反对，力求保住关乎上游之存亡的唐、邓二州，却被诬蔑为“大言误国，以邀美名”召回朝中。

作为主战派的代表，虞允文在其政治生涯中遭受了太多抨击与谩骂。

虞允文的政敌们批判他是“轻薄巧言之士”，“其实无能，用著辄败，只志在脱赚富贵而已”，将他的北伐理想说成贪图功名的小人行径。

虞允文当然不是“轻薄巧言之士”，相反，面对别人的诋毁，他以德报怨，颇具君子之风。

有一次，虞允文调任临安，同行者有人盗取虞所注《新唐书》献给当时宰相。读书人的事，能叫偷吗？那人怕虞允文报复自己，竟然恶人先告状，处处说虞允文的坏话。后来，虞允文拜访夔州知府沈该。闲聊之时，沈该提起这个偷书小人，虞允文却对此人赞不绝口。沈该不解，说：“这个人到处诋毁你啊。”虞允文说：“他什么都好，只是喜欢骂人而已。”沈该听罢，嗟叹再三，佩服虞允文高风亮节。

5

宋孝宗即位后，这个新君早有出兵北伐、报仇雪恨之心，倒是和虞允文很合拍。但宋孝宗急于求成，在隆兴元年（1163）就大胆起用老臣张浚，借着朝野上下抗金热情高涨，乘胜追击，出师北伐。

可这一战，宋军在符离“一夕溃败”，换来了“隆兴和议”。南宋仅仅在名义上挽回一丝尊严，每年仍需输送岁币银、绢各20万两、匹，并割地予金。

隆兴和议后，宋孝宗不甘心失败，大力提拔抗金官员，尤其是以曾经取得采石大捷的虞允文为宰相。他与虞允文相约：“丙午之耻（靖康之耻），当与圣相共雪之。”

乾道八年（1172）送虞允文前往四川整军备战时，宋孝宗特别赐给虞允文以家庙的祭器，以示宠遇。

一年后，1173年，宋孝宗再度手诏虞允文，催促虞允文一起出兵北伐，但虞允文注意到北方金国政治稳固、国力强盛，便规劝宋孝宗要“相时而动”。宋孝宗对此非常不满，认为虞允文是在敷衍辜负他的期望。

虞允文的抗金思想与宋孝宗不同，他既不像此前秦桧一味屈辱求和，也不像张浚盲目挥师中原，而是主张积极备战，以待良机，在财力和兵力充足之后再出兵。虞允文此后两次受命治蜀，准备北伐之事，都以治兵和理财为主。

宋孝宗始终沉不住气，他对虞允文说：“若西师出而朕迟回，即朕负卿；若朕已动而卿迟回，即卿负朕。”虞允文治蜀多年，却不提出兵之事，宋孝宗对此颇为不满。

实际上，虞允文从来不曾辜负宋孝宗的信任。在蜀地，虞允文在民间募人耕作，囤积军粮，赈济数十万流民；在军中裁汰老弱，精简军费，惩治贪污之风；他选拔良将，还整顿川陕马政。这些举措全是为了“植根本，固富强，待时而动”，正是吸取隆兴北伐的惨痛教训。

淳熙元年（1174），为北伐大业殚精竭虑的虞允文积劳成疾，出师未捷身先死。宋孝宗还在埋怨虞允文迟迟不肯出兵，不愿给他加谥号。

一直到虞允文去世三年后（1177），宋孝宗在一次大规模阅兵检阅虞允文生前训练成军的部队时，才惊喜地发现这支军队仪容整齐、都是年少健壮之人，终于恍然大悟：“之前虞允文进行裁汰之法，如今才见成效。只谈采石一事，也是奇绝。”随后下诏追赠虞允文为太傅，赐谥号“忠肃”。

遗憾的是，虞允文去世后，朝中主和派东山再起，再加上辅弼无人，宋孝宗逐渐失去北伐的斗志，忘记了与虞允文共雪靖康之耻的约定。

虞允文不曾辜负时代，只是在那个时代说真话，做实事，他太难了。

韩侂胄：铁血宰相，被自己人干掉了

时隔43年，开禧二年（1206），在权臣韩侂胄的主持下，宋军再次对金国发动了大规模北伐，但这场战争并未朝着预计方向发展。

随着宋金两军进入相持阶段，韩侂胄的命运，也将发生剧变。

开禧三年（1207）十一月三日，韩侂胄一如往常走在早朝路上。行至玉津园附近，由禁军将领夏震率领的百余名壮汉忽然出现，拦住了韩侂胄的车轿。他们将这位朝野侧目的权相拖出来，拉到旁边的夹墙内，当场槌杀。一代权臣，就此殒命。

这是以杨皇后为首的后宫势力，和以礼部侍郎史弥远为首的朝廷势力联合密谋的暗杀行动。

此后，主和派的史弥远在其当权的二十余年内，打着"厘正诬史"的旗号，对韩侂胄一党进行了彻底清算。

韩侂胄生前事迹被史弥远及其下属编的所谓实录、国史逐渐掩盖，只剩下"冒定策功""植党擅权""邀功生事"等负面评价。元朝士大夫编《宋史》，将韩侂胄贬为奸臣，正是参照南宋编纂的《中兴四朝国史》。屈辱求和的权奸史弥远却得善终，大半生荣宠至极，死后也没有被收录于《奸臣传》中。

1

韩侂胄身上，贴着不少史书中反派角色才有的“标签”。

他是权臣，位极三公，列爵王公，担任“平章军国事”，相当于宰相之上的宰相，可越过群臣，直接帮老板宋宁宗做决策，一手遮天。

外戚不得干政是宋朝的祖宗家法，可韩侂胄偏偏是个外戚，还与南宋皇室亲上加亲，至少有三重关系。

韩侂胄家世显赫，其曾祖父是北宋名相韩琦。建炎南渡后，韩侂胄的父亲娶了高宗吴皇后的妹妹。韩侂胄就是吴皇后的外甥，而他本人长大后又娶了吴皇后侄女为妻。吴皇后超长待机，先后当了太后、太皇太后，居慈福宫打理后宫，韩侂胄作为外戚出入宫掖，地位堪比宗室。

这还没完，到了宋宁宗在位时，皇后韩氏是韩侂胄的侄孙女。

韩侂胄在宁宗一朝权力膨胀，起初就是靠着这几层亲戚关系。他还对宋宁宗有拥立之功，因此备受信赖。

南宋前几位皇帝的权力交接，都不太正常。

宋宁宗的老爸、南宋第三代皇帝宋光宗，是一个间歇性精神病患者，史书说他患有“心疾”，甚至到了神志不清的地步。

这个精神失常的皇帝，却有一个悍妇皇后李氏。在这位强悍的李皇后挑唆下，宋光宗在位短短 5 年内朝政混乱，声名狼藉。他怕老婆，不敢在后宫泡妞，也不去朝拜已禅位的太上皇宋孝宗，太上皇去世时，甚至都不亲临丧礼，导致孝宗遗体在盛暑时节无法出殡，朝廷上下乱成一团。

在众臣看来，宋光宗孝行有亏，昏庸无能，如果他继续当皇帝，大宋迟早要亡。在忠君思想的制约下，换个皇帝不像总统弹劾下台那么简单，可说是“不忠”。但是，让一个精神病人当皇帝，祸害国家，就算忠诚吗?

有些人不这么认为，决定强迫光宗退位，为首的是宗室大臣赵汝愚与韩侂胄。他们或许对宋光宗不忠，却忠于朝廷。在现在看来，推翻昏君绝对不算奸臣所为。真正的奸臣，大多是利用君主的昏聩，为自己捞取最大利益，哪管他洪水滔天。

在赵汝愚支持下，韩侂胄进宫与姨妈太皇太后吴氏商议，迫使宋光宗“内禅”，传位于皇子嘉王赵扩（宋宁宗）。得到吴太后同意后，赵汝愚代笔撰写诏书，称“皇帝以疾，至今未能执丧。曾有亲笔，自欲退闲。皇子嘉王可即皇帝位，尊皇帝为太上皇帝”。

之后，韩侂胄将事先准备的黄袍披到了赵扩身上。

2

宋宁宗即位后，身居中枢的韩侂胄开始了无休止的党争，这也是后世将其视为权奸的原因之一。这个评价是否准确，需看其党争的原因，还有这场争斗带来的后果。

韩侂胄最先扳倒了赵汝愚。这是一场纯粹的利益之争，无关忠奸。

赵汝愚是宋太宗赵光义八世孙，正儿八经的皇亲国戚，拥立宋宁宗后升为枢密使，位居宰相。与他策划“绍熙内禅”的搭档韩侂胄原本也没那么大野心，只想凭定策之功做个节度使。赵汝愚却不太厚道，只请皇帝给人家老韩升了一级，当宜州观察使兼枢密都承旨，这就比自己低了好几级。

赵汝愚还特嘚瑟，对韩侂胄说：“吾宗臣也，汝外戚也，何可以言功？惟爪牙之臣，则当推赏。”你是外戚，我是宗室，你算老几？

韩侂胄从此怀恨在心，拉拢反对赵汝愚的大臣，对他进行反击。仅仅过了半年，赵汝愚就被扣上“同姓居相位，将不利于社稷”的帽子，稀里糊涂地被贬出京城。数十名士大夫上书为赵汝愚鸣冤，都遭到韩侂胄打压。

韩、赵反目成仇，焦点就在于利益分配不均。如果此时被贬的是韩侂胄，朝中自然也有人为他叫屈，这样的故事在两宋早已不断上演。

如果说，韩、赵之争是一场围绕权利分配的派系斗争，那韩侂胄打击以朱熹为代表的理学士大夫、发起“庆元党禁”，就是一次针对意识形态发起的清洗。

朱熹在赵汝愚的推荐下进入朝廷，担任宋宁宗的老师。理学发展到南宋已颇具规模，拥护者将其推崇为治国的圣贤之学。朱熹是当时顶级的学术大咖，但他成为“帝师”后，却对宋宁宗处处过问，严加苛责，使宁宗大为不满。

不是所有人都想做学霸。宋宁宗实在难以忍受朱熹这位班主任，就下旨把朱老师贬出了京城，说朱熹在教授经义之外，管得太宽了。

朝中支持理学的士大夫都请皇帝收回御笔，让朱熹继续留京任职。韩侂胄却站出来支持宋宁宗，还命一些优伶穿戴儒生衣冠到皇帝面前表演，以此讥讽理学家。

在韩侂胄看来，理学家都是沽名钓誉之徒，理学也不过是夸夸其谈。韩侂胄党羽罗列理学家罪状，弹劾朱熹，上奏皇帝将理学定为“伪学”。之后，朝中 59 名大臣被打成“伪学逆党”，有的罢官，有的贬逐，还有的被迫害致死。作为所谓的“伪学”领袖，朱熹在一片“伪君子”的唾骂声中抑郁而终。

庆元党禁历时七年之久（1195—1202），韩侂胄将一场学术之争演变成了残酷的政治斗争。当其亲信劝他及时收手，以免遭到士大夫报复时，韩侂胄还说了一句："这些人难道不怕丢了饭碗吗？"

韩侂胄万万没想到，理学后来还是成为禁锢思想的统治工具，士大夫也对迫害他们祖师爷朱熹的韩侂胄，进行了长达数百年的报复。

从韩侂胄之后的做法来看，他当时反对理学，也是为结束朝中的战和之争，为北伐扫除障碍。

尽管理学家并非全是主和派，但他们到处宣传"存天理，灭人欲"，一味美化"三代"以上的王道盛世，维护的是当权者既得利益，也是为这半壁江山的盛世泡沫粉饰太平。

在主张富国强兵、一心北伐的主战派看来，这种思想显然不合时宜。庆元党禁后，朝中的主战派渐渐倒向了韩侂胄一边，他专权的最直接动机与结果，就是北伐抗金。

3

韩侂胄被后世贬为奸臣的另一个罪名，是仓促之下兴兵北伐。

南宋史书认为，韩侂胄发兵北伐，只是为了"立盖世功名以自固"。近年网上更有一些观点认为，主战派的辛弃疾、陆游等人都不支持韩侂胄。

若说韩侂胄没为北伐做准备，那真是冤枉他了。韩侂胄当政后，以他为首的统治集团，采取了一系列措施缓和内部矛盾。

自隆兴和议后，宋金已持续了四十余年相对和平的局面。两军交战，牵一发而动全身，首要在于人心向背。

为了安抚民心、保障民生，韩侂胄加强救贫济困，曾在庆元元年

（1195），一个月间连续发布政令："蠲两淮租税"；"诏两浙、淮南、江东路荒歉诸州收养遗弃小儿"；"以久雨振给临安贫民"。

史书记载，韩侂胄擅权期间，遇大疫，朝廷出钱给贫民治病医药，安葬死者；遇火灾，从内库出钱十六万缗、米六万五千余石，以救济灾民；遇旱涝，朝廷广泛赈济，减轻赋税。开禧元年（1205），为了给北伐制造声势，韩侂胄政府更是下令"永除两浙身丁钱绢"。

就连川蜀地区地主对佃农的长期压榨，也在韩侂胄当政时得到控制。

韩侂胄接受四川官员奏请，改革仁宗时的"皇祐法"与孝宗时的"淳熙法"，推出"开禧法"，规定：地主只能役使佃客本人，不能强迫其家属充当佃农；典卖田宅的人，任其离业，不强迫他充当佃户；佃户身死，其妻女改嫁者，都听其自便；等等。这些针对地主与佃农人身依附关系的改革，极具先进性，甚至有点儿北宋时期变法的遗风。

韩侂胄专权，固然有任人唯亲、结党营私的事实，但他对州县长官的考核也十分严格，奏请宁宗恢复了前朝实行过的臧否制度，给地方官员们制定 KPI 考核，以州县官是否亲民、治理好坏为标准，分为三等。

更狠的是，韩侂胄指出，冗官日益严重是由于恩荫过滥，增加了财政负担，向皇帝提议减奏荐恩。比如娶宗室女为妻授官的，终身只能任一子为官；减少由于各种身份任命的"添差官"（额外加派的官员，有的没有实际职务，称添差不厘务）。这些措施像刀一样，刀刀往权贵身上割。

韩侂胄当政 14 年，步子迈太大，得罪了不少人。然而，他在庆元党禁中排除异己，却未对他们赶尽杀绝。党禁弛解后，一些昔日的"伪学逆党"再度得到起用，如刘光祖、陈傅良等都得以复官。如果说韩侂胄是奸臣，那他估计还不够奸，不然怎么留着这些理学家，对自己伺机报复？

另外一些长期潜伏在朝堂上的政敌，也在暗自磨刀。这为韩侂胄的惨死埋下了伏笔。

4

南宋主战派大多视韩侂胄为领袖，其中就有为人熟知的爱国词（诗）人辛弃疾和陆游。

为了北伐，韩侂胄起用一批主战派官员。64 岁的辛弃疾再度出山，被任命为知绍兴府兼浙东安抚使，戍守江防要地。辛弃疾归宋近四十年，胸怀收复失地的壮志，一身才华却无处施展，此前长期闲居家中。得到韩侂胄提拔后，他精神倍儿爽，立马前往赴任，不久后又调任镇江知府。

辛弃疾对这次北伐的态度是积极的。他到镇江后，置办一万套新军装，招募淮河沿岸的壮丁，并向上级提出在两淮组织二屯，每屯二万人进行训练，以对抗金兵，他还派出多名间谍到中原各地刺探情报。

在镇江，他登上北固山，写下了著名的《永遇乐·京口北固亭怀古》：

千古江山，英雄无觅孙仲谋处。舞榭歌台，风流总被雨打风吹去。斜阳草树，寻常巷陌，人道寄奴曾住。想当年，金戈铁马，气吞万里如虎。

元嘉草草，封狼居胥，赢得仓皇北顾。四十三年，望中犹记，烽火扬州路。可堪回首，佛狸祠下，一片神鸦社鼓。
凭谁问、廉颇老矣，尚能饭否？

其中“元嘉草草，封狼居胥，赢得仓皇北顾”一句，被一些人解读为含沙射影，暗讽韩侂胄如南朝宋文帝刘义隆一样草率北伐，必将自食苦果。但实际上，辛弃疾应该是在劝说韩侂胄，不要重复以往北伐的错误。这并不是反对北伐，更何况，他本人就是此次北伐的号召者之一。

开禧北伐前，辛弃疾曾入朝向韩侂胄力陈：“敌国必乱必亡，愿属元老大臣预为应变计。”北伐之后，他又抱病接受枢密院承旨的任命，原本要赶赴前线指挥军事，却没来得及上任就病死家中，临终前还大呼“杀贼”！

辛弃疾是多年的主战派，对局势的判断极为敏锐。

当时，金朝正遭受内忧外患的打击。女真贵族在实现封建化的同时，不断加重剥削，引起各族人民的反抗，其统治集团也老是闹内讧。金章宗在位时，就有女真贵族割据五国城（今黑龙江省依兰县）叛变，历时十年之久，打得金兵“师旅大丧”。五国城是靖康之变后金人囚禁徽、钦二帝的地方，那是女真贵族的老家，这下子后院都起火了。

到了13世纪初，蒙古骑兵悄然崛起，不断侵扰，也对金朝形成了严重威胁。韩侂胄北伐这一年，45岁的铁木真统一了蒙古诸部，在斡难河建立大蒙古国，开启血腥的征服之路。

在大多数主战派看来，北伐，没毛病。

韩侂胄的另一位好同志陆游，态度缓和一些。

年逾古稀的陆游依旧是坚定的主战派。一方面，他支持韩侂胄兴师，写诗为其祝寿，“身际风云手扶日，异姓真王功第一”，表达收复失地的深切希望；另一方面，他对处于权力中心、一意孤行的韩侂胄感到深深的隐忧，劝诫他知进退，以免引火烧身，“苦言谁解听，临祸始知非”。

韩侂胄为北伐做的另一件大快人心的事，是向宋宁宗进言，追封岳飞为鄂王。这是自孝宗之后再次为岳飞平反，但他比宋孝宗做得更绝，坚决地“崇岳贬秦”。开禧北伐之前，韩侂胄上奏，请皇帝削去秦桧当年追封的王爵，并把其谥号改为“谬丑”。贬斥秦桧的制词中有一句“一日纵敌，遂贻数世之忧；百年为墟，谁任诸人之责”一时广为传诵，主战派大受鼓舞。

当时，朝中也有一些不和谐的声音，一个叫史弥远的大臣就上书道：“事关国体、宗庙社稷，所系甚重，讵可举数千万人之命轻于一掷乎？”

韩侂胄也许听到了反对的声音，却没有发现背后隐藏的杀机。

5

开禧二年（1206），韩侂胄北伐拉开序幕。开禧北伐三路分兵，起初捷报频传，更有毕再遇等猛将身先士卒，屡立奇功。

毕再遇并非韩侂胄一党，他出身将门，其父毕进曾隶属于岳家军。开禧北伐时，毕再遇年已六十，不过是一介中级将领，却治军有方，颇有声望。开禧二年，毕再遇作为东路军先锋，率军攻泗州（今安徽泗县），精选 87 名战前招募的新兵作为敢死队，冲锋陷阵，堪称大宋版“战狼”。

两军交战时，毕再遇亲临阵前，披头散发，佩戴鬼面具，身上披着金箔纸钱，竖起“毕将军”大旗，十分拉风。攻破泗州东城后，他更是对着西城喊话：“大宋毕将军在此，尔等中原遗民也，可速降！”

在宋军大举进攻之下，金朝大为震惊。两淮多地丢失后，金章宗一味求和，主动示好，只求大事化小，小事化了，力图避免与宋开战，并下诏“宋韩侂胄祖琦坟毋得损坏，仍禁樵采”，生怕得罪了韩侂胄。金章宗与南宋使者相见时，更是几近软语相求，称“朕惟和好岁久，委曲涵容”，像极了在挽留前任的小青年。

但随着金军后发制人，反攻宋军，宋军暴露了此次北伐的一大失误——用人不当。

韩侂胄在物色西线战场的四川守将时，选择了抗金名将吴璘的孙子吴曦。

吴氏一族在川蜀经营多年，镇守西部防线数十载，南宋朝廷为防止发生变故，到了吴曦这一代，将他召回临安供职。吴曦对此早已心怀不满，正好借北伐的机会再次入蜀。可他就是个草包，对金人几次用兵，都损兵折将，陕西金兵乘机进军，屯兵于大散关，威胁川蜀。

此时，金朝发现了吴曦动摇的立场，金章宗亲自写信劝降，称愿封吴曦为蜀王，劝他不要重蹈岳飞功高被害的覆辙。这些话杀伤力太大。吴曦得到金人书信，胆子肥了，竟然真的起兵叛变，自称蜀王。他迅速控制了整个四川，拥兵十万，还迷之自信，扬言要与金兵合攻襄阳。

这个抗金名将后人，无耻地归降金朝，自然是不得人心，仅仅过了一个多月，他就被当地军民所杀，但西线抗金的形势已急转直下，北伐的战略部署也被打乱。

吴曦叛宋降金，还为朝廷主和派攻击韩侂胄留下口实。韩侂胄与吴曦私交匪浅，且力主吴曦入蜀。蜀地叛乱后，就有大臣上奏称：

“(韩侂胄)与逆曦结为死党，假之节钺，授以全蜀兵权。曦之叛逆，谁实使之？”这是说吴曦叛变，韩侂胄难脱罪责。

西线崩溃后，金朝西兵东调，集中兵力对抗东、中路宋军。到了夏天，不是连下大雨，就是烈日当空，宋军逐渐疲乏，“器甲烂脱，弓矢皆尽，所至水潦横溢，粮食不继”，北伐之初的军事优势荡然无存。

此时，南宋朝廷中议和的声音越来越强烈。

长期以来，很多人都认为韩侂胄在形势不利后向金朝提出议和，但按《宋史·丘崈传》的记载，率先赴金求和是东线主将丘崈擅自行动，并未得到韩侂胄同意。丘崈是地地道道的主和派，北伐之前骂主战派是“夸大贪进之人”，就这样一个畏金如虎的㞞包，却被推为东线主将。这是韩侂胄的另一大失策。

西线叛乱，东线主和，韩侂胄在投降派的包围之下越发孤立，逐渐转守为攻，于次年派出使者与金朝进行谈判。金朝态度强硬，竟然拒绝以韩侂胄为谈判对象，而且提出无理要求，要南宋割让两淮，增岁币五万两，犒军银一千万两。更嚣张的是，金人还要南宋朝廷斩元谋奸人(韩侂胄)并函首献给金朝。

6

到了开禧三年(1207)，宋军疲惫不堪，金军也元气大伤，甚至三易主帅，双方逐渐陷入僵持。但韩侂胄真正的敌人，并不是金人，而是南宋朝廷中的倒韩势力。北伐失利后，韩侂胄正遭遇前所未有的政治危机。

韩侂胄的侄孙女韩皇后去世后，宋宁宗再次册立皇后，在杨贵妃和曹美人之间摇摆不定。

杨贵妃是一个有事业心的女强人。她年少时只是太皇太后吴氏身边的宫女，因聪明伶俐、姿色出众，被当时还是皇子的宋宁宗赵扩一眼看中。她为人工于心计，颇识权术，不是一个好惹的深宫女子。相反，曹美人性格柔顺，毫无威胁，韩侂胄仗着自己的权势，向皇帝提议册立曹美人为后。

这一次，宋宁宗却没有听从韩侂胄，坚持立了自己更宠爱的杨贵妃。

杨皇后上位后，深恨韩侂胄曾经反对立自己为后，几年来都想着整垮他，于是暗中积蓄力量，笼络中枢大臣，主和派的史弥远成了她的主要盟友。

这股倒韩势力渗透到了韩侂胄一党。李壁原本是韩侂胄的支持者，当朝廷风向转变后，他也跟着转投杨皇后和史弥远，只求及早脱身，借倒韩以立功“赎罪”。

在被害前夕，韩侂胄已察觉到有敌对势力在图谋对付自己，他对李壁说：“我听说朝中有人想要改变当下的局面，相公知否？”李壁担心事情泄露，只好打马虎眼，说：“哪有这回事？”韩侂胄默然不语。

李壁的这番话并未消除韩侂胄的疑心。十一月初三，韩侂胄遇刺之日，他当时入宫，很有可能是为了采取行动，对反对派下手。此前一天，他曾与亲信密谋，“一网尽谋韩之人”，用台谏弹劾的方式来清除政敌。

倒韩势力得知后，才决定先下手为强，第二天就派人暗杀。

正是这短短的一天时间，让韩侂胄错过了与杨皇后、史弥远对决的机会，被挝杀于玉津园夹墙内。

7

韩侂胄死后，金朝与南宋议和，坚持讨要韩侂胄的首级。韩侂胄一党溃败，南宋朝廷已被杨皇后与史弥远一党所控制，他们命人劈开韩侂胄的棺材，割下头颅，装在匣子里送到了金营。

当时，韩侂胄被打成“奸臣”。有人认为，奸凶之首不足惜，但也有不少人反对，认为此举大损国格，抗议道：“今日敌要韩首，固不足惜。明日敌要吾辈首，亦不足惜耶？”

临安城内，原本反对北伐、党禁的太学生纷纷为韩侂胄鸣不平，还有人题诗表示不满：“自古和戎有大权，未闻函首可安边。生灵肝脑空涂地，祖宗冤仇共戴天。晁错已诛终叛汉，於期未遣尚存燕。庙堂自谓万全策，却恐防边未必然。”这是将韩侂胄比作七国之乱时被汉景帝冤杀的晁错，以及荆轲刺秦中为刺杀秦王壮烈献身的樊於期。可见，人们同情韩侂胄的遭遇。

史弥远不顾众人反对，不仅与金人签订了更为屈辱的“嘉定和议”，还恢复了秦桧的封爵与谥号，更是对韩侂胄一党尽数贬黜，杀韩党重臣十余人。

时人认为，韩侂胄是“身陨之后，众恶归焉”。韩侂胄为了北伐，曾拿出20万家财作为军费，也对曾经打压的理学士大夫采用了弛禁政策。但理学家们不忘旧仇，他们对韩侂胄的报复，从南宋一直延续到了明清。

到了元代编纂的《宋史》中，卖国求荣的史弥远不是奸臣，坚持抗金的韩侂胄倒成了奸臣。明代文人李东阳对此愤愤不平，说：“议和生，议战死。生国仇，死国耻。两太师，竟谁是？”韩侂胄与史弥远都官拜太师，这两位太师，谁是谁非，高下立判。近代史学家邓之诚说，韩侂胄的所作所为“不尽如宋史所诋”，说他是权奸误国，也“不免门户道学之见”。

开禧北伐之后，金人得到韩侂胄的首级，也没有肆意侮辱，反而在进行安葬后，给予韩侂胄一个耐人寻味的谥号“忠谬侯”，取“忠于谋国，谬于谋身”之意，跟史弥远大改实录的卑劣行径简直是天壤之别。

一个得到敌人尊重的人，人品不会差到哪儿去。那些曾坚决跟他站在同一战线的人，也不会抛弃他。

老将毕再遇，因战功从七品武官升任扬州、淮东安抚使，是开禧北伐中崭露头角的将星。韩侂胄死后，他虽非韩党，却多次上疏请求解甲归田，表示抗议。正因毕再遇在开禧北伐中屡建奇功，后来他被史弥远一党以各种罪名贬谪，昔日战功也被一并抹杀。正史对他在北伐之后的记载，只剩下寥寥数十字。

在韩侂胄遇害两年后，年迈的陆游在病重垂危之际，满怀悲愤写下了《示儿》一诗：

> 死去元知万事空，但悲不见九州同。
> 王师北定中原日，家祭无忘告乃翁。

陆游的悲叹，叹息的是南宋不断滑落的国运。

韩侂胄之后，南宋再难有如他那样在时代浪潮中逆风而行的猛人。

陆游：一个生不逢时的“打虎英雄”

48 岁那年，诗人陆游打死了一只老虎。

当时他在四川宣抚使王炎幕中，驻在南郑（今属陕西汉中）。寒冬里，他和战士们一起骑马围猎。因为天气实在太冷，一行人下马饮酒，突然山林中蹿出一只猛虎。

这只虎太凶猛了，像人一样立起来，吼声震裂山崖。同行的战士们平时能征善战，而今被它震呆了。陆游却颇为淡定，拔出长矛，刺向猛虎，血溅了满身。

这次壮举成为他最荣耀的记忆。有很多次，他在诗中写起刺虎往事：“奋戈直前虎人立，吼裂苍崖血如注。从骑三十皆秦人，面青气夺空相顾。”“刺虎腾身万目前，白袍溅血尚依然。”……

随着慢慢变老，他有时把“刺虎”之事写成了“射虎”。在另一些诗里，他说：“少年射虎南山下，恶马强弓看似无。”“千年老虎猎不得，一箭横穿雪皆赤。”……

在一次喝醉酒后，陆游写了一首《醉歌》，说他当年被虎血溅到的貂裘还在，而那只老虎被打死后，头骨做了枕头，他也还每天枕着入睡：

百骑河滩猎盛秋，至今血渍短貂裘。

谁知老卧江湖上，犹枕当年虎髑髅。

有些史学家不相信陆游真的打死过老虎，说他不过是在诗里吹牛，时而“刺虎”时而“射虎”，时而寒冬时而清秋，时而血溅貂裘时而血溅白袍，连他自己的表达都前后矛盾。

不过，真实的情况是，陆游可能不止一次打过老虎，所以才会有看似前后矛盾的表述。在当时的秦岭一带，行军或围猎遇上老虎是常有之事，以陆游“学剑四十年”的本领，刺杀或射杀老虎应该问题不大。史学家朱东润先生就认为，陆游至少三次打过老虎。

打虎的经历对陆游来说，几乎是他后半生的精神支柱。那段时间，也是他作为坚定的北伐主义者，最接近前线的时间。因此他在此后的生命中反复咀嚼，只想找回自己的信心，国家的信心。

这名活了 86 岁的诗人，一生太苦了。人家都说他“长命而短运”，倒霉透顶。他需要一点点荣耀的记忆，支撑自己走下去。

1

陆游生在末世。在他两三岁的时候，金兵攻陷了帝都汴京，掳走了宋徽宗和宋钦宗。这起靖康之变，奠定了他从小接受爱国主义教育的基调。

父亲陆宰是一名主战派，曾任京西路转运副使，负责供应泽、潞一带抗金军队的粮草，不久被弹劾而去官。金兵占领汴京后，陆宰携家南渡，回到老家山阴（今浙江绍兴）。再后来，南宋主和派当权，主战派被杀的被杀，退隐的退隐。

陆宰虽然归隐乡下，但心有不甘，每天把前同事——一拨而今不受待见的主战派招到家中，高谈国事。每当谈到靖康之耻，这些忠臣一个个掩面落泪。童年的陆游对此耳濡目染，他后来回忆说，“某（陆游）甫成童，亲见当时士大夫，相与言及国事，或裂眦嚼齿，或流涕痛哭，人人自期以杀身翊戴王室，虽丑裔方张，视之蔑如也。”

陆游家中建有藏书楼。他自小就很喜欢到藏书楼读书，读得很疯狂，用他自己的话说，叫“我生学语即耽书，万卷纵横眼欲枯”。受家庭和时代影响，他特别爱读兵书，读完了还要用于实践——在院子里练剑，后来自称“学剑四十年”，“上马能击贼”。

1142 年，抗金名将岳飞被害，南宋与金签订和议，向金称臣纳贡。所有人都看清楚了，和议是势不可当的主旋律。然而，这一年 18 岁的陆游却与那些精致的利己主义者背道而驰，他形成了主战的政治立场，并且终其一生未曾更改。这也成为他一生倒霉透顶的根源。

从 16 岁参加科举，一直考到 29 岁，陆游才在两浙转运使司主持的“锁厅试”中脱颖而出，被列为第一名。但第二年的省试，尽管陆游依然考得很好，但榜单一发布，上面却连他的名字都找不到。

陆游得罪大人物了。

按照惯常的说法，秦桧的孙子秦埙以右文殿修撰的身份，跟陆游参加了同一次考试，且发誓要拿第一名，但公正的主考官陈之茂不受左右，还是将文章写得最好的陆游擢为第一名。秦桧大怒，在后面的考试中安排人将陆游刷掉，并要找借口迫害陈之茂。所幸没多久秦桧就死了，陈之茂才免于遭罪。

但除了这层原因，陆游受秦桧排挤，主要还源于他喜欢发表“恢复中原”的意见，故而被当成不合时宜的刺儿头进行打击。据说，陆游曾给宋高宗赵构上《条对状》，建议朝廷清理奸蠹。他还慷慨陈词，请求皇帝率军北伐，恢复中原，而他甘愿充当北伐先锋。在秦桧眼里，陆游的这些言论，显然都犯了政治忌讳。

现实生活中，陆游是个宽厚之人。秦桧倒台后，秦家后人的日子并不好过，包括夺了陆游状元头衔的秦埙，生活一度也很潦倒。后来，陆游有次路过南京，专门去看望秦埙，并不记当年仇。

不管如何，对陆游而言，科举这条路算是断了。好在继位的宋孝宗赵昚一度热衷北伐，不仅为岳飞平反昭雪，还任命张浚为枢密使都督江淮兵马，准备来真的。这很对陆游的胃口。

而陆游的才华也深为宋孝宗欣赏。宋人笔记记载，宋孝宗曾问，当今诗人中，有李白这样的大咖吗？左丞相周必大说，有啊有啊，他叫陆游。宋孝宗因此任命陆游为枢密院编修官，赐进士出身。

可是好景不长，随着老将张浚发动的北伐迅速溃败，南宋被迫与金朝签订了“隆兴和议”。这被南宋主和派当作某种意义上的胜利，而主战派则在新一轮的清算来临前出现了分化。骨头软的人纷纷转向，陆游有一个老同事，因为弹劾过 20 多名主战派，而一再升官，做到了侍御史、谏议大夫。

而陆游，仍然不合时宜地鼓吹收复失地。张浚北伐失败三年后，1166 年，陆游因“力说张浚用兵”遭弹劾免官，黯然返乡。但哪怕表露政治观点对他百害而无一利，他也不改变自己，像个执着而傻里傻气的孩子。

2

对待爱情，陆游同样是一个傻里傻气的人。

大约 20 岁的时候，陆游与才女唐琬结婚。关于唐琬的身份，一些史料说她是陆游的表妹，也有学者认为她只是与陆游的母亲同姓而已，实际并无亲属关系。不管如何，婚后，陆游与唐琬的关系极其甜蜜，到处“撒狗粮”。

紧接着，爱情故事变成了婚姻事故。按照宋人刘克庄的说法，陆游与唐琬“伉俪相得，二亲恐其（指陆游）堕于学也，数谴妇（指唐琬），放翁（陆游）不敢逆尊者意，与妇诀”。由于二人感情太好了，加上当时陆游科举不顺，陆母认为是唐琬不识大体，耽误了丈夫的上进心，因此硬生生将一对鸳鸯拆散。

当代人读陆游休妻的故事，常常愤怒于陆游不敢违抗母命，骂他是“妈宝男”。这显然是以今人的观念去难为古人了。在古代，孝是最大的原则，哪怕是在政治上骨头很硬的陆游，也绝不会去做一个违背母亲意愿的不孝之子，这并不是一句“妈宝男”可以解释的。

尽管陆游深爱着唐琬，但他不得不与她离了婚。其间的苦痛，或许只有二人知。

数年后，一个春日，陆游游览家乡沈园，竟然遇见了早已另嫁他人的唐琬。唐琬是跟随现任丈夫赵士程到沈园游春。根据宋人笔记记载，唐琬发现陆游之后，跟赵士程说明情况，赵士程颇为大度地同意唐琬向陆游送去黄酒和果肴。在这个过程中，陆游和唐琬都颇为落寞，他们或许对彼此还有深情，但必须接受现实。

在一股悔恨和惆怅的复杂情绪主导下，陆游随即于沈园墙壁上题写了一阕《钗头凤》：

红酥手。黄縢酒。满城春色宫墙柳。东风恶，欢情薄。一怀愁绪，几年离索。错错错。

春如旧。人空瘦。泪痕红浥鲛绡透。桃花落，闲池阁。山盟虽在，锦书难托。莫莫莫。

一年后，唐琬重游沈园。这次未能重遇陆游，却看到了他题写的词。她的心情难以平静，遂和了一首，字字是泪：

世情薄，人情恶，雨送黄昏花易落。晓风干，泪痕残。欲笺心事，独语斜阑。难难难。

人成各，今非昨，病魂常似秋千索。角声寒，夜阑珊。怕人寻问，咽泪装欢。瞒瞒瞒。

这两阕《钗头凤》，成为二人爱情悲剧的见证。此后 40 年，虽然沈园三易主人，但这两阕词都专门被人用竹木围起来，保护好。

大约在陆游 32 岁的时候，唐琬病逝了。

在唐琬改嫁后，陆游照样娶妻生子。日子还是要过，但他内心的一部分，已经被唐琬占据了。而今，他永远地失去了一生所爱，以至于在他漫长的晚年中，一想起唐琬就去重游沈园，然后絮絮叨叨地写诗倾诉。

75 岁那年，陆游写了《沈园》诗二首。那时，唐琬已经去世 40 余年，但陆游还是放不下。其中一首写道：

梦断香消四十年，沈园柳老不吹绵。

此身行作稽山土，犹吊遗踪一泫然。

83 岁那年，陆游最后一次重游沈园，写下《春游》一首：

沈家园里花如锦，半是当年识放翁。

也信美人终作土，不堪幽梦太匆匆。

第二年，陆游病逝。这一场天荒地老的思念，不曾改变。

3

不曾改变的，还有陆游的北伐理想。

重大事件会深刻塑造一代人的心性。对陆游、范成大、杨万里这一代生在靖康之变前后的士大夫来说，他们的内心每时每刻都在感受一种来自时代的惘惘的威胁。中原正统与偏安一隅的强烈落差，注定了他们不可能活成欧阳修、苏轼等北宋士大夫那样潇洒的模样。

只要他是一个家国观念强烈的人，肯定会感到苦痛，而且终其一生，随着国家的沉沦，这种苦痛不仅无法解脱，还会持续加剧。

唯一的解脱之道，就是战斗和牺牲。

陆游最美好的职业经历，是应四川宣抚使王炎之邀到南郑去做幕僚，经历了一生中唯一一次军旅生涯。王炎在四川期间积极练兵，随时准备挥师北上，收复失地。陆游难得在官场上发现一个“同类”，非常振奋。在南郑，他多次向王炎献策，提出经略中原，必自长安始；取长安，必自陇右始。而目前关键是要积粟练兵，有衅则攻，无衅则守。

也就是在这一年，1172 年，48 岁的陆游经常与战士们行军围猎。按照朱东润先生的说法，在集体围猎中，陆游至少有三次刺杀或射杀老虎的壮举。铁马金戈，意气风发，半辈子苦闷的陆游终于亢奋起来。

但仅仅几个月后，王炎被朝廷调走，收复失地又成了遥不可及的梦。陆游无奈回撤，辗转成都、江陵、黄州一带。英雄失路，铁马金戈化成了一首诗：

衣上征尘杂酒痕，远游无处不消魂。
此身合是诗人未？细雨骑驴入剑门。

他的理想是做将军，做战士，生活非把他逼成了一个诗人。从此，那些“铁马秋风大散关”的生活只有在梦中做做，在酒中找找了。

1173 年，农历三月十七日，夜里饮酒大醉后，陆游回想一年前打虎的亢奋，再看看现在的颓丧，感觉自己彻底变了一个人：

前年脍鲸东海上，白浪如山寄豪壮；
去年射虎南山秋，夜归急雪满貂裘。
今年摧颓最堪笑，华发苍颜羞自照。
谁知得酒尚能狂，脱帽向人时大叫。
逆胡未灭心未平，孤剑床头铿有声。
破驿梦回灯欲死，打窗风雨正三更。

热血煮沸，又渐渐变冷，一切都源于“逆胡未灭心未平”。在对抗的年代，做一个喊打喊杀的主战派是容易的，但在宋金议和的基本国策下，做一个坚定的主战人士，内心的煎熬可想而知。

陆游酒量不大，但只能寄情于酒。他爱喝酒，而且常常喝醉。有学者统计，“醉”字在他的诗中出现了 1200 多次。

52 岁那年，他重新被起用没多久，就因其他官员举报他工作期间爱喝酒、态度不积极（燕饮颓放），只好回家喝个够了。主和派攻击他“颓放”“狂放”，他干脆自号“放翁”，予以反击。

人生稍微得意的时光，陆游也不是没有，只是短暂到可以忽略。一般人的人生是起起落落，而陆游的人生是，起落落落落落落……

4

到了1189年，南宋换皇帝了，宋孝宗禅位给自己的儿子赵惇。陆游以为新帝会有新作为，故上疏提出治理国家、完成北伐的系统建议。

谁知第二年，作为礼部郎中兼实录院检讨官，陆游又遭弹劾，原因仍是“喜论恢复”“不合时宜”。朝廷最终以“嘲咏风月”为名，将其免官。

这一年，陆游已经66岁。他悲愤地离开临安，此后直到病逝的20年间，除了有一年回朝负责主修宋孝宗、宋光宗实录，他一直蛰居于山阴（绍兴）老家。

僵卧孤村不自哀，尚思为国戍轮台。

夜阑卧听风吹雨，铁马冰河入梦来。

一个晚年落魄的老诗人，“一日老一日，一年贫一年”，甚至到了饮食不继、需要典衣赊酒的地步，但他依然靠着一身硬骨头，在写一心报国的诗。

陆游名气很大，比他小15岁的辛弃疾专门到山阴登门拜访，两人引为至交。辛弃疾看到陆游贫困的样子，非常不忍，多次提出要帮他修建草屋，但都被陆游拒绝了。

作为诗坛名宿和终生的主战派，陆游虽然人在乡下，但朝堂政治注定与他有千丝万缕的联系。

1194年，后来饱受争议的韩侂胄上台主政。韩侂胄是一个主战派，他的掌权意味着40年来，陆游心心念念的北伐事业将成为可能。

韩侂胄主导的开禧北伐开始后，82岁的陆游写了一首《老马行》。

理智告诉他，他不可能上战场了，但在感情上他仍不服老。表面是写一匹老马，其实是在写他自己：

老马虺隤依晚照，自计岂堪三品料。
玉鞭金络付梦想，瘦稗枯萁空咀噍。
中原蝗旱胡运衰，王师北伐方传诏。
一闻战鼓意气生，犹能为国平燕赵。

然而，南宋的悲剧投射到个人身上，就是陆游的悲剧。由于北伐太过仓促，朝廷内部整合也不充分，南宋遭遇了溃败。开禧北伐第二年，南宋礼部侍郎史弥远与杨皇后等人勾结，杀死韩侂胄，宋、金罢兵议和。

1208年，韩侂胄的头颅被割下来送到金国求和。南宋朝堂一片哗然，认为这是南宋的奇耻大辱。陆游没有就此事发表意见，但他写了一首诗，以历史典故表达了他对韩侂胄深深的同情：

翟公冷落客散去，萧尹谴死人所怜。
输与桐君山下叟，一生散发醉江天。

后来，官修史书开始诋毁北伐失败的韩侂胄，视其为“奸臣”，连带着认为支持韩侂胄北伐的陆游“晚节有亏”。这显然是传统成王败寇的一种史观。不管如何，陆游对所谓正人君子的诟病已经不在乎了。

他的一生太漫长了，熬死了多少仇人和朋友，就是等不来国家的崛起。两年后，1210年，86岁的陆游留下《示儿》一诗，便去世了。

在历史的主线之外，一个文则诗名满天下、武则挺剑刺乳虎的英雄人物，最终活成了整个时代一个悲情的注脚！

本章参考文献

[宋]徐梦莘:《三朝北盟会编》，上海：上海古籍出版社，2008年

[宋]李心传:《建炎以来系年要录》，北京：中华书局，2013年

[宋]陆游:《剑南诗稿校注》，钱仲联校注，上海：上海古籍出版社，1985年

[元]脱脱:《宋史》，北京：中华书局，1985年

[元]脱脱:《金史》，北京：中华书局，1975年

[清]毕沅:《续资治通鉴》，北京：中华书局，1999年

[德]傅海波、[英]崔德瑞编:《剑桥中国辽西夏金元史》，北京：中国社会科学出版社，1998年

余蔚:《宋史》，上海：上海人民出版社，2015年

何忠礼:《南宋全史》，上海：上海古籍出版社，2011年

邱鸣皋:《陆游评传》，南京：南京大学出版社，2008年

朱东润:《陆游传》，北京：人民文学出版社，2007年

张香宁:《虞允文研究》，硕士学位论文，浙江大学中国古典文献学专业，2011年

徐美超:《史弥远的政治世界：南宋晚期的政治生态与权力形态的嬗变》，硕士学位论文，复旦大学历史系，2014年

顾宏义:《宋金采石之战考》,《东北史地》2010年第3期

张邦炜:《韩侂胄平议》,《四川师范大学学报》(社会科学版)1991年第1期

李超:《历史书写与历史事实：宋金和战与韩侂胄之死》,《中山大学学报》(社会科学版)2017年第4期

张剑:《陆游的醉态、醉思与饮酒诗》,《北京大学学报》(哲学社会科学版)2016年第2期
林岩:《晚年陆游的乡居身份与自我意识——兼及南宋"退居型士大夫"的提出》,《华南师范大学学报》(社会科学版)2016年第1期

第八章

金亡，宋危，蒙古人南下

孟珙：13 世纪的防御大师，为南宋续命 40 年

孟珙统领的宋军，与成吉思汗侄孙那颜倴盏所率的蒙古军，会师于蔡州（今河南汝南）城下。旌旗猎猎，战马嘶啸，宋蒙联军将为他们共同的敌人——金，敲响丧钟。

这是 1234 年，金朝覆灭前夕，宋、蒙两军在这场战争中结下了短暂的“革命友谊”。

蒙古人性格豪爽，倴盏见到孟珙后，知他是个英雄，与他约为兄弟，一起射猎，同入帐中吃野味、喝马奶酒，一时惺惺相惜，就像是过命的交情。

他们合作默契，交战中，蒙古军将领张柔的一支先锋部队陷入金兵包围。张柔身中数箭，跟刺猬似的。危急关头，正是孟珙所部冲入阵中，将这位蒙古军名将从死亡边缘拉了回来。

此后等待宋蒙两军的，却是近半个世纪的战火。

当蒙古军摧枯拉朽地席卷欧亚大陆时，常被人以为军事孱弱的宋军，在横跨中国的钢铁防线上进行了最顽强的抵抗。他们在平原上作战，在山谷中作战，在长江上作战，甚至在海上作战，战到最后书写崖山的悲壮。

南宋抗蒙防线的设计者之一，就是孟珙。他曾以一人之力，统御南宋边境三分之二的战线。

1

宋理宗绍定六年（1233），蒙古使者来到南宋都城临安，为宋朝带来了一个消息：蒙古军攻占汴京（开封）后，金哀宗完颜守绪带着一帮大臣逃出城，正躲在蔡州苟延残喘，蒙军围城数月还未攻克，想请宋朝出兵相助。

宋、蒙双方商议之后，决定联手灭金，事成后，原来金朝统治下的河南一分为二，北部归蒙古，南部归宋朝。

看到这一段，不少人常会想到唇亡齿寒的典故。军事实力较弱的宋、金不联合起来对付最强的蒙古，却反目成仇，这个外交战略不是很让人着急吗？宋人当然没忘记当年“海上之盟”北宋联金灭辽的惨痛教训，但此时宋、金早就闹掰了。

十多年来，蒙古军向华北、中原扩张，痛揍了金军好几次，所到之处生灵涂炭，金人节节败退。宋朝原来向金朝称侄纳贡，知道金人快完蛋了，趁机百般推托，拒绝为金朝输送岁币。

金朝看宋朝不老实，大怒，打蒙古我打不过，把宋军打一顿还不是正常操作？金朝不顾两线作战的危机，在嘉定十年（1217）发动了南征，向南宋重镇襄阳大举进犯。

嘉定年间金人南侵时，孟珙年方弱冠，不过就是现在大学毕业生的年纪。他随父从军，活跃于抗金前线，一家人堪称将门世家，专治金人各种不服。

孟珙的曾祖父、祖父都隶属于岳家军，而他的父亲孟宗政，在南宋权相韩侂胄发起的开禧北伐中崭露头角，曾以一介县令的身份率众打游击战，夺取金兵辎重，之后被委以重任，镇守襄阳。孟宗政任荆鄂都统制时，招收宋金边境三州壮士2万人，编为“忠顺军”，这支军队后来为其子孟珙接管，可说是与南宋初年的岳家军一脉相承。

金军攻襄阳时，年轻的孟珙认为他们必定先从军事要地樊城下手，就跟他爸说，咱们先渡河布阵，等金兵来，半渡而击之。孟宗政所部在岸边布阵后，金军果然中了孟珙的计，匆匆而来，渡河到一半被宋军伏击，只好轻轻地去，不带走一片云彩。

此战，宋军对金军“半渡伏发，歼其半”。

之后，孟宗政父子奉命出兵救援枣阳（今湖北枣阳）。万军之中，父子失散，孟珙远远望见一个白马白袍的宋军将领身陷敌阵，大呼：“吾父也！”接着孟珙二话不说，率领一支骑兵杀入敌阵，将父亲救了出来。

智勇双全的孟珙，从小就是“别人家的孩子”，仿佛是为了战场而生。正如他后来拜见皇帝时说的，自己只是一介武夫。他注定无法在朝堂之上高谈阔论，只能在前线挥洒汗水，做一个干实事的人。

2

随着蒙古军攻陷汴京，金朝陷入了当年北宋灭亡的尴尬局面，只想一路向南，离开有蒙古人的地方。一个叫武仙的金军将领，跑到河南收拢溃兵，起兵勤王，一下子就聚集了十几万兵力。

武仙，这个名字一听挺霸气，他野心也不小。金哀宗被围困于蔡州时，武仙有了一个大胆的想法，要带兵南下，打开入蜀的通道，占据川蜀作为根据地。但这必须经过荆襄之地，孟珙可不答应。

孟宗政去世后，孟珙子承父业，带兵守着襄阳，与南迁的金廷对峙。孟珙手下主要是从父亲那里接手的2万忠顺军，而武仙兵力强盛，号称聚众20万，向襄阳东北进军。

但孟珙却对领导说，只要8000人，我们就足以退敌。

之后，一如孟珙所料，武仙的十几万乌合之众反而不敌兵微将寡的宋军，连战连退，被打到怀疑人生。

最后一战，战场上连下暴雨，孟珙面对7万金军，却说："这不正是当年李愬雪夜擒吴元济的大好机会吗？"李愬是唐代名将，在讨伐淮西叛乱藩镇时雪夜袭蔡州，将叛将吴元济生擒。武仙临时拼凑的这个十万级别的"野战兵团"在数个时辰后就再次溃败，但他并没有被孟珙俘虏，而是狼狈地带着十余名士兵逃走，在途中被蒙古军所杀，剩下的几万金军纷纷向孟珙投降。

孟珙以寡敌众，掐灭了金军南下的希望。

正在此时，蒙古向宋朝发出了联合灭金的邀请。孟珙作为宋军主将之一，带着驻守荆襄的2万宋军，踏上灭金之路。宋朝与金朝，又一次上演107年前的亡国悲剧，不过这一次，双方互换了角色。

蔡州城中的金哀宗不想再逃了。他从汴京逃到归德（今河南商丘），之后又逃到了蔡州，不知到哪儿才是尽头。绝望的金哀宗不愿做亡国之君，决定以身殉国，在自缢之前将皇位传给了宗室大将完颜承麟。

金哀宗说，自己太胖骑不了马，无法突围，但爱卿平时身手矫健有胆略，万一幸免于难，还能延续金朝国祚，这就是朕的愿望。

完颜承麟没能带兵复兴，却成了中国古代史上在位时间最短的皇帝。端平元年（1234）正月十日，他刚接受禅让，为金哀宗上谥号，仅仅过了一个时辰，城外的宋蒙联军就涌入城中，攻陷蔡州，完颜承麟死于乱军之中。至此，曾经称霸北方的金朝宣告灭亡。

灭金后，最嗨的是宋军，他们终于一雪靖康之耻，完成了岳飞当年直捣黄龙的夙愿。

城中战火平息后，孟珙找到了金哀宗的尸体。宋、蒙将其尸体一分为二，金朝皇室的仪仗、玉带、印牌等宝物也都被瓜分。据蒙古伊利汗国宰相拉施特主编的《史集》载，蒙古军仅获得金哀宗的一只手，金哀宗大部分遗体被宋军带回临安献给太庙。宋理宗依照大臣建议处理了金哀宗遗体，藏于大理寺狱库。

元代人还记载，孟珙班师后，路过秦桧墓，宋军将士屎溺秦桧墓上，乃至“六军溷秽积如山，千古行人呼粪冢”。

有一个叫张天纲的金朝大臣也让人印象深刻。蔡州城破，他被孟珙俘虏，押解到了临安。临安知府对张天纲进行审问，说：“有何面目到此？”张天纲当场就怼回去，怒斥道：“国之兴亡，何代无之，我金之亡，比汝二帝何如？”之后，宋理宗亲自召见他，问：“天纲真不畏死耶？”张天纲仍然不屈不挠，说：“大丈夫患死之不中节尔，何畏之有！”

历史是一个圈，金朝的命运，再过近半个世纪，就会在南宋重演。如果没有孟珙为其续命的话，这一天会来得更早一些。

3

孟珙精研佛学，平时生活中是一个佛教徒，自号“无庵居士”。他镇守四方时筹建了不少寺庙，还曾经将自己的俸禄捐给建康（今江苏南京）的蒋山寺，以维持该寺的生计。

当蒙古军步步紧逼时，这个一心做慈善的将军，却是一贯坚定的“主战派”。

金朝灭亡不久后，经过一场“端平入洛”的闹剧，宋蒙关系骤然紧张，蒙古军从巴蜀、荆襄、江淮三线大举进犯。为了防御蒙古南侵，宋理宗召见孟珙，先是好好慰问一番：“你是名将之子，忠勤体国，破蔡灭金，功绩昭著，我看好你哦。”

孟珙很低调，也说了几句客套话：“这都是宗庙社稷显灵，是陛下的圣德，以及三军将士的功劳，臣哪有什么功绩呢？”

宋理宗这才向他征询收复失地、匡复河山的意见，问他，对于咄咄逼人的蒙古，是该讲和还是应战？

孟珙答道：“我是一介武夫，理当言战，不当言和。”

当时，蒙古军见有机可乘，已接连进攻枣阳、襄阳、随州等州县，在蒙古铁骑的蹂躏下，无数居民流离失所。南宋襄阳主帅赵范整日饮酒作乐，荆襄重镇接连失守。幸好有孟珙，他驻守黄州（今湖北黄冈），奉命救援江陵，攻破蒙古军二十四座营寨，逆转了荆襄之地的危局。

荆襄西通巴蜀，东连吴越，是南北要冲，也是南宋都城的门户。襄阳更是兵家必争之地，此时却已经落入敌手。当蒙古军分兵两淮后，孟珙主动出击，先攻克郢州（今湖北钟祥），打通粮道，再从荆门出奇兵应敌，一举拿下襄阳。

襄阳失陷三年后，再次回归南宋，荆襄地区化险为夷。因此，清人魏源说：“不阅襄阳数载之围，不知孟珙保障之功。”

孟珙对皇帝说，收复襄阳不难，守住才难。他上奏称：“襄、樊为朝廷根本，今百战而得之，当加经理，如护元气，非甲兵十万，不足分守。”

在任京湖安抚使时，孟珙征集了襄阳、郢州等地的壮丁，又招纳蔡州等地降兵，亲自绘图、组织军民修筑堡垒，加强荆襄地区防务，奠定了此后荆襄防线的基础。

从此，宋蒙两军在长江中游的防线上相持，直至三十多年后，襄阳失陷，宋朝也迅速走向覆灭。这也证明，孟珙的构想是对的。史书称，“屹然为东南砥柱者有年，珙亡而宋事遂不可支”。

苏联学者、曾任苏联陆海军总政治部副主任的沃尔科戈诺夫，称赞孟珙为“13世纪的机动防御大师”。但事实上，这位南宋防御大师设计的防线，应该是利用地形优势、层层消耗敌人的纵深防御。如果要说孟珙与机动防御有点儿关系，那就是他本人在南宋对蒙防线上的位置十分灵活，甚至曾一人担负起南宋前线三分之二的防务。

嘉熙四年（1240），在打退进犯荆襄的蒙古军后，孟珙又被任命为四川安抚使，针对川蜀防线提出了“上流备御宜为三层藩篱”的理论。

到四川后，孟珙考察地形、整军安民，他将当地赋税不均、赏罚不明、克扣军饷、官吏贪污等弊端全部写到公文上，下令当地各州县革除，严加惩处。孟珙说：“不选择险要地势建立营寨，将士就难以保护百姓；不让百姓安居耕种，就难以供养军队。”他采用兵民结合的方法，带领川蜀百姓屯田耕种。

四川官员也对孟珙深深佩服，并深受其主战思想影响。有一次，四川制置使陈隆之，与副使彭大雅闹矛盾，各自上书，互相指责。孟珙告诫他们说：“如今国事艰难，你们却把勇气用在个人争斗上，和廉颇、蔺相如的高风亮节相比，难道不觉得羞愧难当吗？”陈隆之与彭大雅听完孟珙所说，感到惭愧，从此言归于好。

陈隆之后来在抗蒙时，举家数百口战死，他本人被生擒，押送到城下。蒙古军命他劝降守城的官员，陈隆之高声呼喊：“大丈夫死尔，毋降也。”最终被蒙古兵所杀。

彭大雅在重庆知府任上时，带军民巩固城防，修筑砖石城墙，并在嘉陵江上游的合州，建了一座小城，作为防御要塞。这座城，便是钓鱼城，蒙哥汗率领蒙古大军到此，也无法啃下这座依山傍水的弹丸小城。

整个川蜀防线，一直撑到了南宋灭亡之后。

孟珙是一位高瞻远瞩的防御大师，在保卫大宋半壁江山的战争中，他始终保持着冷静的头脑。镇守荆襄时，他坚持从大局出发，甚至不为自己仕途考虑，敢于反对朝廷的错误指挥。

朝廷命他从黄州派兵支援齐安寨。孟珙看了下军情图，回复说："黄州与齐安寨不过是一水之隔，有事随时派兵可到达，何必预先派兵？早出兵一天就会多耗费一天的军粮，且万一上游有敌情，两军相距较远，也难以互相驰援。恕我不能听从。"

后来，朝廷又让孟珙派五千精兵开赴广西。孟珙再次不满枢密院思路清奇，写信反对道："从大理（今云南大理）到邕州（今广西南宁），数千里之间人烟稀少。现在应该派合适的官员到各州去治理当地的少数民族，并在险要地段设置关卡，如此也可以提高国家威望。你们不从这些方面考虑，一点儿风吹草动就调遣军队，不过是空费粮饷，于事无补。"

立下灭金、抗蒙的不世之功后，手握重兵、声名显赫的孟珙，会成为另一个"岳飞"吗？

4

作为宋朝名将，孟珙也遭遇了与他的前辈们相似的无端指责与猜忌。

他明明是一名主战派，在前线兢兢业业，朝中的大儒魏了翁却认为："孟珙亦素主和好者。"于是，为南宋构建抗蒙防线的孟珙还被一些人贴上了"阴主议和"的标签，背上恶名。

孟珙晚年，处处受到掣肘，逐渐萌生致仕之意，多次请求辞官。淳祐六年（1246），蒙古官员、原南宋镇北军将领范用吉秘密和孟珙取得联系，想要率军投降宋朝。孟珙认为，这些人当初投降蒙古，也是因襄阳失陷、宋军溃败，并不是其本身的过错，且招纳宋蒙边境降兵是他长期采取的策略，遂常以帛书、金币招降。

当孟珙将此事向朝廷请示时，宋理宗却拒绝了他的建议。当时孟珙已身患重病，且多次请求告老还乡，自知朝廷对他已缺乏信任，不禁叹息："三十年收拾中原人心，今志不克伸矣！"

当年九月，52 岁的孟珙病情加重，逝世于江陵。这位虔诚的佛教徒，临终颂诗曰："有生必有灭，无庵无可说。踢倒玉昆仑，夜半红日出。"

对于孟珙而言，最幸运的可能是，他没有成为下一个"岳飞"。

孟珙去世后，朝廷对其备极哀荣，拨出银 1000 两、帛 1000 匹办理丧事，赠孟珙太师，赐谥号"忠襄"，庙赐名为"威爱"。"威"指的是其对金、蒙的威慑，"爱"说的是他对军民的仁爱。这个称号与其说是评价他一生的军事成就，倒不如说是孟珙人格的真实写照。

孟珙是一名武将，但他有自己的一套政治理想——"务德厚生"，即施行善政，保障民生。《全宋文》收录有孟珙的文章，他所作的《三嵎山勿剪亭磨崖碑》写道：

> 使世人知暴其势力者，虽死不能安其宅，而务德厚生，虽千古犹一日也，可不鉴哉。

在务德厚生的仁政下，老百姓日子过得好，即便时光流逝千年，也犹如一日。

他当年拜见宋理宗，坚决主战，首先谈的却不是如何对敌，而是让百姓休养生息，为朝廷积蓄人才（“宽民力，蓄人材”）。

为了安置因战乱而漂泊无依的楚、蜀士子，他分别在公安（今湖北公安）、武昌（今湖北鄂州）修建了两座书院，使“蜀士聚于公安，襄士聚于鄂渚”，以官田收入作为书院的支出。在与蒙军对垒的战火中，他只希望士子们能有一张安静的书桌，百姓们不再居于瓦砾之上。荆襄军民见到孟珙入城时，欣喜地说：“吾父来矣。”

难以想象，一个统领千军万马的名将，他脑海里不是攻城、杀敌，而是《尚书》中的“德惟善政，政在养民”。重文轻武的宋人也说，孟珙的胸襟，“近世一人而已”。

孟珙的仁义，成就了历史上一个吊诡的巧合。联蒙灭金时，孟珙在战场上不顾自身安危，对蒙军名将张柔有过救命之恩。四年后，张柔的第九子在蒙古与南宋的战争中出生。张柔的这个儿子，在多年后的崖山，亲手埋葬了孟珙一生守护的大宋。他，就是张弘范。

贾似道：被骂了 700 多年，细思恐极

1259 年，钓鱼城一声炮响，蒙古大汗蒙哥的死讯传遍世界各地。

但蒙哥之死并没有阻挡蒙古军南下攻宋的脚步，由蒙哥四弟忽必烈率领的中路军，来到鄂州（今湖北省武汉市武昌区）城外。

蒙哥一死，忽必烈就卷入汗位之争。耐人寻味的是，他并没有立刻班师，而是下令围攻鄂州，说："吾奉命南来，岂可无功遽还？"也许在他眼中，鄂州不过是囊中之物，拿下此城轻而易举。

可等待忽必烈的是与钓鱼城守将王坚一样难缠的对手。这一仗，一打就是一百多天。

此人带兵抵抗，坚守城池，不仅让忽必烈威风扫地，还差点儿让这个元朝开国皇帝错失汗位。有人说他是庸才，没有金刚钻，偏要揽瓷器活；也有人说他是奸臣，祸国殃民，罪无可恕。

此人，是南宋最后的权相贾似道。

1

鄂州是长江防线重镇，与襄樊同为南宋门户，事关全局。忽必烈十万大军"进围鄂州，中外大震"。

南宋朝廷很慌，召集各路军队、各地义勇支援，前后出军费"缗

钱七千七百万，银、帛各一百六万两、匹”。有大臣请宋理宗迁都以避锋芒，打不过咱就跑呗，当年南宋立国时不也是这么干的。

正在此时，贾似道临危受命，被朝廷任命为制置使，派往鄂州主持军务。

贾似道是名将孟珙推荐的军事人才。此前，贾似道担任地方官多年，曾在淮西筑城防御蒙古。晚年的孟珙得知其政绩，便向宋理宗推荐贾似道接任自己京湖制置使一职。贾似道正好也是宋理宗的小舅子，他姐姐贾贵妃生前是皇帝最宠爱的妃子，多少算是关系户。

是骡子是马，拉出来遛遛就知道。

贾似道到达鄂州后，一夜之间就在城外修筑了一道木墙。蒙古大军来势汹汹，望着鄂州城坚固的防御工事，一时进退失据。忽必烈在城外生擒了两个宋军俘虏，一打听，才知守城的是贾似道，且宋军“事起仓促，皆非精锐”，城中多为老弱之兵。

此后百余日，宋蒙攻防战异常激烈，鄂州城死伤13000人，却愈挫愈勇，将蒙古大军拒之门外。到了当年冬天，蒙军粮草匮乏，疾病流行，忽必烈仍未能攻克鄂州。他赞叹道：“吾安得如似道者用之！”我为何没有贾似道这样的人才呢？

4个月内，蒙古十万大军竟然未能攻下鄂州。蒙古诸将心急如焚，士气低落，把气撒在忽必烈重用的南方士人身上，说，如果不是他们向老大建议不可屠城，鄂州早就拿下了。

忽必烈听了破口大骂：“宋军守城的只有一个贾似道，你们带领十万之众不能胜，打了几个月也不能攻下这座城。这分明是你们的罪过，哪里是士人之罪？”最着急的还是忽必烈，他要回北方与其弟阿里不哥争夺汗位，没时间在鄂州耗，后方拥护他的蒙古大臣也都写信催促他早日北还。

战局在当年闰十一月发生转变。

宋、元史书都记载，贾似道在此时欺君卖国，私自遣使者向蒙军求和，以“割江为界，且岁奉银二十万两，绢二十万匹”为条件订立城下之盟，解鄂州之围。

忽必烈同意，撤离鄂州城，回家和弟弟争夺汗位去了。

第二年，忽必烈即汗位，派大臣使宋，贾似道二话不说就把蒙古使臣扣押下来，在真州军营中拘禁了16年。有人说，这是贾似道为了掩饰自己阵前屈辱求和。尽管所谓的鄂州议和并没有形成书面文字。

一个投降派的奸臣形象跃然纸上，与此前四个月，亲临前线与士兵同甘共苦、亲率700精兵突围至黄州指挥作战的所作所为判若两人。

此事蹊跷之处在于，鄂州之围中处于劣势且急于议和的应该是忽必烈。有学者认为，鄂州议和的真实性有待商榷：“蒙军以十万之众不能下一城，无功而返，这毕竟不是一件光彩的事。如果将退兵之原因说成是南宋妥协投降，尔后蒙军乃退，这样就可以为失利的蒙军开脱。”（《宋蒙（元）关系史》）

另外，史书中除了此次“请和”，贾似道的表现都不像是投降派。相反，他是一个坚定的主战派。

2

“鄂州大捷”后，宋理宗大为感动，说：“吾民赖之而更生，王室有同于再造。”之后，贾似道升任右丞相兼枢密使，入朝执政。

在回朝担任宰相的十五年中，贾似道大权独揽，排除异己。若说他是权臣，这一点似乎毋庸置疑。若说贾似道是奸臣，则有必要了解其执政十五年，为抗蒙实行的种种改革。

南宋后期，战事频繁，需要付出沉重的军费，财政压力巨大。时人曾指出，军费在国家财政支出中占比惊人，“东南民力，耗于军费者十八”。

宋度宗即位后，宋蒙战争进一步升级。有大臣说：“强敌临边，将士之费视昔百倍。”

在蒙古军随时可能卷土重来的危机下，南宋主要是通过“和籴”征集粮饷。

所谓“和籴”，就是政府用现钱强制向民间收购粮食，所给的价格往往低于民间市价。如“民间米直大约七八百贯，官司秋籴，每米一石增支作第一料川引八十贯文，以京券价揆之，亦只比十八界八百文，仅是铜钱一百六十文足耳”。

当时，南宋军饷“皆仰和籴”，于是政府不得不大量发行楮币（纸币），造成通货膨胀，物价飞涨。地方官借和籴之机层层剥削，常将上级要求的数额成倍增加，致使下层民众苦不堪言。

1262 年，贾似道一党提出了“公田法”，认为这一改革“可免和籴，可以住楮弊，可以饷军，可平物价，可安富室，一事行而五利兴”。公田法，是在南宋土地兼并严重的背景下实施的一项战时经济政策。

公田法规定“买官户逾限之田”，也就是将官僚、地主占有土地超过规定的部分，抽三分之一买充公田，租赁给农民耕作，政府按原有租额收取田租，以此解决军粮、物价、土地兼并等问题。一开始只选取盛产粮食的浙西六郡（平江、江阴、吉安、嘉兴、常州、镇江）作为试点。

为查清隐藏田产，厘正赋税隐漏，贾似道又推出了与公田法相辅相成的“推排法”。

公田法实施后，贾似道以身作则，带头将自己在浙西的万亩良田捐出来，宋理宗的弟弟以及浙西官员赵孟奎等爱国好同志也都献出自己的土地。此后十四年间，公田法共为南宋回买田地350余万亩。

公田法一经推出，朝野上下一片反对。获得军饷来源的南宋政府当然是公田法的既得利益者，但官僚、地主都觉得政府买回公田，削减和籴，自己成了受害者，便想方设法反对公田法。

有一天，东方出现了彗星。士大夫们就纷纷上书天有异象，是不祥之兆，请求废公田法。有人说：“彗，妖星也。所出形状各异，其殃一也。”

有些士大夫不敢直言反对，就当“键盘侠”，对公田法进行舆论攻击。有人写诗，四处流传，说：“自从买公田，丰年亦凶年，此何人哉，悠悠苍天！”害百姓民不聊生的本来就是官僚、地主，在国家危难之际，他们也不愿让出自己的田地。

贾似道几乎是以一人之力在挑战封建土地私有制，以及整个南宋的大官僚、大地主。

公田法难以抑制经济危机，贾似道几次提出辞职要求，但宋度宗都尽力挽回，以“师相”待之，甚至“泣涕拜谢”。

举步维艰的贾似道曾上书宋度宗：

> 臣独念平时怙一是而众嫉起，守公法而私怨丛。绵力不足以胜弊奸，血忱适足以来口语。熏心忧畏，无岁不疾，必指牖下以为归……臣讵可偃然而不知天威之当惧乎！

身居相位的最后一年，贾似道写道：“老臣无罪，何众议之不容？”

公田法具体实施时也出现不少弊端，可贾似道好歹勇于任事。那些只会打嘴炮的士大夫，未能为南宋危局建言献策，后来却抱上了蒙古统治者的大腿，比如曾经上疏论贾有十条可斩之罪的方虚谷，宋亡后就投降了元朝。

士大夫们掌握着话语权，自然对曾经得罪他们的贾似道口诛笔伐。国亡了，需要一个祸国的奸臣来承担罪名，你贾似道办事不力，就是最大的罪人。

3

贾似道主要的改革措施，都是针对官僚、地主和武将，导致内部矛盾尖锐。这也是其被后世视为奸臣的原因之一。

他实施的另一项改革“打算法”，在不经意间改变了南宋的命运。

打算法，是对宋蒙战争过程中所用军费的特别会计监察，主要是针对武将。对于其中不合法的支出，要求武将予以偿还，并将获罪的将领投狱治罪。打算法的初衷，是整治军队中的贪污腐败现象。

很多人认为，打算法是贾似道为打压手握兵权的异己，扶持亲信武将而采用的举措。如曹世雄、向士璧等人都对贾似道不满，拒绝其调遣，就被处以“侵盗官钱”之罪贬谪。

实际上，贾似道的亲信犯法也一样不被容赦，如史岩之是贾似道的恩人，还有亲戚关系，照样被判罪下狱（“史亦纳钱而妻子下狱”）。

人心散了，队伍就不好带了。

贾似道对地方武将的大清洗，最终逼反了南宋将领刘整。刘整越发感到难以自保，于是叛宋降蒙，点燃了襄阳之战的导火索。

4

此前在鄂州之战吃过亏的忽必烈，正不知该对南宋从何处“下口”。刘整一来，就向忽必烈进言：“宋主弱臣悖，立国一隅，今天启混一之机。臣愿效犬马劳，先攻襄阳，撤其扞蔽。”他认为，蒙古要灭宋，先打襄阳，然后顺江而下，取鄂州，陷江淮，攻下临安。

宋蒙再度展开大战。

蒙古大军为襄阳之战投入了过半的国库收入（“以国家每岁经费计之，襄樊殆居其半”），筑起堑垒围困襄阳，用炮火攻城，孱弱无力的南宋军队屡战屡败。

一些史书杜撰了贾似道蒙蔽皇帝，“朝中实无援襄事也”的谎言。实际上，襄阳之战历时六年，其间南宋朝廷所花费军资超过两千万，还多次派兵支援襄阳战事，下诏表彰前线将士，贾似道本人也多次请求到前线指挥。

1273年，襄阳兵尽粮绝，守城的吕文焕率军投降元朝。襄阳失利后不久，贾似道曾经拼死保卫的鄂州也随之陷落，长江沿岸主要防卫据点十二府州相继投降。

国难当头之际，贾似道都督诸路军马，受命奔赴前线。

贾似道自知此行凶多吉少，在出兵前特意嘱咐大臣，在江面上准备好出海船只，一旦发生变故，可请赵宋皇室逃到海上，再图复兴：“或江上之师设有蹉跌，即邀车驾航海至庆元，吾当帅师至海上迎驾，庶异时可以入关，以图兴复。”

在路上，贾似道再次写信回朝，说：“但得赵家一点血，即有兴复之望。”

此战，贾似道输光了一生的名声。

1275年，丁家洲之战，上下离心的南宋军队还未与蒙军交战就全部瓦解，兵败如山倒。南宋十三万大军大败而归，贾似道败走鲁港，在部下的掩护下逃走。

从此，南宋再难组织起抵抗蒙古的军队。

5

反对贾似道擅权的文天祥感慨："己未鄂州之战何勇也，鲁港之遁何哀也。"当年鄂州的英雄，成了人人喊打的罪人。

贾似道不怕死，他在鄂州与忽必烈交战时说过："死矣，惜不光明俊伟耳！"他怕的是死得不光彩，历史偏偏就和他开了个玩笑。

丁家洲之战后，士大夫纷纷要求，杀贾似道以谢天下。赵宋皇室不忍杀三朝老臣，只是下诏将其罢官，贬到循州（在今广东）。会稽县尉郑虎臣与贾似道有仇，主动要求押解贾似道到贬所。一路上，他对贾似道百般羞辱，讽刺其为何不自杀。

到了漳州木绵庵，郑虎臣忍无可忍，决定自己动手，将贾似道活活勒死，还说："吾为天下杀似道，虽死何憾？"

贾似道死了，南宋最后的主战派，无论是曾经反对他，还是支持他的人，仍然在绝境中奋战。

樊城城破时，守将范天顺宁死不屈，自缢而死。其部将牛富率百余人巷战，杀元兵甚多，最终饮血水解渴，头触火柱而死。

池州陷落，知州赵卯发夫妇自尽，留下遗书："君不可叛，城不可降，夫妻同死，节义成双。"

崖山海战，宰相陆秀夫背着小皇帝赵昺跳海自尽，海上浮尸无数。

钓鱼城被迫投降后，三十余名守将弃城后集体自刎殉国。

当然还有我们最熟悉的文天祥。

然而，大部分士大夫在宋亡后就只管享受岁月静好，现世安稳，最多如当年反对贾似道执政时打打嘴炮，喊喊口号而已。

贾似道和文天祥，就像硬币的两面，缺一不可。一个王朝灭亡，有人扮演奸臣，有人扮演忠臣；有人背负骂名，有人接受赞美；有人臭名昭著，有人流芳百世。最后，只有那些降元的士大夫活了下来，他们执笔记录这段历史时，可以赞叹文天祥做了许多人不敢为的大义之举，也可以将亡国责任全部推到掌权的贾似道一人身上。

元军攻陷临安的第二年，忽必烈召集投降元朝的南宋将领，问道："尔等为何投降得这么快啊？"降将们都把锅甩给了贾似道，说："还不是因为贾似道擅权，重文轻武，臣等心中不平。"

忽必烈不以为然地说，就算如此，也是贾似道一人之过，你们的主子没有亏待你们，你们这样说话，难怪会被贾似道看不起。

人家贾似道好歹至死都是一个理想主义的主战派。

宋恭帝：大宋幸存者，出家为僧

在南宋进入亡国倒计时的时候，不知道朝廷上那些争吵、内斗了大半辈子的衮衮诸公，是否会想起已故诗人陆游（1125—1210）的两句诗：诸公可叹善谋身，误国当时岂一秦？

朝廷上的这些大人物啊，只管个人仕途升迁，不管国家命运走向，每天在无穷无尽的权斗内耗中，消磨了国家实力，可见误国误民的人，何止是一个秦桧呢？

陆游在世时，南宋的敌人是金朝，而如今，南宋的敌人早已换成了蒙古人。唯一不变的是他的警告和批判，并未过时。

最终，朝廷上的“秦桧们”和荒诞皇帝作的孽，都让三个出身皇家的小孩子以及将被载入史册的英雄烈士承担了。

1274 年，4 岁的赵㬎被推上帝位，成为南宋王朝实际上的末代皇帝。

南宋很快就亡了，但赵㬎的人生，才刚刚开始。

1

宋恭帝赵㬎即位时，南宋已在风雨飘摇之中。蒙古铁骑打下了四川，基本控制了长江中上游，并开始进逼宋朝的政治核心区域。

4 岁的孩子如果还有记忆的话，应该仅能记得朝堂之上来来去去的人影。

这些凌乱的人影中，有一个人叫文天祥（1236—1283）。不知道赵㬎能不能记起来，但文天祥记住了这个小皇帝的面容，数年后，他们在元大都（今北京）重见，文天祥一抬眼就赶紧说："圣驾请回。"

当南宋朝廷的精明人四散而去、自求保命的时候，地方官员文天祥却反向而行，组织起勤王义军，保卫江山，保卫临安，成为那个时代最著名的逆行者。

最悲凉之时，临安城内的大宋皇宫，几乎无人来朝，只有文天祥和五六个官员，还伺立在太皇太后谢道清和小皇帝赵㬎的身边。

随着蒙古铁骑兵临城下，临安城的沦陷已成定局。谢太后任命文天祥为右丞相兼枢密使，出使蒙古军营谈判。文天祥大义凛然，并不示弱，而是跟元军统帅伯颜争辩起来。伯颜一怒之下，将文天祥扣押下来。

大约 10 天后，1276 年，农历二月初五，南宋朝廷向元军投降，赵㬎宣布退位。

又 20 多天后，元世祖下诏，要伯颜押送南宋君臣北上觐见。

当 6 岁的赵㬎和他的母亲全氏以及少数侍从，离开临安一路北上前往元大都的时候，南宋的流亡政权还在南方继续抗元。赵㬎的哥哥赵昰、弟弟赵昺先后被立为帝，象征着南宋血脉未亡，也成为一些忠臣烈士持续战斗的理由。从元军大营中逃跑出来的文天祥，成为南方抗元的一面旗帜，直到 1278 年年底，在广东海丰一带被元朝将领张弘范俘获。

1279 年，宋元最后一战，也就是崖山海战爆发之时，文天祥正被羁押在元军的舟中。在文天祥被押解北上的途中，到处贴满了汉族儒生写给他的“生祭文”，大家都担心他们心目中的文丞相，到了北方以后会招架不住蒙古人的威逼利诱，所以想通过写“生祭文”来敦促他自杀。由于一直被关在船上，文天祥并不知道外部发生的这一切，但他此后的表现，显然没有令儒生们失望。

在元大都，宋恭帝赵㬎和文天祥的命运，又交织在了一起。

元世祖忽必烈曾让赵㬎去劝降文天祥。被关在土牢里的文天祥，一见到赵㬎就伏地痛哭，只说：“圣驾请回！圣驾请回！”9岁的赵㬎看到这阵势，也跟着哭起来，来之前大人教的话全都忘光了。

当年被元军送往大都后，忽必烈封赵㬎为瀛国公。元朝表面上对投降的南宋君臣礼遇有加，但实际上对赵㬎等人的猜忌、监视和羞辱从未间断。根据元朝文人陶宗仪的记载，当时跟随赵㬎、全氏母子北上的宋宫人，为保全贞节不被羞辱，在寓所内自缢身亡，忽必烈知道后，下令将宋宫人的首级悬挂在全太后的寓所前，借机羞辱全太后。

1282年年底，元大都周边叛乱和谣言四起。先是传言真定路中山府（今河北定州市）有人拥兵千人，欲潜入大都营救赵㬎和文天祥。接着，大都城内发现匿名文书，声称某日以焚烧苇草为号，率兵入城为乱，“文丞相可以无忧矣”。

在这种草木皆兵的情势下，忽必烈听从了朝中杀文天祥的呼声，在最后见了文天祥一面后，于1283年1月下令杀死了南宋最后的傲骨。一些史学家从朝代精神的维度说，文天祥死后，宋朝真的是亡了。

不过，宋朝最后的皇帝赵㬎并未被杀。在杀死文天祥后，赵㬎母子以及他的老师、著名诗人汪元量等人，从大都被迁到了上都开平府（今内蒙古正蓝旗闪电河中游一带）。元朝君臣认为，在蒙古人自己的腹地，他们能更好地监管和控制这名前朝末帝。

迁往蒙古腹地后，赵㬎的命运进入了捉摸不定的状态。

2

历史上关于赵㬎被发遣到上都之后有关经历的记载，夹杂着传说与真实，显得扑朔迷离。在接下来的叙述中，笔者将会不断引入这些记载，并考辨它们的真实性。

1288年，在正史中消失了数年后，赵㬎突然被记载了一笔。这条史料是这样的：

（忽必烈）赐瀛国公赵㬎钞百锭。

元世祖忽必烈赐给赵㬎一大笔钱。后来，明朝一些史学家据此推断，赵㬎之前的基本生活保障可能很成问题，估计吃不饱穿不暖。

但在赐钱10多天后，赵㬎被安排“学佛法于吐蕃”。也就是说，赵㬎要到西藏出家为僧了。这一年，他18岁，改名“合尊”，在藏传佛教著名寺院萨迦寺为僧。他的母亲全太后同时也被打发，出家为尼，后来悄然离世，几乎无人知晓。

至于赵㬎为什么会出家，历史上有一个流传甚广的说法，说赵㬎降元之后，忽必烈为笼络南宋汉人，将一名公主嫁与赵㬎为妻。在一次皇帝的宴会上，赵㬎因醉酒现出“真龙”之形，惊吓到忽必烈，元朝君臣遂密谋除掉赵㬎。公主听闻后，痛哭流涕向忽必烈求情，赵㬎为了免于杀身之祸，也自请出家为僧。

这个故事带有太多离奇色彩，当然不尽可信。忽必烈的几个女儿，根据史书记载，无一嫁与赵㬎。而且，元朝宗室制度，非勋臣世族及封国之君，不得娶公主为妻。赵㬎作为亡国之俘，绝无可能娶到蒙古公主。但这个故事透露出来的关于赵㬎的危险处境，则可以认定是真实的。

在上都的 5 年时间里，赵㬎从少年成长为十七八岁的青年。这几年间，元朝的政治版图内，仍然不时有暴民造反、宗王叛乱的事件发生。特别是在南宋故土，聚众造反者往往伪称赵宋后人，并以宋朝年号号召起义。在这种情况下，无论是元朝统治者还是民间造反者，都会想到身在上都开平府的那位已经步入青年的南宋末帝。越来越多的奏折递到元朝皇帝忽必烈面前，这些奏折对如何重新处置赵㬎提出了建议，有的甚至建议直接诛杀，以绝后患。赵㬎肯定也有所耳闻，知道自身处境的险恶，因此“乞为僧，往吐蕃学佛法”，希望远离上都、远离政治以求自保。

忽必烈显露了他仁慈的一面，同意了赵㬎的请求，赐给他一大笔钱，并将他安置在萨迦寺修行。

萨迦寺是藏传佛教中萨迦派的主寺，元朝统治者信仰藏传佛教，与萨迦派的关系尤其密切，历代皇帝都任命萨迦僧人为帝师，代表朝廷管理西藏地方的政教事务。忽必烈将赵㬎送到萨迦寺，既便于继续对赵㬎进行监视和控制，防止南宋遗民以救主复国之名倡行起义，又能够向南人昭示，看你们的皇帝已经皈依藏传佛教了，有利于促进民族融合，稳定大局。

诗人汪元量当年作为赵㬎的老师，一起北上大都，又一起被遣往上都。如今，赵㬎被送往西藏出家，汪元量也请求南下出家为道士，忽必烈同意了。于是在赵㬎出家的同一年，1288 年，汪元量获准回到了杭州。关于赵㬎母子的出家，汪元量写了两首诗：

瀛国公入西域为僧，号木波讲师

木老西天去，袈裟说梵文。
生前从此别，去后不相闻。
忍听北方雁，愁看西域云。
永怀心未已，梁月白纷纷。

全太后为尼

南国旧王母，西方新世尊。
头颅归妙相，富贵悟空门。
传法优婆域，诵经孤独园。
夜阑清磐罢，趺坐雪花繁。

人世无常，曾经贵为天子与太后，现在却剩下寂寞的命运。读来确实令人心生悲凉和同情。

18 岁的赵㬎，知道汪元量要南归杭州，也给他写了一首诗送别：

寄语林和靖，梅花几度开？
黄金台下客，应是不归来。

在一些史料的记载中，正是这首诗，最终导致了赵㬎被杀。这是真的吗？

3

根据记载，在萨迦寺出家后，赵㬎并未消极度日，而是积极学习藏语，苦修佛法，并显示了他的聪明与悟性。他后来翻译了佛教的逻辑学著作《因明正理论》等经典，还担任过萨迦寺总持，成为藏传佛教史上有名的大师。

作为藏传佛教的大师，赵㬎平安地度过了30余年，直到1323年，在他53岁的时候厄运降临。

这一年是元英宗至治三年。根据元代名僧念常《佛祖历代通载》所记：

至治三年四月，赐瀛国公合尊死于河西……

是的，法号“合尊”的瀛国公赵㬎被元英宗赐死了。

在降元47年、出家35年，历经元朝4个皇帝之后，到了元英宗这里，赵㬎为什么还是难逃一死呢？历史没有留下确切的记载，只是呈现了多种不同的说法。

一种说法是，赵㬎因诗文贾祸。就是前面提到的赵㬎送别汪元量的那首诗，被人告到元英宗那里，认为赵㬎“意在讽动江南人心”，元英宗遂下旨将他赐死。但这种说法基本可以认定不成立。如前面所说，那首诗出自入西藏前的青年赵㬎，到他死时，已经过去了35年，再来追究这么久远的旧账，根本没有说服力。而且，元朝不像后来的明、清两朝，统治虽然残酷，但却不时兴文字狱。终元一朝，并无诗文贾祸的事件发生。

另一种说法是，元英宗根据谍者的奏报，怀疑赵㬎卷入了吐蕃一带的叛乱，于是果断下令将他处死。这种说法，虽然符合元英宗杀他的动机，却不符合一个修行数十年的大师的行事风格，因此也只能存疑。

还有一种说法是，赵㬎在萨迦寺有一定地位后，由于他的出身和性格，因而遭到妒忌和排挤，他只得从西藏来到河西的甘州（今甘肃张掖）。但妒忌者仍未放过他，意欲置其于死地，于是不断向元英宗诬告赵㬎。估计用了谋乱一类的罪名进行诬陷，导致元英宗最终下令将其处死。

这种推测虽然没有直接的史料支撑，但从藏文史书《红史》的记载来看，赵㬎被害确实是冤枉的。王尧在《南宋少帝赵显遗事考辨》一文中，翻译了《红史》中赵㬎之死的相关史料：

至（元英宗）格坚皇帝之时，杀之，出白血焉。

其中，“出白血”是佛教历史上常见的说法，被害者流出来的血是白色的，用来表示冤狱。可见，藏族史学家对赵㬎之死寄予同情，认为他是冤死的。

无论是何种死因，宋恭帝赵㬎的传奇一生到这里已经落幕了。

然而，出乎当事人的想象，一段更加神奇的历史，在他死后才徐徐展开。

4

赵㬎被赐死 10 年后，1333 年，14 岁的元顺帝妥懽帖睦尔成为大元王朝的统治者。他也是元朝作为全国统一政权的最后一位皇帝。

这位元朝末代皇帝的身世，在当时引起了极大争议。

他的叔父元文宗在位时，曾命翰林学士将妥懽帖睦尔的身世写在史书上，并昭告天下，说妥懽帖睦尔的父亲元明宗在世时，经常说妥懽帖睦尔不是自己的亲生儿子。

元朝内部对妥懽帖睦尔身世的质疑，使他继位后备受困扰。所以，在即位 6 年后，他不得不颁布一道诏书，痛斥自己的叔父元文宗与其臣图谋不轨，“又私图传子，乃构邪言，嫁祸于八不沙皇后（元明宗妻子），谓朕非明宗之子，遂俾出居遐陬（边远地区）。祖宗大业，几于不继”。

大意是说，元顺帝的父亲元明宗登基半年后暴卒，死得不明不白，叔父元文宗则趁机篡夺帝位，这简直是元朝版“斧声烛影”。元文宗当时为了使自己登基更有充足的理由，便下诏谎称时年 8 岁的妥懽帖睦尔并非元明宗的亲生子，并以此为借口，将妥懽帖睦尔迁往高丽、广西等边远地区。

在元文宗死后，继位的是妥懽帖睦尔的弟弟元宁宗。因为元宁宗短命，两个月后就死了，14 岁的妥懽帖睦尔这才被迎回大都继位。

元顺帝妥懽帖睦尔发布这道诏书，就是为了澄清自己的身份，指出元朝内部对于他身世的怀疑，不过是叔父元文宗当年为了巩固帝位、传位于自己的儿子而编造出来的政治谣言。

但熟读历史的人都知道，帝王身世这种事情越描越黑，澄清只会加重历史的悬疑。果然，从元朝末年开始，陆续有人将元顺帝的身世和已故的宋恭帝赵㬎联系起来，说元顺帝其实是赵㬎的儿子，并编出了许多故事作为论据，来支撑这个论点。

据元末隐士权衡《庚申外史》记载，瀛国公赵㬎出家为僧后，曾奉旨在甘州山寺修行。元朝赵王到甘州山寺游玩，看到瀛国公年老孤独，便留下一个异族女子服侍他（藏传佛教僧人可结婚生子）。到延祐七年（1320）的一个夜里，异族女子为赵㬎生了一个男孩。恰逢元明宗来到甘州山寺，看见寺院上方有龙纹五彩之气，便找瀛国公询问此处藏有何种宝物。瀛国公答道，没有宝物，只是刚诞下一个男孩。

元明宗想到孩子出生时的异象，便索求为子，偕母子回到北方大漠。而这个男孩，便是后来的元顺帝。

到了明朝初年，福建人余应写了一首长诗，把这件事以及赵㬎降元后的经历写得有鼻子有眼。这首诗在当时流传很广，明朝一些高层官员都读到过：

> 皇宋第十六飞龙，元朝降封瀛国公。
> 元君诏公尚公主，时蒙赐宴明光宫。
> 酒酣舒指爬金柱，化为龙爪惊天容。
> 元君含笑语群臣，凤雏宁与凡禽同。
> 侍臣献谋将见除，公主夜泣沾酥胸。
> 瀛国晨驰见帝师，大雄门下参禅宗。
> 幸脱虎口走方外，易名合尊沙漠中。
> 是时明宗在沙漠，缔交合尊情颇浓。
> 合尊之妻夜生子，明宗隔帐闻笙镛。
> 乞归行宫养为嗣，皇考崩时年甫童。
> 文宗降诏移南海，五年乃归居九重。
> 壬癸枯乾丙丁发，西江月下生涯终。
> 至今儿孙主沙漠，吁嗟赵氏何其雄。
> 维昔祖宗受周禅，仁厚绰有三代风。
> 虽因浪子失中国，世为君长传无穷。

明成祖朱棣在位时期，被封为尚宝司少卿的术士袁忠彻晚年写回忆录说，永乐十年（1412）五月十八日，朱棣在武英门观看宋朝皇帝像，对袁忠彻说："自宋太祖以下，虽是胡羊鼻，其气象清癯，都像太医。”第二天，又在看元朝皇帝像时说：“都是吃绵羊肉的，为什么唯独元顺帝长得像太医？”袁忠彻称自己当时未能应对，后来查到这首“皇宋第十六飞龙”诗，才知道元顺帝长得像宋朝皇帝的原因。

明初以后，“元顺帝为宋恭帝之子”的说法广为流传，一直到近代，包括万斯同、全祖望、赵翼、王国维在内的很多大学者，都相信这一说法。仅有少数人对这一说法提出质疑，或采取中立态度，比如钱谦益说，这个传闻可能是“中原遗老伤故国，思少帝（指赵㬎），从而为之说以相快欤”。

根据现有的史料来看，钱谦益的怀疑是有道理的。

我们都知道，历史上拿帝王的身世做文章，从而满足民间与统治阶层的精神安慰，求个内心痛快，这种事并不罕见。

举个与蒙古人相关的例子。明朝立国以后，丧失了统治权的蒙古人也开始传朱棣的身世之谜。根据明末成书的《蒙古黄金史纲》记载，明朝攻下大都后，已有三个月身孕的元顺帝之妃弘吉剌哈屯被朱元璋收编入后宫。哈屯祈祷上苍，给她凑足十三个月再产子，这样朱元璋才能将新生儿视为己子。果然如愿。等到朱棣篡位成功，蒙古人都认为那是元顺帝之子坐了江山。

你们捋一下，如果这些阴谋论都成立的话，明成祖朱棣是元顺帝之子，元顺帝是宋恭帝赵㬎之子，这些个王朝兜兜转转，纷争乱战了这么多年，原来还是在赵家人手上啊。

针对这种族群意淫与精神胜利的阴谋论，最容易攻破的地方，就是从当事人的年龄考证入手。

明军攻陷大都时，朱棣已经 9 岁了，一个 9 岁的孩子还能再把他塞到元顺帝之妃的肚子里？元顺帝的情况也与此差不多。史学家考证指出，宋恭帝赵㬎与元明宗有可能碰面的唯一时间是 1316 年，但元顺帝出生于1320年，所以不管元明宗夺了赵㬎怀孕的妻子，还是要了已经生下来的儿子，这中间至少有4年的间隔对不上啊。

这类型的故事其实还有很多，比如宋徽宗是南唐后主李煜转世、金章宗是宋徽宗转世、乾隆是陈阁老之子，等等。说白了都有因果报应，或不满于异族统治，借此自我安慰的集体观念在作祟。而“元顺帝为宋恭帝之子”的说法之所以最具迷惑性，则是因为如上文所说，在元朝内部的权力斗争中，元顺帝的身世就被当成了一个工具，这给了后来的故事编造者更多的“史实支撑”。

不管怎么样，在史书中虚构并满足于帝王江山始终为我所有的精神幻象，终究是不可取的。就算宋恭帝赵㬎听到这些传说，也不会引以为傲吧。他真正难忘和触动的，也许是自己小时候见过的故国最后的英雄。

因为，一切帝王的声名都是速朽的，而只有英雄文天祥，影响了此后800多年中国人的精神世界。这才是他那个时代，留下来的永恒的历史。

赵孟頫：一个伟大的懦夫

所谓勇气，更多时候不是表现为“我敢”，而是“我不敢”。

1286年，元世祖至元二十三年。当程钜夫（1249—1318）奉忽必烈之命访求江南才俊，并带回20多名汉族文人到大都时，33岁的赵孟頫身处其中，五味杂陈。以后，他的下半生也都在纠结、矛盾以及自我交锋中度过。

在时人眼里，赵孟頫的身份很不一般。他是宋室王孙，且才高名重，此时宋元鼎革过了十年，不多不少。

他若出仕，将被树立为异族统治者收买汉人文化精英的典型。而他的名节，在为蒙古人背书的同时，将面临生前身后的损毁。

他熟读圣贤书，深知这一点。所以，他不敢心存侥幸，以为自己能够逃过道德完美主义者的审判。

这个艰难的决定，他做了至少十年。十年前，他不敢像同宗的某些兄弟一样，激烈殉国。十年后，他不敢像江南文人圈的某些故交一样，终生不仕。

他也许是个懦夫，他什么都不敢。他只是把毕生的勇气，都给了他认为最重要的东西。

1

到达大都后，赵孟頫获得单独觐见忽必烈的机会。

这次君臣相见，赵孟頫的文采风度征服了这名天下共主。史书记载，赵孟頫“神采秀异，珠明玉润，照耀殿庭”，忽必烈和他的小伙伴都惊呆了，以为“神仙中人”。

忽必烈让他坐在右丞叶李的上席，给予了极大的礼遇。虽然有人提醒忽必烈，赵孟頫是亡宋王孙，不宜安排在皇帝身边工作。但忽必烈并不在意，或者说，他要的，正是赵孟頫的王孙身份，标榜他对前朝的开放接纳姿态。

那次会面，忽必烈给赵孟頫出了道面试题，要他为新设尚书省一事起草诏书。赵孟頫挥笔立就，忽必烈阅后大喜：啧啧，我想说的，都被你说了。

以后，赵孟頫被任命为从五品的奉训大夫、兵部郎中，总管全国驿置费用事。就是这个不起眼的闲差事，成了赵孟頫人生的分界线——前半生，他活得辛苦，但不心累；后半生，他荣辱交加，心累成狗。

他写过一首诗，剖陈心迹，怀念前半生，吐槽后半生：

在山为远志，出山为小草。
古语已云然，见事苦不早。
……
谁令堕尘网，宛转受缠绕。
昔为水上鸥，今如笼中鸟。

以他的聪明才智，他肯定早就预估到出仕蒙元之后的境遇与压力，那他为什么还要去蹚这趟浑水？

是的，懦弱。

2

如果不是懦弱，此时，他或许死去十年，墓木已拱。

我平生最烦一种人——给人戴高帽子，用鲁迅先生的话说，叫“捧杀”。赵孟頫的经历更悲催，南宋没亡之前，没人觉得他是什么皇族之后，应该享受什么特权。但南宋一亡，当时人就将“赵宋王孙”的帽子往他头上一扣，仿佛看着他去死才能遂了人愿。

实际上，历经300年，到了赵孟頫这一代，与远祖赵匡胤已隔了整整十代人。这个番薯藤一样的关系，与刘备这个“中山靖王之后”跟刘胜的关系有一拼。

徐复观先生就说，赵孟頫这个“过气的王孙”，实与当地一般的知识分子无异。但是，道德党们有他们另一套双重评价标准。用在赵孟頫这个王孙身上，就是：富贵，与他无关；殉难，强他所难。

宋元易代之际，确实有一堆赵宋宗室后人选择了以死相争的激烈抵抗，其中有四五位还与赵孟頫同为孟字辈，比如因参与宗室起兵事件被范文虎杀死的赵孟桊等。

赵孟頫“不敢”去死。他有自己的人生规划，他必须要求自己好好活下去。

1254年，宋理宗宝祐二年，赵孟頫出生于风光如画的浙江吴兴（今湖州）。他自幼聪敏，读书过目成诵。练习书法，每天抄写《千字文》，要写足500页纸。其间，十年不下楼，毅力惊人。

神奇的是，入仕蒙元后，某年他回江南，一位叫田良卿的人在市场上花重金买了幅他早年所书的《千字文》，专门找上门来请他题跋。从少年到青年，在湖州的老宅里，他写了千百遍《千字文》，都是写完即弃。不料竟有有心人保留了一卷，物是人非与名满天下的交错，均勾起他无限感慨。

12 岁那年，随着父亲的突然去世，赵家家境每况愈下，在坎坷忧患中度日维艰。所幸，在母亲丘夫人的告诫下，赵孟頫坚持发奋苦读，几年工夫读遍了家中藏书。天赋，勤奋，磨难——这段早年经历，完全符合成才的定律，也奠定了赵孟頫一生要走的道路。

1276 年，蒙古人攻入临安，国乱如麻。

那是些激愤与耻辱并存，虚无与幻灭同在的年头。青年赵孟頫强迫自己冷静下来，他不想成为一个愤青，以免作出无谓的牺牲。

这个早熟的青年学子，选择了中老年知识分子才会走的温柔抵抗之路——隐居不出。

在德清县的山中，他一住十年。十年间，他自力于学，心无旁骛，每读书必思之再三始作罢。十年间，他的诗文书画造诣飞跃，四方八里的人都来重金买文，以得到他的片纸只字为荣。十年间，他从默默无闻，成长为“吴兴八俊”之一。十年间，有数次入仕蒙元的机会，均被他巧妙辞谢。

十年，塑造了一个赵孟頫。

但现在看来，他要追求的东西，比搏命一死捞个名声，难得多。

3

生亦何难，死亦何易。活着，有时候比死去更难。

他要过得了舆论这一关。不管愿不愿意承认，大宋王孙赵孟頫成为蒙元之臣，在耻食周粟的遗民成为道德象征的语境中，未免让人侧目。天下的读书人，都在戳他的脊梁骨。

他自辩说："我非天上士，人谓地上仙。"意思是，我并非不食人间烟火，我生活极其难堪，你们不要对我进行道德绑架，行不行？

当然不行。据说因为他的出仕，一些近亲对他的品格产生怀疑，断绝关系。一个叫姚桐寿的文人讲了个旧事，说赵孟頫做官后回到江南拜访族兄赵孟坚，赵孟坚不愿见他，见了面也是各种讽刺，走后还让人擦拭赵孟頫坐过的椅子。

但终究，人最难过的是自己这一关。

元朝皇帝越是对他礼遇，他越要保持卑微、疏离的状态。出仕30余年，他历经五任皇帝，人称"荣际五朝"。尤其是雅好文艺的元仁宗，对他抱着追星般的膜拜心理。

元仁宗评价他，出身高贵、长相帅气、博学多闻、操行纯正、书画一绝等，一连给了七个好评，最后还总结说，唐有李白，宋有苏轼，今朕有赵子昂（孟頫，字子昂），与古人何异？

正是在元仁宗任上，赵孟頫一路飙红，到延祐三年（1316），官拜从一品的翰林学士承旨、荣禄大夫，与程钜夫一样，成为元代前期仅有的两个能升到这一高职的"南人"。

所有人只看到他表面的荣华，看不到他内心的煎熬。他的苦痛，只能寄寓诗中。在他官运达到顶点的那一年，他写了首诗，名为《自警》：

齿豁童头六十三，一生事事总堪惭。

惟余笔砚情犹在，留与人间作笑谈。

这是他的自白书。他还没死，就给自己写悼词，总结一生。他不觉得自己官居高位牛气哄哄，相反，他有点讨厌自己，事事惭愧。在后两句中，他还是在做解释，绕不开那个死结——我为什么要出仕蒙元。

他没有直说，但意思足够明了：我是为了文化（笔砚）传承。我不忍见我所挚爱的文化衰落，是这股信念，给了我毕生的勇气。

4

他一生都在与自己较劲。外部压力及其形成的道德氛围，始终让他郁郁寡欢。

传统士人的生命、忠节、人品，都跟他出仕的朝代捆绑在一起。所以，和平年代的士人，终生遇不到赵孟頫式的难题；而朝代更替的不幸，终将如数报复在赵孟頫们身上——要么道德人格升华，生命消亡；要么生命延续，道德人格负分。

不能鸡贼地走中间道路。赵孟頫必须承受生命中不能承受之重。

当与他一同从乡里赴京的吴澄（1249—1333）弃官归去时，他去送别，表白心迹："吴君之心，余之心也。"

后半生的宦海生涯，于他，压根儿不是享受，而是自戕、受虐。他却没有早早抽身而出，像吴澄一样，相反，违背内心，强忍而上。

连世人戳脊梁骨都不怕，他到底在怕什么？

怕失去，失去文化传统，失去艺术生命，失去世界舞台。

他说："吾出处之计，了然定于胸中矣，非苟为是栖栖也。"我是有大纲的人，出来干活惹一身骚，绝不是为了苟且活命。

有些东西比生命重要，比如空气，比如水，比如文化。

元代虽以残暴著称，但不得不肯定的是，正是草原民族开放的胸襟和包容的政策造就了“宗教混搭，天下一家”的壮观景象。蒙古人横扫全球，既作为征服者，也充当了人类文明至高无上的文化载体。

当时的大都是真正意义上的国际大都会。官员使者、商人游客、僧侣传教士、艺术家和能工巧匠往来穿梭，络绎不绝，其数量之多、规模之大、民族和地域来源之广在中国历史上可谓空前绝后。与清静朴素的湖州、德清生活相比，繁华京城的活力在一点点拓展和改变赵孟頫的艺术视野。

如果赵孟頫选择继续留在江南小城，就不会有今天我们看到的赵孟頫。

他结交异域僧人，画罗汉遂得了唐时古意。他也许见过操着波斯语的画匠，把他们的技艺偷了过来。他看到了其他南方文人见不到的宫廷珍藏，那些古典真迹“多绝品”。他画马画羊，灵感与经验均来自于北游经历。

不同背景的文化艺术，给他开了一扇窗，再也关不上。一个“国际赵”诞生了。

研究赵孟頫的学者有一个说法：历史是复杂的，在这种超级百搭的特殊文化语境中，以赵孟頫为代表的汉儒文化异军突起，与其说是逆境中的反抗，倒不如说是纷繁之境的清晰自觉，是与异质文化艺术的互相成就。

在这个意义上，他的懦弱是值得的，他的不敢死是对的。

5

时代剧变中，有人负责死，有人负责生；有人负责骨气，有人负责文脉；有人负责壮烈，有人负责悲戚。而历史的残忍在于，它总是以生命的牺牲，作为伟大的衡量标准。殊不知，有一种伟大，叫忍辱负重地活下去。玉石俱焚，往往不是最好的选择。

赵孟頫以后半生的隐忍，换来了元朝文化的高峰。以一己之力，扛起元朝文艺圈的大旗。没有他，元朝时期汉文化传统的断裂是可怕的。有了他，元朝就有了门面，有了自己的李白，自己的苏轼。

他是一个时空旅行者。他的思想超越时代 300 多年。直到清初，大思想家顾炎武提出“亡国”与“亡天下”的区别，我们才能更深刻理解赵孟頫的伟大。效忠一家一姓的君君臣臣思想，比起保护文化脉络，渺小得近乎可以忽略不计。

现在，我们可以盘点一下，这名隐忍半生的“贰臣”，有哪些伟大成就——

书法上，他师法古人，荟萃众长，并能够自出机杼，成一家风骨，得到的评价是“上下五百年，纵横一万里，举无此书”。“楷书四大家”中，除了他，其他三个大咖都是唐朝人。

绘画上，山水、人物、花鸟、鞍马、竹石无所不能；写意、工笔、水墨、青绿无所不精。“元四家”中，时而有他，时而没他。但没关系，稳坐其中三家的，都与他有关系：王蒙是他外孙，黄公望一直向他执弟子礼，倪云林视他的画作为宝贝。

诗歌上，他对于改变元初诗风的影响尤为突出。章培恒、骆玉明主编的《中国文学史》指出“赵的北上是改变元代诗的契机”。

总之，赵孟頫博学多才，能诗善文，懂经济，工书法，精绘艺，擅金石，通律吕，解鉴赏，是一位不可多得的艺术全才。

用四个字就能道尽他的重要性——元朝冠冕。

他当年“鼓起勇气”不去死，“鼓起勇气”仕蒙元，恐怕早已料到了自己一生所能达到的文化高度。但是，这一决定的煎熬，这一过程的苦痛，正如我们前面所述，也只有他独自咀嚼吞咽了。他后半生向往佛法，一直在学参透。遇到人生变故，他就给中峰和尚写信，说我想看透，就是看不透，心还会痛。

1311 年，他的长子赵亮陪他进京，受寒病倒而逝，他已经痛过一回。他信里说：

> 虽明知幻起幻灭，不足深悲，然见道未澈，念起便哀。

1318 年冬，与他志同道合的妻子管道升在京脚气病发作时，他坚决要求辞官还乡。不幸的是，管道升次年病逝于他们离京返乡的旅途中。他在给中峰和尚的信中说：

> 孟頫自老妻之亡，伤悼痛切，如在醉梦，当是诸幻未离，理自应尔。虽畴昔蒙师教诲，到此亦打不过，盖是平生得老妻之助整卅年，一旦丧之，岂特失左右手而已耶。哀痛之极，如何可言。

哀痛的赵孟頫返回故乡，回到他熟悉的情境，终日呼朋唤友，流连诗酒。1322 年，元英宗至治二年，他去世那天，犹在家中观书作字，谈笑如常，晚上倏然而逝。时年 69 岁。

情之所钟，正在我辈。参不参得透，已经不重要。

他的一生，就为了一个表面怯懦的决定活着，把毕生勇气给了他的挚爱。

现在，他可以放心走了。

本章参考文献

[元]赵孟頫:《赵孟頫集》，杭州：浙江古籍出版社，2012年

[元]脱脱等:《宋史》，北京：中华书局，1985年

[元]陶宗仪:《南村辍耕录》，北京：中华书局，2004年

[明]宋濂等:《元史》，北京：中华书局，1976年

徐永恩:《贾似道研究资料汇编》，北京：中国文史出版社，2013年

易中天:《风流南宋》，杭州：浙江文艺出版社，2018年

黄宽重:《南宋史研究集》，台北：台湾新文丰出版公司，1985年

胡昭曦:《宋蒙（元）关系史》，成都：四川大学出版社，1992年

何忠礼:《南宋全史》，上海：上海古籍出版社，2011年

赵维江:《赵孟頫与管道升》，北京：中华书局，2004年

赵治乐:《从边疆将帅群体探索南宋能长期抗蒙的原因——以孟珙为重点》，硕士学位论文，武汉大学中国古代史专业，2004年

王述尧:《历史的天空——略论贾似道及其与刘克庄的关系》,《兰州学刊》2004年第3期

[日]寺地遵:《贾似道的对蒙防卫构想》,《国际社会科学杂志》(中文版)2009年第3期

陈远明:《评鄂州之围中的贾似道》,《台州社会科学》2003年第3期

黄锦君:《南宋名将孟珙的佛教价值取向浅析》,《宗教学研究》2013年第4期

王尧:《南宋少帝赵显遗事考辨》,《西藏研究》1981年

车明怀:《南宋末代皇帝赵显在西藏活动的历史及其影响》,《中国藏学》2017年第4期

任崇岳:《元顺帝与宋恭帝关系考辨》,《民族研究》1989 年第 2 期
邓淑兰:《赵孟𫖯仕元问题三论》,《学术探索》2012 年第 1 期

南宋篇

第九章

守护王朝最后的尊严

文天祥：大宋最后的风骨，死于 1283 年

面对兵临城下的蒙古人，德祐元年（1275），临安城里乱成一团。以两位宰相陈宜中和留梦炎为首，南宋朝廷的大小官员们纷纷弃职逃命作鸟兽散。

自从靖康之变（1127）以来，南奔建立的南宋始终处于北方游牧民族持续不断的冲击和高压之下，如今，女真人虽然亡国，但不断南下的蒙古人却更加精锐致命。望着临安城下的蒙古兵，66 岁的太皇太后谢道清发现，她和年仅 4 岁的宋恭帝赵㬎，已经孤独无依。

谢道清下令，在临安城中张榜痛斥公开逃窜的各级官员："我朝三百多年，对士大夫以礼相待。现在我与新君遭蒙多难，你们这些大小臣子，不见一人出来救国。我们有什么对不起大家？你们内臣叛官离去，地方守令舍印弃城……平日读圣贤书，所许谓何？乃于此时，作此举措，生何面目对人，死何以见先帝？"

但蒙古人对此有另外一种解释。在逃窜前，南宋宰相陈宜中派出使者柳岳前往蒙古大营谈判，以无比卑下的姿态摇尾乞怜说："希望贵国能够怜悯我们、班师回朝，我们肯定会每年进贡，修好于大元。"蒙古军的统帅伯颜倒是回答得干净利落："如果想让我军停止前进，你们是想效仿当初吴越国国君钱俶，向我们纳土称臣？还是效仿南唐的李后主出降？当初宋人得天下于小儿之手，今天又失之于小儿

之手，这是天意，不必多说了。”

想当初，宋太祖赵匡胤通过陈桥兵变，从年仅 7 岁的后周皇帝柴宗训处夺得帝位建立宋朝，如今大宋似乎也将亡国于年仅 4 岁的宋恭帝赵㬎。

冥冥之中，历史确实蕴含着某种诡异的宿命。

1

南宋生死存亡关头，一位状元出身的官员挺身而出。

他就是在南宋宝祐四年（1256），以 21 岁之身荣膺状元的文天祥（1236—1283）。眼下，这名 40 岁的昔日状元，正担任赣州知州。

自打 1234 年蒙古人灭亡金国，持续不断南侵以来，历经四十多年抵抗，南宋的耐心和国力已经日渐耗尽。很多人开始观望形势，首鼠两端，以致当蒙古人逼近临安城，南宋皇室向天下发出勤王诏书时，响应者竟然寥寥无几。

在这种情况下，文天祥散尽家财，招募士卒前往临安拱卫京城。这位“体貌丰伟，美皙如玉”的美男子状元，捧着勤王诏书痛哭流涕。他对门客说：“以别人的快乐为快乐的人，也忧虑别人忧虑的事情；以别人的衣食为衣食来源的人，应为别人的事而至死不辞。”

文天祥当年初入仕途，因为性格忠直得罪了权臣贾似道，而被贬出朝廷。尽管在地方“性豪华，平生自奉甚厚，声伎满前”，但一到国家危难时刻，他却不畏艰难，“尽以家资为军费”。

面对虎狼之师的蒙古兵，有友人劝告他说，如今元兵三路直逼临安，而你却带着一万多人的乌合之众去以卵击石，这跟赶着一群羊入虎口有什么区别？这位状元出身的地方官员回答说，我又何尝不知，但国家危难，眼下征召天下勤王，却“无一人一骑入关者，吾深恨于此，故不自量力，而以身徇之”。

他散尽家财募兵，日夜疾驰奔赴临安。在江苏虞桥，他临时组织的毫无作战经验的勤王义军，被凶悍且久经战阵的元兵屠戮殆尽，他不得不率领残兵退保余杭。

然而在临安城外，起初文天祥却被拒绝入城。在宰相陈宜中等人眼里，文天祥的勤王之举是“猖狂”和“儿戏”。因为在更多的文官看来，文天祥越忠诚，就越衬托其他文官武将的明哲保身和委曲求全。所以一直到当年十一月，蒙古兵已将临安城团团包围之时，文天祥才被召入临安城中。

德祐二年（1276），文天祥被任命为临安知府，协助拱卫京师。当时，元朝大军已经逼近临安城外的皋亭山。在敌兵的震慑之下，比文天祥早 12 年（1244）考中状元的左丞相留梦炎开溜了。然后，右丞相陈宜中也脚底抹油了。

无人可用的太皇太后谢道清，只得颁发懿旨，任命文天祥为右丞相兼枢密使，全权负责与城外元军主帅伯颜的谈判事宜。

当王朝即将覆灭，南宋皇族们放眼望去，才发现那些当初共富贵的人，都逃跑了。剩下那些他们看不入眼的人，却选择了与他们同生死，共患难。

宋朝养士三百年，这是最后的考验时刻。

2

在宋代以前，封建王朝通过荐举制、九品中正制等方式选拔人才。尽管唐代开始有了科举，但是由于人才选拔规模太小，加上多为贵族垄断，因此唐代并未能通过科举制培育出广大的知识分子群体。从根本上说，宋代以前的朝代兴衰，更多是贵族间的斗争，而与知识分子群体无关。

到了宋代，随着科举制的急剧扩大，平民阶层有了更直接的渠道参与朝政。北宋末期，每年参与各级科举应试的学子已达 10 万多人，而南宋时期的 12 世纪后期，尽管丢失了三分之一的国土面积，但每年参与各级科举应试的学子，更增加到了 40 多万。

通过这种“朝为田舍郎，暮登天子堂”的科举制，广大知识分子有了直接的通道可以实现阶层流动和上升。也因此，知识分子群体对于国家兴亡的责任担当意识开始强烈膨胀，以致北宋时期，知识分子群体敢于在宋神宗面前，公开阐述皇权必须与“与士大夫共治天下”。

在后世强调皇权独裁的明清时代，宋人和宋代知识分子群体的集体自信，是不可想象的。可以说，尽管“天下兴亡，匹夫有责”的概念要到明末清初才被提出，但宋代的知识分子已经开始践行这种理念。

在文天祥看来，他状元出身，以赣州知州的身份起兵勤王，如今危难之际临时被任命为宰相，对于家国天下，更是承担着发自肺腑的崇高责任。

当时，文天祥等人主张依托临安城中的几万残兵和数十万百姓支持，与元兵进行攻守决战。然而 66 岁的谢太后和 4 岁的宋恭帝赵㬎束手无策，他们和更多的文官仍然痴痴梦想着蒙古人能和此前的契丹人、女真人一样，在得到更多的岁币和纳贡后可以退兵回朝。

妇人小儿无力挽救赵宋天下，无奈下，文天祥只得代替宋廷，再次出城谈判。面对气焰嚣张的元军统帅伯颜，文天祥毫不懦弱退缩，坚持与伯颜抗争辩论。伯颜怒了——一位即将亡国的南宋宰相，竟然敢如此当面顶撞他——于是下令，将文天祥拘押锁铐起来。

文天祥公开怒斥伯颜并被拘押的这一天，是德祐二年（1276）农历正月二十四日。10天后，二月初五，南宋朝廷在临安向元军投降。

与149年前经历靖康之耻（1127）灭亡的北宋一样，南宋，也已接近穷途末路。

但危难之际，谢太后仍然命令陆秀夫等人，在南宋朝廷于临安投降元朝之前，秘密护送着赵宋皇族最后的血脉——7岁的赵昰和4岁的赵昺，出走福州。

临安之降后3个月，1276年5月，陆秀夫和赶来护驾的张世杰一起，在福州拥立赵昰登基，是为宋端宗。此后，被元军押解北上的文天祥，也在途中逃脱南下，历经九死一生辗转来到福州，并被任命为右丞相知枢密院事。

当时，南宋已经濒临末日，但在各个角落，仍然有忠臣义士在顽强抵抗元兵。在扬州，尽管得知首都临安已经沦陷，但驻守的李庭芝和姜才等人却始终坚持不降。在率兵转战泰州兵败被俘以后，李庭芝最终殉国。姜才临死前，仍然对元兵破口大骂，誓死不降。

在重庆，张珏等人则一直孤军奋战。一直到临安沦陷两年后的1278年，从钓鱼城率兵转战重庆城的张珏才最终兵败被俘。他不愿投降元朝，用弓弦上吊，以身殉国。

与此同时，从元兵手中逃脱的文天祥也再次出发，从1276年7月到1278年11月，他先后组织义兵，一度收复了被元兵占领的江西赣州、吉州等地。然而在江西永丰，他再次遭遇败绩，妻妾子女都被元兵俘虏。而在进军广东潮州过程中，他的军队又开始流行瘟疫，并夺走了他剩下的唯一的儿子。

文天祥已然一无所有，可他仍然在坚持战斗。

他率领最后的残兵一路转战，在退到广东海丰时，被元朝将领张弘范部队突然袭击。猝不及防的文天祥最终被捕，仓促之中，他吞下脑子（龙脑）试图自杀，没想到自杀失败。

这是他第一次自杀。

元将张弘范要他跪拜，他坚持不拜。张弘范又要求他写信劝降陆秀夫和张世杰等人，文天祥却说："我无法保卫自己的父母，又怎么可能教别人背叛自己的父母？"

他宁死不降，在被元军押解前往追击宋军时，写下了千古闻名的《过零丁洋》：

辛苦遭逢起一经，干戈寥落四周星。
山河破碎风飘絮，身世浮沉雨打萍。
惶恐滩头说惶恐，零丁洋里叹零丁。
人生自古谁无死，留取丹心照汗青。

他已然抱定必死的决心。

3

在文天祥的时代，随着家国意识的强化，以及程朱理学的影响，知识分子心中"家、国、天下"已经浑然一体，密不可分。

早在北宋时，理学家张载就提出了"为天地立心，为生民立命，为往圣继绝学，为万世开太平"的理念，并在此后切实影响了无数知识分子为之奋斗终生。在宋代儒士们看来，"家国"是密不可分的。宋代以前的知识分子，一是没有形成像宋明清如此庞大的群体，二是没有形成如此强烈的责任担当意识，而宋代“三百年养士”的结果和终篇，就是文天祥和陆秀夫的末世悲歌。

这已经不仅仅是家国兴亡，而是天下兴衰、匹夫有责了。

南宋宝祐四年（1256），21 岁的文天祥荣膺当年科举状元。当时，19 岁的陆秀夫也高中进士。作为同榜和同年，这两位南宋末世的知识分子，在穷途末日中坚持不懈地战斗着。

文天祥在广东海丰被捕的当年，1278 年，年仅 10 岁的宋端宗赵昰在流亡途中病逝。随后，陆秀夫又与张世杰一起，共同拥立当时年仅 7 岁的赵昺为帝，继续抗战。

从福州退守广东后，在崖山，1279 年 2 月，陆秀夫和张世杰率领残余的十多万南宋军民，与元兵展开了最后的战斗。

宋军最终惨败。

面对重重包围的元兵，不愿屈服投降的陆秀夫，毅然背着 8 岁的宋帝昺投海自尽。在得知陆秀夫和宋帝昺跳海自尽的消息后，张世杰仰天长啸，泪流满面地说：“我为赵氏尽心尽力，一君亡，又立一君，如今又亡矣，不知天意为何？”飓风中，张世杰也跳入滚滚波涛之中，追随那个他为之奉献所有的王朝而去。

整个崖山之战，史书记载，南宋最后残存的十多万军民，或在战斗中壮烈牺牲，或不甘受辱投海自尽，“浮尸出于海十余万人”。尽管首都临安已经于 1276 年沦陷，但这些残存的忠臣义士，仍然坚持奋战到了三年后的 1279 年。

至此，南宋彻底毁灭于崖山的怒海波涛之中。

崖山之战后，元军统帅张弘范非常得意，下令在崖山北面的石壁上，刻下了“镇国大将军张弘范灭宋于此”十二个字。元朝灭亡以后，当地人将张弘范的字全部铲掉，改刻上了“宋丞相陆秀夫死于此”九个大字。

当时，文天祥在被关押的海船上，目睹了这场南宋的亡国之战。后来，他写下了《二月六日海上大战国事不济孤臣天祥坐北舟中向南恸哭为之诗曰》：

长平一坑四十万，秦人欢欣赵人怨。大风扬沙水不流，为楚者乐为汉愁。兵家胜负常不一，纷纷干戈何时毕。必有天吏将明威，不嗜杀人能一之。我生之初尚无疚，我生之后遭阳九。厥角稽首并二州，正气扫地山河羞。身为大臣义当死，城下师盟愧牛耳。间关归国洗日光，白麻重宣不敢当。出师三年劳且苦，只尺长安不得睹。非无虓虎士如林，一日不戈为人擒。楼船千艘下天角，两雄相遭争奋搏。古来何代无战争，未有锋蝟交沧溟。游兵日来复日往，相持一月为鹬蚌。南人志欲扶昆仑，北人气欲黄河吞。一朝天昏风雨恶，炮火雷飞箭星落。谁雌谁雄顷刻分，流尸漂血洋水浑。昨朝南船满崖海，今朝只有北船在。昨夜两边桴鼓鸣，今朝船船鼾睡声。北兵去家八千里，椎牛釃酒人人喜。惟有孤臣雨泪垂，冥冥不敢向人啼。六龙杳霭知何处，大海茫茫隔烟雾。我欲借剑斩佞臣，黄金横带为何人。

南宋已灭，元军统帅于是让人再次押来文天祥，引诱他说：“你的国家已经灭亡了，丞相您对宋朝的忠孝已经倾尽全力了。如果你能用对待宋朝的忠心，来对待当今的圣上（忽必烈），那么一定还可以当上宰相！”

对此，文天祥泪流满面地说：“国亡不能救，为人臣者死有余罪，又怎么能够背叛国家，不与之同生共死呢？”

一席话，说得张弘范也动了恻隐之心。他命人护送文天祥北上大都觐见忽必烈。

文天祥再次自杀求死。在路途中，他绝食八日，没想到仍然不死。于是他放弃绝食，决定与蒙古人周旋到底，最终以求一死，为大宋殉葬。

在《言志》诗中他写道：

> 杀身慷慨犹易免，取义从容未轻许。
>
> ……
>
> 以身殉道不苟生，道在光明照千古。

4

在元大都的监狱里，忽必烈让当时已经 9 岁的宋恭帝赵㬎出面劝降文天祥。

当看到宋恭帝一身蒙古人装扮出现在牢狱中时，文天祥立马跪在宋恭帝身前泪流满面。他说：“臣不能保大宋，致使陛下今日，深愧。圣驾请回，圣驾请回！”

当时宋恭帝已经懂事，也在文天祥面前失声痛哭。

在牢狱中，蒙古人又将文天祥的妻子欧阳氏和两个女儿柳娘、环娘罚没为奴，并让他的女儿柳娘写信给他，并提示他说，只要他愿意投降，他的家人马上可以恢复自由身，他本人也可享受荣华富贵。但文天祥执意不肯，在回复自己妹妹的信中，文天祥写道：“收柳女信，痛割肠胃。人谁无妻儿骨肉之情？但今日事到这里，于义当死，乃是命也。奈何？奈何！……可令柳女、环女做好人，爹爹管不得。泪下哽咽哽咽。”

为了逼迫文天祥投降，慑服亡宋子民，元朝宰相孛罗亲自提审文天祥。文天祥坚持不肯下跪，强硬地说：“天下事有兴有衰。国亡受戮，历代皆有。我为宋尽忠，只愿早死！”

当时已经投降元朝的王积翁等人上书忽必烈，请示说，文天祥坚持不降，或者就将他释放做道士好了。但同样为宋朝状元宰相出身的留梦炎却强烈反对，留梦炎说：“文天祥如果被释放，复出号召江南，那我们这些投降的人，将置于何地？”

对于生死，文天祥早已超脱看透。在元大都的监狱中，元朝至元十八年（1281）夏，文天祥写下了《正气歌》：

天地有正气，杂然赋流形。

……

时穷节乃见，一一垂丹青。

在齐太史简，在晋董狐笔。

在秦张良椎，在汉苏武节。

为严将军头，为嵇侍中血。

为张睢阳齿，为颜常山舌。

或为辽东帽，清操厉冰雪。

或为出师表，鬼神泣壮烈。

或为渡江楫，慷慨吞胡羯。

或为击贼笏，逆竖头破裂。

是气所磅礴，凛烈万古存。

从1278年被俘，到1279年目睹崖山之战南宋的毁灭，中间两次自杀，始终坚持不屈的文天祥，最终在被关押四年后的1283年，迎来了忽必烈的再次提审。

至元十九年十二月初八（1283年1月8日），忽必烈亲自召见文天祥，进行最后一次劝降。文天祥却说："我文天祥作为大宋的状元宰相，宋亡，只能死，不能活。"

忽必烈仍然重视这位南宋的状元宰相，便问他说："你有什么愿望？"

文天祥显得非常淡然，只是说："我文天祥受大宋的恩惠，官为宰相，安能投降二主！愿赐之一死足矣！"

次日，他被引出就刑。

临刑前，他特地要求，向着南方故国大宋的方向郑重跪拜。

然后，他要来纸笔，写下了最后的绝命诗：

昔年单舸走维扬，万死逃生辅宋皇。
天地不容兴社稷，邦家无主失忠良。
……
天荒地老英雄丧，国破家亡事业休。
惟有一腔忠烈气，碧空常共暮云愁。

写完最后的诗，他对着围观的上万市民呐喊："吾事毕矣！"

然后，他从容就义。他死后几天，妻子欧阳氏为他收尸，在他的衣带中发现了他的遗言：

孔曰成仁，孟曰取义，惟其义尽，所以仁至。

读圣贤书，所学何事，而今而后，庶几无愧。

在办完文天祥的丧事后，妻子欧阳氏也选择了跟随文天祥，自尽殉亡。

南宋在1279年灭亡整整四年后，王朝的最后一位忠臣义士，最终选择了一条殉国之路。至此，宋史才算合上了无尽叹息的最后一页。

5

文天祥死后，元人针对谢太后于1276年在临安城怒斥文官贪生怕死一事写道：

> 观其从容伏质，就死如归，是其所欲有者甚于生者，可不谓"仁"哉！宋三百余年，取士之科，莫盛于进士，进士莫盛于伦魁。自天祥死，世之好为高论者，谓科目不足以得伟人，岂其然乎！

因为文天祥的榜样，还有无数像陆秀夫这样的忠烈选择殉国，元人对于宋人"养士三百年"，最终盖棺论定，予以了中肯的评价。

而在宋代理学的影响之下，文天祥的人文形象也被不断塑造。在此后越来越重视纲常和人臣之义的封建王朝，文天祥作为知识分子的代表，足以为万世"忠君爱国"的典范。殊不知，他作为知识分子的强烈自省，以及对天下兴亡的忧患责任，内涵远远不止于此。

到了明亡清兴的鼎革之际，以文天祥为榜样的文人士大夫层出不穷。文天祥强烈的人格力量，使得在明末清初不懈奋斗的文人士大夫们振奋不已。例如江西金溪人傅鼎铨就在明朝灭亡后，跟随同乡揭重熙募兵抗清，傅鼎铨兵败被捕后，被清廷要求作书招降揭重熙。傅鼎铨引用了文天祥在《过零丁洋》中所写的“人生自古谁无死，留取丹心照汗青”进行拒绝。

在狱中，傅鼎铨还写下了《正命铭》：

经严猾夏，义大复仇。民安弗获，主辱何求。生不负学，死不降志。取义存仁，庶毕吾事。

这生命中最后的自白，与前辈文天祥的遗嘱“衣带赞”内涵相同，追求一致。

“取义成仁”，自文天祥以后，一直在激励着无数仁人志士。

明末，作为江南四大才子之一文徵明的曾孙，同样状元出身的文震孟就以忠义著称。文震孟在世时直言上疏对抗阉党，被视为文天祥转世。文震孟死后，文震孟的儿子文乘又在明亡清兴之际起兵抗清。文乘临死前面不改色，先是朝着北方明朝首都北京的方向跪拜，然后又朝着南方苏州家乡的方向跪拜。他留下遗书：

阀阅名家旧姓文，一身报国九原闻。
忠魂今夜归何处，明月滩头卧白云。

在文天祥的老家江西庐陵，当时人供奉有文天祥的纪念祠文信国公祠，临死前，文乘呐喊，我的灵魂将皈依你啊，文信国公祠，公（文天祥）其许我！

而曾经与郑成功一起反攻江浙一带的张煌言，兵败被捕后，在监狱中，也是一遍遍抄写文天祥的《正气歌》。在杭州西湖边凤凰山就义前，行刑官问他还有什么遗言，他呐喊道：

> 我年适五九，复逢九月七。
> 大厦已不支，成仁万事毕。

一个张煌言死了，又一个“文天祥”活了。

对于文天祥以后的知识分子来说，文天祥强烈的精神榜样，一直都是儒家“取义成仁”的典范。这在某种意义上，已经远远超越了“忠君爱国”的范畴，而是一种超脱于生命之上，对“天下兴亡，匹夫有责”的自我期许和责任担当，进而内化成为对中国知识分子的人格塑造力量。

对此，尽管自己是取代明朝的满清皇裔，但乾隆皇帝仍然公正地评价说：

> 若文天祥，忠诚之心不徒出于一时之激，久而弥励，浩然之气，与日月争光。该志士仁人欲伸大义于天下者，不以成败利钝动其心。

好一个“不以成败利钝动其心”！近现代历史学家蔡东藩评价说，文天祥与陆秀夫、张世杰这“宋末三杰”，“奔波海陆，百折不回，尤为可歌可泣，可悲可慕。六合全覆而争之一隅，城守不能而争之海岛，明知无益事，翻作有情痴”。

此后，在外敌入侵，中国再次遭遇国难的历史背景里，在中华民族从传统的“天下—华夷”观到“世界—民族”的涅槃重生中，蒋介石评价文天祥说："文天祥忠君爱国的精诚和崇高伟大的人格，更不只江西一省之光荣，实堪代表整个中华民族之精神与人格，并为整个民族万古不变的光荣。"

作为一个民族永恒的榜样，文天祥跨越了时空，渗透进各个人群和阶层，成为这个国家和民族不断浴火重生的精神力量和至高榜样。从这个意义上来说，他早已超越了知识分子的局限，而转化成为民族魂的象征。

一个大写的宋人，他始终无愧于天，无愧于地。

陆秀夫：海国孤忠，惊世之死

这是史上最不可思议的一次贬谪。

在南宋流亡朝廷最应该同心戮力的时候，陆秀夫仍难摆脱大宋言官的悠悠众口。

关于这次贬谪，史书已难找到确切的记载，我们只知道陆秀夫得罪了左丞相陈宜中。有的说是因为陆秀夫举荐文天祥为右丞相兼枢密使，而陈宜中原本与文天祥就不对付；有的说陈宜中一人手握将相之权，表面上谦虚地向陆秀夫征求建议，实际上内心十分不满陆秀夫总是提出反对意见……

虽然是流亡到福建、广东的小朝廷，但从开封到临安的那套斗争方法，被完完整整地复制了过来。言官们出动了，众口一词弹劾陆秀夫。

张世杰实在看不下去，直接怼陈宜中："这都什么时候了？还动不动就用言官害人！"（此何时？动以台谏论人耶！）

抗议无效。

如果要给大宋之亡找原因，七成正是亡于这种根深蒂固的内斗。

陆秀夫被贬了。当时流亡朝廷的地盘就那么一点儿大，所以他也无法被贬到哪里去，就贬到了潮州闲居。那个地方，现在被叫作"陆厝围"，在广东省汕头市澄海区凤翔街道港口村。在那里，陆秀夫度过了一生中最煎熬的半年至 8 个月时间。

当听到闽广宣抚使陈文龙被人出卖，将被押赴已为元军占领的临安的消息时，陆秀夫给陈文龙写了一封信。他在信中说："想身死不足惜，国事不可为，为可恨也。周粟虽佳，夷齐耻食，毋令首阳独孤寂。"

用伯夷、叔齐不食周粟，饿死首阳山的经典典故，激励陈文龙为国而死，千万不要苟活。

而陆秀夫在信的落款写着"寓潮州罪人陆秀夫"。一个流亡朝廷的谪居"罪人"，还在顾念着那个时代的风骨，读来让人唏嘘不已。

后来，陈文龙在临安果然绝食而死，其母也跟着绝食而死。

那个时候，陆秀夫心中所想，也不过是"人生所欠唯一死"而已。只是，他还不甘心，他还念着成败，他还想为那个翻天覆地的时代搏一搏。

那一年，40 岁的陆秀夫，生命进入了为时仅两年的倒计时。

按照正史的写法，他的朝代此时已经亡了一年了，但我们接下来将看到，这个谪居潮州乡下的士大夫，才是最终为大宋王朝画上句号的那个人。

1

时间回拨到 40 年前。

公元 1238 年（另一说 1236 年），南宋嘉熙二年，陆秀夫出生在楚州盐城长建里（今江苏建湖）。

这一年，文天祥 3 岁，18 年后，他们将一起考中进士。然后一起守护一个王朝最后的尊严。

这一年，他们日后的劲敌张弘范，也出生了。

这一年，蒙古早已开始了征服世界的征程，而南宋人并不㞞。蒙古大将察罕率领大军号称 80 万，围攻淮西重镇庐州（今安徽合肥），企图攻破庐州后，造舟巢湖进军江左。南宋名将杜杲组织庐州之战，打死打伤蒙军 2.6 万多人。察罕败退，辗转于滁州、天长、泗州多地，寻找突破口，均被当时的名将余玠、吴潜、吕文德等人一一击败，最后退出了宋境。

这一连串的战事，都发生在长江与淮河之间的地带。陆秀夫的家乡盐城，亦地处江淮之间，早沦为南宋北疆、战争前线。张弘范的父亲、从金国投降了蒙古的将领张柔，跟察罕一样，也多次分兵出击，侵蚀南宋疆域。

史载，当时，陆秀夫家乡的射阳湖“浮居者数万，家家有兵杖（兵器）”。这些人既是流民，也是水上盗匪。总之，盐城那时候社会环境恶劣，已经不适合人居了，所以陆秀夫 3 岁时，跟随父母南迁到了京口（今镇江）。

在京口，陆秀夫度过了早年的时光，他在那里成长，读书，交友，考试，并完成了人格塑造。

他拜在京口名儒“二孟”先生（孟逢大、孟逢原兄弟）门下，年纪轻轻，但“下笔有奇语”，深得“二孟”先生喜爱，称他是“非凡儿”，一个非同寻常的小孩。

15 岁时，陆秀夫和同窗好友郭景星形影不离。两人就读于京口南郊鹤林寺，白天论赋，夜晚谈诗。这个时候，陆秀夫向往成为本朝范仲淹或朱熹一类的人物。

陆秀夫曾写有《题鹤林寺》一诗，回想那段难忘经历。而这首诗，也成为他一生中留存于世的唯一一首诗：

岁月未可尽，朝昏屡不眠。
窗前多古木，床上半残编。
放犊饮溪水，助僧耕稻田。
寺门久断扫，分食愧农贤。

这是一个日夜勤奋苦读、不忘参加体力劳动、对劳动人民抱有同理心的少年陆秀夫的自画像。

战事频发，国事日渐不堪，而每个时代都有为那个时代唱挽歌的英雄。属于南宋末世的英雄，慢慢长成了。

2

公元 1256 年，南宋宝祐四年，19 岁的陆秀夫赴京城临安参加科举。

因为 21 岁的文天祥考中了这一年的状元，所以史称“文天祥榜”。这是一个至今看来仍然熠熠生辉的榜单，南宋末年最有骨气的几个人都榜上有名。

除了一甲第一名（状元）文天祥，二甲第一名（传胪）是谢枋得。谢枋得后来率领义军抗元，失败后，长期流亡在福建建阳一带的荒山野岭之间。由于他的文名和威望，元朝强迫他到大都入仕，他不愿降为元臣，留下遗书说：“大元制世，民物一新，宋室孤臣，只欠一死。”最终在大都绝食五日而死。

陆秀夫的名次是二甲第二十七名，成为文天祥的同榜进士。

放榜后，陆秀夫踌躇满志，在礼部贡院的同年聚会上，对来自同乡的同榜进士说：“今日皇恩渥重，吾侪当思报国，相勉为天下第一等人物，方不负此举。”主考官王应麟听到后，十分高兴，把陆秀夫叫到面前，跟他说：“阅卷得文天祥，予不胜喜，今闻贤论，何让天祥？可贺可喜！”王应麟果然眼光独到，他没有看错人，文天祥和陆秀夫日后都成为那个时代的“天下第一等人物”。

历史上，在每一个朝代的不同阶段，因应不同的时代危机和历史使命，当时第一流的人物都在做第一流的事业。北宋的范仲淹、王安石，他们的使命是变法图强；而到了文天祥、陆秀夫、谢枋得这一代人，他们的使命是救亡图存。王朝末世，最伟大的知识分子，不是用他们的华丽辞章，也不是用他们的革新洞见，而是用他们的血肉之躯，构筑起了供后人膜拜的精神长城。这就是，他们这一代士大夫的宿命。

从 1260 年起，陆秀夫投到南宋名将、淮南制置使李庭芝幕下，执掌机密文件。后来，李庭芝被扣上驰援襄阳不力的帽子，替“常败将军”范文虎背锅，蒙冤遭贬。没多久，元军围攻扬州，李庭芝被重新起用，陆秀夫从京城又回到李庭芝幕府。

1275 年，元军大举进攻南宋，两淮告急，李庭芝的幕僚纷纷辞职走人。只有陆秀夫临难不惧，与李庭芝一起誓死抗敌。李庭芝为陆秀夫所感动，认定他是一个难得一见的忠义之士，遂忍痛割爱，将他推荐给朝廷。

陆秀夫重回朝廷，一开始担任司农寺丞，负责粮仓管理和百官禄米供应。不久升任宗正寺少卿兼起居舍人，再到礼部侍郎。当元朝丞相伯颜率军进攻临安的时候，陆秀夫曾作为代表前往元军大营议和。一些史书说，因为陆秀夫坚持南宋“只和不降”，伯颜大怒，陆秀夫无功而返。后来代表南宋去议和的文天祥，同样大义凛然而被伯颜扣押下来。

1276年，德祐二年，正月初五，谢太后和6岁的小皇帝赵㬎宣布，南宋朝廷向元军投降。在正史中，南宋在此时已经亡了。

然而，在此之前，陆秀夫与殿前指挥苏刘义等人保护杨、俞二淑妃和益王赵昰、广王赵昺逃出临安，直抵温州瓯江口的江心岛。他们拥立赵昰、赵昺为天下兵马正、副都元帅，并商定了建立海上行朝、到南方开辟抗元基地的大略方针。这意味着南宋的血脉还在，还有反攻与重起的机会。

另一边，京城临安沦陷后，李庭芝还在死守扬州城。使者手持已经降元的谢太后的诏命，前来劝降，李庭芝登上城楼，高声回答："奉诏守城，未闻有诏谕降也！"随后，又有使者前来传诏令说："今吾（指谢太后）与嗣君（指赵㬎）既已臣伏，卿尚为谁守之？"李庭芝不为所动，命人朝传达诏令的使者射箭。直到半年后，元军才拿下扬州城，而李庭芝被部下杀害。

但坚毅的李庭芝最后面临的问题，也是陆秀夫随后需要面对的：南宋君主已经投降了，你还在为谁守城？

3

1276年，农历五月，陆秀夫等南宋流亡者一路南迁到了福州，8岁的益王赵昰被立为皇帝，是为宋端宗。朝政由杨太后主议，以陈宜中、张世杰、陆秀夫组成行朝内阁。

此前被伯颜拘押的文天祥，历经九死一生逃离出来，当他乘船南归到福州时，正赶上宋端宗新立，自己被任命为通议大夫、右丞相、枢密使。从职务上看，文天祥似乎是集大权于一身，实际上，权柄却掌握在陈宜中、张世杰手里。

虽然陆秀夫力荐文天祥，但由于陈、张的排挤，文天祥在福州被边缘化。文天祥不愿缠斗其间，于是自请到江西设都督府聚兵。在一无钱粮，二无支援的窘境下，他居然奇迹般地拉起一支十万人的义军，转战江西，收复了不少州郡。

文天祥的义军，吸引了元军主将张弘范的注意力，后者暂缓了对南宋流亡朝廷的追击，转而重兵围剿文天祥。而这时小朝廷又玩起了权术内斗。继文天祥之后，陆秀夫也被陈宜中排挤走了，谪居潮州乡下长达半年到 8 个月。

在给被俘的闽广宣抚使陈文龙的信中，陆秀夫一面劝其宁可为国牺牲，也不能投降元朝，一面抒发了自己希望复出的强烈愿望："北向长望，无寸土干净，秀夫岂敢游逸此土哉！"他在谪居地开办学馆，还建了练兵场，广招当地热血青年，讲授文韬武略，宣扬节气风骨。他也因此成为唐宋时期继韩愈之后，影响潮汕地区最深远的人物。

陆秀夫被贬后，南宋流亡朝廷在陈宜中"逃跑主义"思想的主导下，一路溃败，处境凶险。经过张世杰的严词追责，陈宜中才不得不召回陆秀夫。

陆秀夫获诏还朝之时，流亡朝廷已经从福州败逃到了潮州外海的南澳岛，此后的两年，这个政权基本只在广东沿海的海岛上与元军周旋。

当时漂泊在广东沿海的流亡朝廷，只有三条路可以选择：一是直接出海，逃往越南南方，陈宜中后来走了这条路线，再也没有回来；二是流亡到海南岛，但或许是因为当时的海南岛极其荒凉，小朝廷中没人提出走这条路线；三是继续在广东沿海流亡，张世杰选择了这条路。

在陈宜中离开流亡朝廷之后，陆秀夫与张世杰一起主持朝政。史载，每次朝会时，陆秀夫都束带持笏，认认真真地走完仪式。也许在这最艰难的时刻，他知道只有仪式和信念可以凝聚人心。而当他独处的时候，他则时常面朝大海，“凄然泣下，以朝衣拭泪，衣尽浥”。

如果当时有一张世界地图摆在陆秀夫的面前，他将看到，除了广东沿海孤悬的海岛和个别地方，以及西南地区最后的堡垒钓鱼城，偌大的欧亚大陆，基本都已是蒙古铁骑的天下。这是多么艰难而痛苦的坚守，难怪一个连死都不怕的英雄，会在没人的时候流泪。

他是那个时代，一面独孤的旗帜。

1278 年，农历四月，10 岁的宋端宗赵昰因为此前落水惊悸成疾，病逝在了广东雷州湾的硇洲岛。群臣见此多欲散去，陆秀夫痛心陈词：

> 度宗皇帝一子（指赵昺）尚在，将焉置之？古人有以一旅（五百人）一成（十平方里）中兴者，今百官有司皆具，士卒数万，天若未欲绝宋，此岂不可为国耶？

一番话重新燃起了众人的斗志。大家拥立 7 岁的赵昺登极，是为宋少帝，改元祥兴。作为最后精神支柱的陆秀夫，被任命为左丞相，总揽军国大事，张世杰为太傅，负责军事指挥。

两个月后，流亡朝廷东移到了崖山（位于今广东新会）。在崖山，20 万不甘亡国的南宋军民，将在陆秀夫和张世杰的带领下，迎来史上最惨烈的一战。

4

在崖山，陆秀夫内调工役，外筹军旅，任务繁重，但即便如此，他也不忘按时给小皇帝赵昺授课。在他心中，文化延续是最重要的事情，文化亡了，南宋就真亡了。在前后 3 年的漂泊中，他随时记录下两任小皇帝以及流亡朝廷的事情，并将这本“海上日记”交给礼部侍郎邓光荐，希望这些故事可以流传下来，可惜这本史书后来还是失传了。

南宋军民在崖山伐木建屋，并为小皇帝和杨太后修建了一座名为慈元殿的行宫。一时间，小小的崖山一带，三千余座房屋连绵起伏，形成集市，史学家后来将这一带称为“行朝草市”。

明代《崖山志》说：“崖山在大海中，两山对峙，势颇宽广，中有一港，其口如门，可藏舟，殆天险也，可扼以自固。”如今，经过 700 多年的变迁，崖山港因泥沙淤积，已成陆地，我们无法目睹当年的海港风貌。但从前人的记载来看，崖山是流亡朝廷一个相对理想的据点。

打陆战，南宋不是蒙元的对手，但打海战，鹿死谁手尚未可知。当时崖山的宋军，有大舶千余艘，而元军张弘范和李恒两部战船仅 420 艘。

1279 年，祥兴二年正月，历时 20 多天的崖山海战拉开序幕。此前一个月，在潮汕地区牵制元军的文天祥队伍被打散了，文天祥本人也在海丰五坡岭被俘。随后，文天祥被张弘范扣押在船中，前往崖山，招降流亡朝廷。文天祥因此在船中目击了崖山海战的整个过程。根据文天祥的分析，北人不习海战，对崖山水道又生疏，如果流亡朝廷先期取得小捷，元军中的闽、浙籍水军很容易就倒戈，所以流亡朝廷是有胜算的。

张世杰这边做好了破釜沉舟的准备，临战之前，他放火烧了“行朝草市”，不留退路，誓要与元军决胜负。但战后复盘，张世杰犯了一个战略错误，他竟然没有坚守崖门，而是让所有战船排成一字长蛇，并用大索连起来对敌。为了防止对方用火攻，南宋战船还都涂上了泥。

张弘范抓住了张世杰的错误部署，从南、西、北三面包围住南宋舰队，同时切断了他们的陆上淡水供应通道。南宋舰队虽然筹备了足够半年的干粮，然而，在持续吃了十天干粮又缺淡水的情况下，军中已疲乏不能战。史书说，“兵茹干粮十余日，渴甚，下掬海水饮之，海咸，饮即呕泄，兵大困”。

双方一面战斗，一面和谈。张弘范想让文天祥写信劝降张世杰，被文天祥拒绝后，派出张世杰的外甥韩某去劝降。张世杰说，我知道我一投降就能活下来，还能享尽富贵，但我不能也不会投降。

1279 年，农历二月初六，宋元崖山海战迎来最后的大决战。

张弘范趁着潮起潮落，分路发起进攻，声震天海。而张世杰作茧自缚式的布阵，注定了南宋舰队毫无转圜的余地，表里受敌。战到当晚，南宋这边“士众伤残，俱无斗志”，看着战舰上的旗杆一根根倒下，张世杰知道大势已去，最后关头砍断大索，率领十余艘战舰突围而去。

由于宋少帝赵昺的坐船最大，被外面的船挡住，动弹不了，陆秀夫坚守到最后一刻，担心小皇帝被俘，他做出了一个惊世决定。他先仗剑驱赶妻子、三个儿女跳入海中，随后跪拜在小皇帝面前说：“国事至此，陛下当为国死！德祐皇帝（指赵㬎）辱已甚，陛下不可再辱！”说完，他将 8 岁的赵昺缚在自己背上，纵身跃入海中。

没有人会想到，42 岁的南宋丞相陆秀夫，用负帝蹈海、以身殉国的方式，维持了大宋最后的风骨与气节。

眼看陆秀夫背着小皇帝跳入海中，史载，一时间，“贵官士女多腰金赴水自沉，死者数万人”。而逃出包围圈的张世杰，还想侍奉杨太后再图后举，但杨太后听闻赵昺的死讯后亦蹈海自杀，张世杰将其收葬海边。后来，张世杰在今广东阳江海陵岛海面上遇大风雨，拒绝登岸而溺毙。

崖山海战是南宋亡国的最后一战，文天祥在元军船中目睹宋军的败亡和惨死，痛苦不已，向南恸哭。史载，此战过后，“浮尸出于海十余万人”。

4 年后，文天祥求仁得仁，死于元大都。

至此，南宋的两个丞相，当年的同榜进士，一南一北，为大宋画上了悲伤而有力的句号。

5

陆秀夫负帝蹈海自杀之后，文天祥最早写诗赞颂陆秀夫的气节永留天地间：

> 文彩珊瑚钩，淑气含公鼎。
> 炯炯一心在，天水相与永。

陆秀夫早年的同窗好友郭景星，听闻噩耗后，也曾写了一联挽诗，平平淡淡，却十分动容：

> 独忆城南秋雨夜，
> 一窗曾共读书灯。

陆秀夫死后仅 4 年，元朝枢密院副使兼潮州路总管丁聚，因为敬重陆秀夫，为他在南澳岛（今广东汕头南澳县）修建了墓园（应为衣冠冢）。

1531 年，明嘉靖十年，也就是陆秀夫死后 252 年，他的故乡盐城建起了陆公祠，以纪念这位千年一见的英雄。

又 52 年后，1583 年，明万历十一年，从小对陆秀夫的事迹耳熟能详的广东南海人杨瑞云赴任盐城知县，他启动了陆公祠的重修工作，并撰碑文说："宋亡死节之臣多矣，乃余则以陆丞相为称首。"为什么说陆秀夫是宋末第一死节者，杨瑞云解释道：

> 难莫难于从容就义，始终不渝；
> 烈莫烈于举家沉海，尽葬鱼腹。

这就是陆秀夫的勇气所在。陆秀夫历经宋末三帝（赵㬎、赵昰、赵昺），明知事不可为但仍坚持到底，"道之所在，虽千万人吾往矣"，把传统士大夫的理想追求与坚毅本性发挥到了极致。他的妻子、三个儿女与他一起投海，仅有长子留在潮州陆厝围而幸存，堪称一门忠烈。

1619 年，明万历四十七年，追谥陆秀夫为"忠烈公"。

1858 年，清咸丰八年，全国各地孔庙皆配祀陆秀夫。

数百年来，在陆秀夫的故乡，在他生活过、战斗过的地方，在他殉难的地方，无论官府或民间都无限尊崇这位以"海国孤忠"名垂青史的英雄。衣冠冢、塑像、祠堂、纪念亭等，人们以种种形式纪念和缅怀陆秀夫。

如果要有一个标准来衡量一个人是否伟大，那就看在他死后的

100 年、500 年甚至 1000 年，是否还有人广泛地纪念和缅怀他。这就叫，公道自在人心。

现在，我们可以代陆秀夫、代“宋末三杰”中另外两位、代李庭芝、代谢枋得、代许许多多不惜以身殉国的人回答之前的问题了：南宋已经亡了，他们为什么还要苦苦坚守与抗争？

有的人说是“愚忠”。但如果李庭芝愚忠，他就应该在接到谢太后的诏令后献城投降；如果陆秀夫愚忠，他就不应该凭自己的判断去决定一个小皇帝的生死……而这恰恰证明了他们不愚忠。在他们心中，有比君主的去留和生死更重要的东西，那就是中国历史代代传承的信念与良知。

近代历史学家蔡东藩说，文（天祥）、张（世杰）、陆（秀夫）三人之奔波海陆，百折不回，尤为可歌可泣，可悲可慕。六合全覆而争之一隅，城守不能而争之海岛，明知无益事，翻作有情痴。后人或笑其迂拙，不知时局至此，已万无可存之理，文、张、陆三忠，亦不过吾尽吾心已耳。读诸葛武侯《后出师表》，结末云：“鞠躬尽瘁，死而后已，成败利钝，非所逆睹。”千古忠臣义士，大都如此，于文、张、陆何尤乎？

1927 年 6 月 2 日，51 岁的大学者王国维突然在颐和园投湖自杀，当时人认为王国维是“殉清”，是“愚忠”，但史学家陈寅恪一针见血地指出，王国维其实是“殉文化”：

> 凡一种文化值衰落之时，为此文化所化之人必感苦痛，其表现此文化之程量愈宏，则其所受之苦痛亦愈甚；迨既达极深之度，殆非出于自杀无以求一己之心安而义尽也。

自有中华文明以来，每当时代变易、江河日下之时，那些生死以之的人，不正是捍卫文化、捍卫信念最坚定的那批人吗？

中华文明之所以绵延不绝，不也正是靠着这批人的坚守与抗争，才一次次留下了传承与复燃的火种吗？

斯人已逝，唯精神不死。

本章参考文献

[元] 脱脱等:《宋史》，北京：中华书局，1985 年

[明] 陈邦瞻:《宋史纪事本末》，北京：中华书局，2015 年

游彪:《宋史十五讲》，南京：凤凰出版社，2011 年

余蔚:《宋史》，上海：上海人民出版社，2015 年

张绥:《中国人的通史》，上海：上海人民出版社，2009 年

修晓波:《文天祥评传》，南京：南京大学出版社，2002 年

[加] 卜正民主编:《哈佛中国史》，北京：中信出版社，2016 年

安鹏:《“天下－华夷”到“世界－民族”——文天祥“民族英雄”形象的诞生及其意义》，硕士学位论文，兰州大学民族学专业，2018 年

孙炳元:《陆秀夫事迹考》,《盐城师范学院学报》(哲学社会科学版) 2000 年第 1 期

王曾瑜:《南宋亡国的厓山海战述评》,《南开学报》(哲学社会科学版) 2008 年第 1 期

图书在版编目（CIP）数据

文治帝国：大宋300年的世运与人物 / 艾公子著.
-- 北京：北京联合出版公司, 2021.5（2023.2重印）
ISBN 978-7-5596-5163-1

Ⅰ.①文… Ⅱ.①艾… Ⅲ.①中国历史—宋代—通俗读物 Ⅳ.①K244.07

中国版本图书馆CIP数据核字（2021）第052638号

文治帝国：大宋300年的世运与人物

作　　者：艾公子
出 品 人：赵红仕
责任编辑：肖　桓
封面设计：熊　琼

北京联合出版公司出版
（北京市西城区德外大街83号楼9层　100088）
嘉业印刷（天津）有限公司印刷　新华书店经销
字数336千字　880毫米×1230毫米　1/32　14.25印张
2021年5月第1版　2023年2月第3次印刷
ISBN 978-7-5596-5163-1
定价：79.00元
